EDAF

MADRID - MÉXICO - BUENOS AIRES

Antología de la poesía

española e hispanoamericana

Edición de Melquíades Prieto

BIBLIOTECA EDAF

235

Director de la colección:
MELQUÍADES PRIETO

© 2000. De esta edición Editorial EDAF, S. A.

Editorial EDAF, S. A.
Jorge Juan, 30. 28001 Madrid
http://www.edaf.net
edaf@edaf.net

Edaf y Morales, S. A.
Oriente, 180, n° 279. Colonia Moctezuma, 2da. Sec.
C.P. 15530 México, D.F.
http://www.edaf-y-morales.com.mx
edafmorales@edaf.net

Edaf del Plata, S. A.
Chile, 2222
1227 - Buenos Aires, Argentina
edafdelplata@edaf.net

Edaf Antillas, Inc.
Av. J. T. Piñero, 1594 - Caparra Terrace (00921-1413)
San Juan, Puerto Rico
edafantillas@edaf.net

Edaf Chile, S. A.
Huérfanos, 1178 - Of. 506
Santiago - Chile
edafchile@edaf.net

2.ª edición, mayo 2005

ISBN.: 84-414-0470-4
Depósito Legal: M. 23.794-2005

PRINTED IN SPAIN   IMPRESO EN ESPAÑA

Anzos, S. L. - Fuenlabrada (Madrid)

Contigo, con quien he leído tanto.

Índice

Índice cronólogico de autores antologados*

_____

* Los autores que no tienen expreso su país de origen son españoles.

Introducción

1. RAZONES PARA UNA ANTOLOGÍA

Pocas cosas menos necesarias de justificación que un libro de poesía y, desgraciadamente, nada tan difícil a la hora de fundamentar con razones de índole material frente a la escasa atención que un volumen de este tipo suele recibir en el ámbito editorial de nuestros días. No obstante, tampoco es fácil de explicar que, dentro de la bibliografía moderna española, haya algún título, como *Las mil mejores poesías de la Lengua Castellana,* de José Bergua, que pueda haber alcanzado tan buena acogida en el favor del público que lo haya convertido en un hito editorial.

En este paradójico vaivén —de ignorancia y de fervor general— se mueve la publicación de los florilegios poéticos, sin que se pueda dejar de señalar que hay pocos prestigios que puedan igualarse al que se alcanza por el cultivo de la lírica.

Puestas así las cosas, preciso es que se declare de entrada que este nuevo compendio pretende ofrecer una ponderada selección de poemas, artistas y movimientos literarios que, en el ya milenario devenir de nuestra lengua, puedan ser considerados imprescindibles, sino esenciales. Bien se me puede hacer la observación de que cualquier antología esconde irremediablemente unas preferencias personales disfrazadas de objetividad y distanciamiento. Desde lo que de *fatídico* tiene cualquier selección se hace esta confesión de parte: la aspiración de esta nueva antología no es otra que la de comprobar cómo el gusto más *refinado* tiende a coincidir con las predilecciones que se manifiestan en estas páginas. En esta progresiva confluencia residirá la validez de la propuesta.

En un primer momento, el lector buscará su *utilidad* más inmediata: encontrar un completo recorrido por las mejores páginas de nuestra tradición poética. A lo largo de más de cuatrocientas cincuenta páginas y doscientas veinticinco referencias personales podrá seguir la evolución temática y estilística de la más genuina creación lírica escrita en español. Desde los movimientos predominantes en cada época (clásicos, románticos, vanguardistas, etc.) hasta las cumbres individuales de cada momento (Manrique, Góngora, Bécquer, Rubén Darío, etc.) el florilegio ofrece una línea sin solución de continuidad que permite apreciar cómo el devenir poético, desde la perspectiva histórica de mil años, no ha sufrido interrupciones ni tan bruscas alteraciones como en la distancia corta de las generaciones podría suponerse. Todo ello, sin menoscabo de que ciertos repuntes marquen las épocas más felices, abundantes y gloriosas de promociones y grupos: barroco, modernismo y 1927.

En una segunda lectura, el muestrario de los quinientos poemas seleccionados se ofrece como sencillo *vademécum* donde consultar las distintas soluciones que se han dado para los temas eternos de la creación poética: amor, muerte, ausencia, naturaleza, etc. El lector podrá contrastar procedimientos, ponderar recursos y apreciar el proceso que los asuntos y técnicas han ido sufriendo hasta alcanzar el alambicamiento o grado de originalidad exigido en cada época. Aquel, para toda la poesía previa al siglo dienueve; y esta, desde los tiempos románticos hasta nuestros días.

En posteriores y más detenidas calas o lecturas, la antología es campo de *cultivo* personal. Cada lector podrá profundizar en sus gustos, enriquecer su acervo personal y tener un punto de partida para proseguir en la indagación y búsqueda de sus poetas y poemarios preferidos.

2. CRITERIOS DE SELECCIÓN

Diez siglos de creación poética, tan rica como la de la lengua española, es difícilmente encajable en los límites de un volumen. Para enfrentarme a tan ardua tarea he tenido muy presente la larga tradición de antologías generales que han venido apareciendo en los últimos años (véase la bibliografía reseñada). Desde la autoridad que ofrece la tradición de las *100 mejores poesías* de Menéndez Pelayo, hasta la más reciente y monumental de Valverde y Santos, he procurado tener a la vista los florilegios más contrastados para, a partir de ellos, construir uno nuevo que, por mi parte, no pretende ser una antología de antologías. Arguijo, Balart, Gil y Carrasco, Mauri, Ruiz Aguilera, por citar algunos que merecieron tener algún poema seleccionado por Menéndez Pelayo, no han sido incluidos en esta; las discrepancias que, en esta y en todas las antologías, se pueden rastrear, para los poemas del siglo XX, son tan abundantes que bien se puede hablar de tantas antologías como lectores de poesía vivos. Tres han sido, empero, los criterios básicos que he combinado.

En primer lugar, he buscado la mayor representatividad de épocas y géneros, aunque sea la más estrictamente poesía lírica la que salga beneficiada frente a modalidades de didáctica o épica.

En segundo lugar, he pretendido ser ponderado en la relación de autores nacidos en España y en América y, a su vez, entre las distintas nacionalidades hispanoamericanas. He procurado ofrecer un amplio espectro de firmas y poemas que permitan conocer el mayor número de sensibilidades, aunque en el contraste de poema con poema se vea beneficiada la diversidad frente a la calidad individual de ciertos poetas. Todo ello sin querer forzar la inclusión por el solo hecho de que un país pudiera tener alguna representación.

Y, por último, he querido que el siglo XX, verdadero muestrario de la potencia de la poesía escrita en español, tenga un peso muy superior al que le hubiera correspondido por la simple cuenta aritmética de años; y porque, además, me he detenido en los poetas nacidos en 1960 a la hora de hacer las últimas inclusiones.

Aunque, en resumen, las decisiones más difíciles —las exclusiones, paradójicamente— las he tomado desde el gusto personal atemperado por la tradición de los antólogos que me han precedido.

3. LAS CUATRO ETAPAS

Para poder encajar en amplios periodos las distintas corrientes literarias he buscado una distribución cómoda y sencilla que facilite abarcar los cuatro momentos de la evolución de nuestro idioma.

3.1. Edad Media

Para la época de creación y afianzamiento de la lengua *castellana* he manejado el marbete de Edad Media. Es el periodo en que la voz poética nace y crece en los reducidos ámbitos peninsulares y ni tan siquiera alcanza todavía la fijación fonológica de un idioma estabilizado. Jarchas, cantares, romancero y lírica popular, como muestra de la más refinada creación anónima, junto a los primeros autores conocidos de

nuestra historia: el Cabrí, Judá Leví y Berceo. Son muestra
de los balbuceos del idioma y de los primeros escarceos crea-
tivos que ya dan pruebas del futuro poético. La acentuación
llana, el acento tónico en la penúltima sílaba, la rima aso-
nantada, el octasílabo, el romance, los zéjeles, los villancicos
y la copla popular pondrán las bases de lo más característico
del verso español que habrá de fructificar en épocas poste-
riores.

Los mesteres de juglaría y clerecía, con sus formas estró-
ficas más refinadas —tiradas en romance asonantado, fórmu-
las de reiteración, la cuaderna vía y la inclusión de temas cul-
tos—, se ven representados en el *Libro de Alexandre*, y en las
plumas del Arcipreste de Hita y Alfonso el Sabio. También
he incluido muestras de poesía galaico-portuguesa por su
enorme influencia posterior, aunque, en rigor, pudiera obje-
tarse su carácter de castellano/español.

El siglo XV está más ampliamente representado porque,
tanto su vertiente popular como culta, alcanza grados de
perfección que anuncian la gran eclosión de los siglos poste-
riores. Jorge Manrique, con su sextilla de pie quebrado, logra
dar forma a la elegía más elaborada de nuestra tradición poé-
tica. Bien podemos hablar del primer lírico español. Su per-
vivencia se ha mantenido por encima de modas y de referen-
cias culturales. (Véanse como muestra irónica, mezcla de
manifiesto político y de crónica sentimental, las *Coplas a la
muerte de mi Tía Daniela*, Vázquez Montalbán, 1973.)

3.2. Siglos de Oro

Bajo esta rúbrica he recogido lo más granado de nuestra
lírica renacentista y barroca. Es, sin duda, la parte de la anto-
logía más *injustamente* tratada: el número de poemas y poe-
tas, desde la perspectiva mas ortodoxa, debería haber sido
más variada y profunda. La limitación que me he impuesto

ha sido la de ofrecer solo los ejemplos más sublimes y los autores españoles de primera fila.

El verso endecasílabo y el soneto, como combinación estrófica, se convierten en las formas más prestigiadas de nuestra lírica clásica. Garcilaso, al frente y, más tarde, Lope, Quevedo y Góngora los llevarán a la perfección total. Se ha incluido también una variada selección de romances de Indias como muestra de la excelente salud del género más popular y de su enorme capacidad de adaptación. La poesía de tema religioso y la mística, como su manifestación más depurada, se ha antologado como una de las cimas estilísticas de nuestra lírica de entronque popular. Juana Inés de la Cruz aparece como la firma señera de la poesía barroca escrita en América.

En contra, ya aquí se inicia la inclusión de autores americanos en detrimento de otros españoles que lo hubieran *merecido* en igualdad de condiciones.

3.3. Ilustración y Romanticismo

Casi cien páginas he dedicado a una de las épocas que frecuentemente menor atención suele recibir en las antologías al uso. La Ilustración americana ofrece un interés especial a la hora de analizar la búsqueda de una voz propia de aquellos españoles nuevos que, aunque fervientes seguidores del barroco peninsular, empiezan a tomar conciencia de su peculiaridad creativa. Es el momento de la Madre Castillo, Aguirre, Lavardén, Zequeira u Olmedo que anuncian los inmediatos Heredia, Martí o Asunción Silva. Desde el conocimiento y respeto por la lengua heredada se ensayan otras fórmulas que den suficiente respuesta a las exigencias de la nueva o inminente situación de independencia política.

En el panorama español, el clasicismo da paso al torrente romántico que va a revolucionar los presupuestos creativos de la moderna poesía hispánica. El nuevo artista, representado por Espronceda o Bécquer, transformado en demiurgo omnipotente, convertirá el objeto poético en una prolongación de su yo creador. La invención literaria aparece como manifestación de la propia esencia del individuo y la angustia como estado emocional propio del artista.

Las formas estróficas y el verso son utilizados con la mayor de las libertades, y su construcción formal como una manifestación anímica del poeta que, por primera vez, pretende trasladar visualmente las turbulencias de su creación.

3.4. Siglo xx

Casi doscientas páginas para los poetas nacidos hasta los años sesenta del siglo dan idea de la importancia que he querido dar a la poesía de la última centuria. Este siglo ofrece la paradójica situación a la que hacíamos referencia al inicio de estas líneas. Nunca como hoy se han escrito y publicado tantos volúmenes de poesía; nunca como hoy han pasado tan desapercibidos para un público amplio; pero, también, nunca como ahora se ha apreciado tanto el genio creador de un poeta, siquiera sea después de muerto. Las figuras de Juan Ramón, Neruda y Lorca, por traerlos como ejemplo, son tenidas como el mayor exponente literario del imaginario popular. En la selección que ofrezco, los poetas nacidos en América son más numerosos que los peninsulares y esto no es solo una cuestión numérica. Es un indicio claro de que el peso de nuestra literatura se ha trasladado definitivamente a la zona que la demografía venía exigiendo desde hace mucho tiempo. También es señal de que el respeto ganado en los folios manuscritos viene acompañado de la difusión que se merece.

La Generación de Fin de Siglo, modernistas, novecentistas, vanguardias y Grupo del 27 han dado una nueva edad de oro a las letras hispanas, refrendada, aunque solo sea por aquello de los honores internacionales, con el premio Nobel de Literatura para cinco poetas hispanoamericanos.

La selección de los últimos cincuenta años, como suele ser habitual en todas las antologías, quizá sea la de mayor controversia. En estas páginas, el gusto personal, sumado a la dificultad para conocer la ingente producción editorial de todos los países hispánicos, me ha obligado a drásticas decisiones que bien pudieran percibirse como irregulares. Me ampararé en el dicho de que "son todos los que están".

Bibliografía

— *Antología Cátedra de Poesía de las Letras Hispánicas.*
Selección e introducción de José Francisco Ruiz Casano-
va, Cátedra, Madrid, 1998.

— *Antología de la poesía amorosa española e hispanoame-
ricana.* Edición de Víctor de Lama, Biblioteca Edaf n.º 200,
Edaf, Madrid, 1973.

— *Antología de la poesía española e hispanoamericana.*
Recopilación de José María Valverde y Dámaso Santos y
nota bibliográficas de Julio Segarra, Anthropos, Barce-
lona, 1986.

— *Antología de la poesía hispanoamericana del siglo XX.*
Selección y edición de·Luis Alonso Girgado, Alhambra
Longman, Madrid, 1995.

— *Antología de la poesía hispanoamericana moderna I y II.*
Coordinación de Guillermo Sucre, Monte Ávila Latino-
americana, Caracas, 1993.

BAEZA FLORES, Alberto: *Antología de la poesía hispanoame-
ricana.* Ed. Tirso, Buenos Aires, 1959.

CAILLET BOIS, Julio: *Antología de la poesía hispanoamerica-
na*, Aguilar, Madrid, 1965.

CHANG RODRÍGUEZ, Raquel: *Poesía hispanoamericana colo-
nial*, Alhambra, Madrid, 1985.

COBO BORDA, Juan Gustavo: *Antología de la poesía hispano-
americana*, F.C.E., México, 1985.

— *El último tercio del siglo (1968-1998). Antología consultada
de la poesía española.* Prólogo de J. C. Mainer [Edición de
Jesús García Sánchez], Visor Libros, Madrid, 1999, 2.ª ed.

FERNÁNDEZ, Teodosio: *La poesía hispanoamericana en el siglo XX*, Taurus, Madrid, 1987.

FLORIT, Eugen, y José Olivio Jiménez: *La poesía hispanoamericana desde el modernismo*, Appleton, New York, 1968.

—*Literatura hispanoamericana*. Introducción y Antología de textos de Ángel Esteban, Comares, Granada, 1997.

GRÜNFELD, MIHAI, G.: *Antología de la poesía latinoamericana de vanguardia (1916-1935)*, Hiperión, Madrid, 1997, 1.ª reimp.

JIMÉNEZ, José Olivio: *Antología de la poesía hispanoamericana contemporánea*, Alianza Editorial, Madrid, 1981.

JIMÉNEZ, José Olivio: *Antología crítica de la poesía modernista hispanoamericana,* Hiperión, Madrid, 1994, 4.ª ed.

— *Lírica española de hoy*. Edición de José Luis Cano, Cátedra, Madrid, 1974.

— *Poesía colonial hispanoamericana*. Selección, prólogo y bibliografía de Horacio Jorge Becco, Biblioteca Ayacucho, Caracas, 1990.

— *Poesía lírica del Siglo de Oro*. Edición de Elias L. Rivers, Cátedra, Madrid,1981.

— *Norte y Sur de la poesía Iberoamericana*. Coordinación de Consuelo Triviño, Verbum, Madrid, 1997.

MÁRQUEZ, Alberto José: *Antología poética hispanoamericana*, Ed. Altosa, Madrid, 1999.

RICO, Francisco (con la colaboración de José María Micó, Guillermo Serés y Juan Rodríguez): *Mil años de poesía española. Antología comentada*, Planeta, Barcelona, 1996, 2.ª ed.

RODRÍGUEZ PADRÓN, Jorge: *Antología de la poesía hispanoamericana (1915-1980)*, Austral, Madrid, 1984.

SÁINZ DE MEDRANO y otros: *Literatura hispanoamericana. Textos y comentarios*, 2 vols., Alhambra, Madrid, 1986.

Antología
de la poesía
española e
hispanoamericana

EDAD MEDIA

JARCHAS
(SIGLOS XI-XIII)

¿Qué faré, mamma?
Meu-l-habib est ad yana.

[*¿Qué haré, madre?*
Mi amado está a la puerta.]

¡Mamma, ayy habibi!
Suaal-chumella shaqrellah
el collo albo
e boquella hamrellah.

[*Madre, ¡qué amigo!*
Su guedejuela es rubia
el cuello blanco
y la boquita coloradita.]

Garid vos, ¡ay yermanellas!,
¿com' contener é meu mali?
Sin el habib non vivreyu:
¿ed volarei demandari?

[*Decidme, ay hermanitas*
¿cómo contener mi mal?
Sin el amado no viviré:
¿adónde iré a buscarlo?]

Vayse meu corachón de mib:
¡Ya Rab!, ¿si me tornarad?
¡Tan mal me dóler li-l-habib!
Enfermo yed, ¿cuánd sanarad?

[*Vase mi corazón de mí.*
¡Ay, Dios!, ¿acaso tornará?
Tanto me duele por el amado:
enfermo está, ¿cuándo sanará?]

MUCADDAM BEN MUAFA EL CABRÍ
(SIGLO XI)

¿Que fara yó o que sirad de mibe?
¡Habibi
non te tolgas de mibe!

[*¿Qué haré o que será de mí?*
¡Amigo mío
no te apartes de mí!]

CANCIÓN DE AMIGO
(SIGLO XI)

Vayse meu corazón de mib
¡Ya, Rab!, ¿si se me tornarád?
¡Tan mal meu doler li-l-habib!
Enfermo yed, ¿Cuándo sanará?

[*Mi corazón se me va de mí.*
¡Oh, Dios! ¿Acaso se me tornará?
¡Tan fuerte mi dolor por el amado!
Enfermo está, ¿cuándo sanará?]

JUDÁ LEVÍ
(SIGLO XI)

Des cand meu Cidello venid
com' rayo de sol éxid
¡tan bona albixara!
en Wad-al-hayara.

[*Desde cuando mi Cidello viene,*
como un rayo de sol sale,
¡oh, qué buenas albricias!
en Guadalajara.]

CANTAR DE LOS SIETE INFANTES DE LARA
(SIGLO XIII)

[*Doña Sancha acude a Vilvestre, donde ve cumplido su*
deseo]

Doña Sancha entró en Vilvestre, todos a reçebirla salen,
coberturas villutadas, bofordando van
Mudarra a doña Sancha las manos le fue besare
diziendo a altas bozes: «¡Justicia el cielo faze!
Señor, d'este traidor tú me quieras vengar».
Deçienden todos de las bestias, al palaçio van entrar.
Entonce dixo don Mudarra a doña Sancha su madre:
«Vedes aquí el traidor, agora lo mandat justiciar».
El traidor cerró los ojos e la non quiso mirar;
catávalo doña Sancha en el suelo donde yaz,
echado en unas colchas vio correr d'él mucha sangre:
«¡Grado e gracias a ti, Señor rey celestial,
que veo el sueño que soñé que bevía de la su sangre!».
E fincó los inojos para beber, d'él a par;

mas desque así la vio esse Mudarra Gonçález,
rebatóla en los braços, ayudóla a levantar:
«Non lo fagades, señora, non quiera Dios que tal pase,
que sangre de omne traidor entre en cuerpo atan leal;
afelo en vuestras manos, mandatlo justiciar».
Los unos dezían: «Señora, cada día un mienbro le tajad»
los otros dezían: «Señora, mandaldo desollar»
otros le dezían: «Por Dios, vámoslo a quemar»;
los otros le dezían: «Señora, vámoslo a apedrear».
Allí fabló doña Sancha, oiredes qué dirá:
«A todos lo agradezco que vos sentides de mi mal,
mas quiero esta justicia fazer a toda mi voluntad;
plaziendo a Dios e a don Mudarra yo quiero ser d'esto
                                                [alcalde:
en Burgos fueron las bodas, al tablado alançare,
sobr'esto se levantó esta traición atan grande
por cativar mi marido, mis fijos descabeçare;
alçado agora en dos vigas, pies e manos le atade,
de los que finaron en la batalla vénguese agora su linaje:
escuderos e cavalleros, e los que pudieron alcançare,
con lanças e con bofordos todos vengan alançar,
que las cames del traidor hayan a despedaçar,
e desque cayere en tierra apedreallo han».
Como doña Sancha mandó, así a fazerlo van.
Veriedes las carnes del traidor todas a tierra caen,
ca la compaña era mucha, aína lo van despedaçar;
ayuntaron los pedaços, piedras sobre él van lançar
cubierto fue d'ellas, diez carradas sobre él yazen.
Agora quantos por y pasan de Paternoster en lugar,
con sendas piedras al luziello van dare,
e dizen: «Mal sieglo aya su alma. Amén».
Por esta guisa es maldito aquel que traición faze;
non fallaredes en España qui su pariente se llame.

CANTAR DE MÍO CID
(SIGLO XIII)

[El Cid llega a Burgos y solo una niña le dirige la palabra]

[...] Conbidar le ien de grado, mas ninguno non osava:
el rey don Alfonsso tanto avie la grand saña.
Antes de la noche en Burgos dél entró su carta,
con grand recabdo e fuertemientre seellada:
que a mio Çid Roy Díaz que nadi nol diessen posada,
e aquel que gela diesse sopiesse vera palabra
que perderie los averes e más los ojos de la cara,
e aun demás los cuerpos e las almas.
Grande duelo avien las yentes cristianas;
ascóndense de mio Çid, ca nol osan dezir nada.
    El Campeador adeliñó a su posada;
así commo llegó á la puerta, fallóla bien çerrada,
por miedo del rey Alfons, que assí lo pararan:
que si non la quebrantás, que non gela abriessen por nada.
Los de mio Çid a altas vozes llaman,
los de dentro non les querién tornar palabra.
Aguijó mio Çid, a la puerta se llegaua,
sacó el pie del estribera, una ferídal dava;
non se abre la puerta, ca bien era çerrada.
    Una niña de nuef años a ojo se parava:
«¡Ya Campeador, en buena çinxiestes espada!
El rey lo ha vedado, anoch dél entró su carta,
con grant recabdo e fuertemientre seellada.
Non vos osariemos abrir nin coger por nada;
si non, perderiemos los averes e las casas,
e aun demás los ojos de las caras.
Çid, en el nuestro mal vos non ganades nada;
mas el Criador vos vala con todas sus vertudes santas».
Esto la niña dixo e tornós pora su casa
Ya lo vede el Çid que del rey non avie graçia.

Partiós de la puerta, por Burgos aguijaua,
llegó a Santa María, luego descavalga;
fincó los inojos, de coraçón rogava.
La oraçión fecha, luego cavalgava;
salió por la puerta e Arlançón passava.
Cabo Burgos essa villa en la glera posava,
fincava la tienda e luego descavalgava.
Mio Çid Roy Díaz, el que en buena çinxo espada,
posó en la glera quando nol coge nadi en casa;
derredor dél una buena conpaña.
Assí posó mio Çid commo si fosse en montaña. [...]

* * *

[*La afrenta de Corpes*]

Ya movieron del Anssarera los ifantes de Carrion;
acojen se a andar de dia e de noch,
a ssiniestro dexan Ati[en]za una peña muy fuert,
la sierra de Miedes passaron la estoz,
por los Montes Claros aguijan a espolon,
a ssiniestro dexan a Griza que Alamos poblo
—alli son caños do a Elpha ençerro—
a diestro dexan San Estevan, mas cae aluen;
entrados son los ifantes al robredo de Corpes,
los montes son altos, las ramas pujan con las nues,
e las bestias fieras que andan aderredor.
Falaron un vergel con una linpia fuent,
mandan fincar la tienda ifantes de Carrion;
con quantos que ellos traen i yazen essa noch.
Con sus mugieres en braços demuestran les amor:
¡mal gelo cunplieron quando salie el sol!
Mandaron cargar las azemilas con grandes averes;
cogida han la tienda do albergaron de noch,
adelant eran idos los de criazon.
Assi lo mandaron los ifantes de Carrion

que non i fincas ninguno, mugier nin varon,
si non amas sus mugieres doña Elvira y doña Sol;
deportar se quieren con ellas a todo su sabor.
Todos eran idos, ellos .iiii. solos son.
Tanto mal comidieron los ifantes de Carrion:
'Bien lo creades don Elvira e doña Sol:
aqui seredes escarnidas en estos fieros montes;
oy nos partiremos e dexadas seredes de nos,
non abredes part en tierras de Carrion.
Hiran aquestos mandados al Çid Campeador;
¡nos vengaremos aquesta por la del leon!'
Alli les tuellen los mantos e los pelliçones,
paran las en cuerpos y en camisas y en çiclatones.
Espuelas tienen calçadas los malos traidores,
en mano prenden las çinchas fuertes e duradores.
Quando esto vieron las dueñas fablava doña Sol:
'¡Por Dios vos rogamos don Diego e don Ferando!
Dos espadas tenedes fuertes e tajadores
—al una dizen Colada e al otra Tizon—
¡cortandos las cabeças, martires seremos nos!
Moros e christianos departiran desta razon
que por lo que nos mereçemos no lo prendemos nos;
¡atan malos enssienplos non fagades sobre nos!
Si nos fueremos majadas abiltaredes a vos,
retraer vos lo an en vistas o en cortes.'
Lo que ruegan las dueñas non les ha ningun pro.
Essora les conpieçan a dar los ifantes de Carrion,
con las çinchas corredizas majan las tan sin sabor,
con las espuelas agudas don ellas an mal sabor
ronpien las camisas e las cames a ellas amas a dos;
linpia salie la sangre sobre los çiclatones.
Ya lo sienten ellas en los sos coraçones.
¡Qual ventura serie esta si ploguiesse al Criador
que assomasse essora el Cid Campeador!
Tanto las majaron que sin cosimente son,

sangrientas en las camisas e todos los çiclatones.
Canssados son de ferir ellos amos a dos
ensayando amos qual dara mejores colpes.
Hya non pueden fablar don Elvira e doña Sol
por muertas las dexaron en el robredo de Corpes.
Levaron les los mantos e las pieles armiñas
mas dexan las maridas en briales y en camisas
e a las aves del monte e a las bestias de la fiera guisa.
Por muertas la[s] dexaron sabed, que non por bivas.
¡Qual ventura serie si assomas essora el Çid Campeador!
Los ifantes de Carrion en el robredo de Corpes
por muertas las dexaron,
que el una al otra nol torna recabdo.
Por los montes do ivan ellos ivan se alabando:
'De nuestros casamientos agora somos vengados;
non las deviemos tomar por varraganas
si non filessemos rogados,
pues nuestras parejas non eran pora en braços.
¡La desondra del leon assis ira vengando!'

LIBRO DE ALEXANDRE
(SIGLO XIII)

[...] El mes era de mayo cuando salen las flores,
cuandos vistién los campos de diversas colores;
juntárons' en el campo los dos emperadores,
nunca se ajuntaron tales dos nin mejores.

Danïel el profeta, niño de Dios amado,
dentro en Babilonia 1' hovo profetizado:
que vernié en la sierra un cabrón mal domado,
quebrantarié los cuernos al carnero doblado.

Este fue Alexandre, de los fechos granados,
Dario fue el carnero de los regnos doblados,
ca Persia e Media, tan buenos dos regnados,
ambos él los mandava, mas fueron quebrantados.

Cuando vio Alexandre tal fazaña de gentes,
començó con cuer malo de amolar los dientes;
dixo a sus barones: «Amigos e parientes,
quiérovos dezir nuevas, meted en ello mientes.

»Assaz havedes fechas faziendas muy granadas,
ya son por tod' el mundo vuestras nuevas sonadas,
son todas sobre nos las tierras acordadas,
ond' es menester que traigamos las espadas.

»Agora nos devemos por barones preçiar,
cuando con tod' el mundo havemos a lidiar;
nos pocos, ellos muchos, podrémosnos honrar,
havrán por contasella de nos much que fablar.

»Traen grandes riquezas, tesoros sobejanos;
todos andan por nuestros, si hoviéremos manos;
non vos y quiero parte, amigos e hermanos,
nunca havrán pobreza los que salieren sanos».

Cuand' hovo Alexandre la razón acabada,
por ferirse con Dario havié cara tornada;
vínole un barrunte de l' otra encontrada,
fízolo perçibir d' una fuerte çelada.

Díxol que havié Dario las carreras sembradas
de clavos de tres dientes, las puntas azeradas,
por matar los cavallos, dañar las peonadas;
si non metiessen mientes, havrién malas passadas.

Díxole otra cosa: que en la delantera
adulzié çient mil carros de espessa madera,
que corrién por engeño más que rueda trapera,
todos eran tajantes como foz podadera.

Cuand sopo Alexandre toda la antipara,
mandó prender a diestro la su mesnada clara;
guiólos y el mismo por medio d'una xara,
cuando cató a Dario, parósele de cara.

Sepades que non quiso luengo plazo le dar,
endereçó la lança, hovo a derramar;
a poder de cavallo fuelos a visitar,
tan mal pora 'l primero que pudiese fallar.

El príncip' Aristómenes, en India fue criado,
cuando lo vio venir tan fuert e tan irado,
exiól' a la carrera firme e denodado,
colpól' en el escudo, fízole grant forado.

Fiziera la loriga maestro natural,
era de fin' azero, blanca com' un cristal;
com' havié buen señor, ella fue muy leal,
defendióle el cuerpo que non prisiesse mal.

Com' era Aristómenes por natura gigante,
venía cavallero sobr' un grant elefante,
çercado de castillos de cuesta e delante,
nunca home non vio tan fiero abramante.

Súpole bien el otro el pleito destajar:
cuando vio que al cuerpo non le podié llegar,
firió al elefante por el diestro ixar,
hóvol' al otro cabo la lança a echar.

Como era la bestia mortalmente ferida,
fue luego man' a mano en tierra abatida,
cayó el filisteo con toda su bastida,
semejava que era una sierra movida.

Cuando vio Alexandre que era trastornado
perdonar non le quiso e fue bien acordado
dio de man' a la sierpe que traié al costado,
cortóle la cabeça ant que fues levantado.

Orcánides, un rey, en Egibto naçiera,
e otro, un peón que de Siria viniera,
dieron a Alexandre una priessa tan fiera,
maguer que muchas fizo, en tal nunca se viera.

Pero en cab de cosa, que vos mucho digamos,
avudól' su ventura, matólos a entrambos;
y fizo Alexandre colpes tan señalados,
mientre homes hoviere siempre serán contados.

LIBRO DE APOLONIO
(SIGLO XIII)

[Apolonio narra sus desventuras a un pescador]

«Amigo, dixo el rey, tú lo puedes veyer,
pobre só et mesquino, non trayo null auer;
si Dios te benediga, que te caya en plaçer,
que entiendas mi cuyta et que la quieras saber.

Tal pobre qual tú veyes, desnudo et lazdrado,
rey só de buen regno, richo et abondado,
de la ciudat de Tiro, do era mucho amado.
Diziénme Apolonio por nombre senyalado.

Biuía en mi reyno viçioso et onrrado,
non sabía de cuyta, biuya bien folgado,
teníame por torpe et por menoscabado
porque por muchas tierras non auía andado.

Fuy a Antiocha casamiento buscar;
non recabé la duenya, óueme de tomar.
Si con esso fincase quito en mío logar,
non aurié de mí fecho tal escamio la mar.

Furtéme de mis parientes et fize muy gran locura,
metíme en las naues con huna noche escura;
ouyemos buenos vientos, guiónos la ventura,
arribamos en Tarsso, tierra dulçe et segura.

Trobamos buenas gentes, llenas de caridat,
fazién contra nos toda vmiltat;
quando dende nos partiemos, por dezirte verdat,
todos fazién gran duelo de toda voluntat.

Quando en la mar entramos, fazié tiempo pagado;
luego que fuemos dentro, el mar file conturbado;
quanto nunca traya allá lo he dexado;
tal pobre qual tú veyes, abez só escapado.

Mis vasallos, que eran comigo desterrados,
averes que traya, tresoros tan granados,
palafrés et mulas, cauallos tan preciados,
todo lo he perdido por mis malos pecados.

Sábelo Dios del çielo que en esto non miento,
mas non muere el omne por gran aquexamiento,
¡si yo yogués con ellos auría gran plazimiento!,
sino quando viene el día del pasamiento.

Mas quando Dios me quiso a esto aduzir,
que las limosnas aya sin grado a pedir,
ruégote que, si puedas ha buena fin venir,
que me des algún conseio por o pueda beuir».

POEMA DE FERNÁN GONZÁLEZ
(SIGLO XIII)

Ovo nonbre Femando esse conde primero
nunca fue en el mundo otro tal cavallero;
este fue de los moros un mortal omiçero,
dizien le por sus lides el vueitre carniçero.
Fizo grandes batallas con la gent descreida,
e les fizo lazrar a la mayor medida,
ensancho en Castiella una muy grand medida,
ovo en el su tienpo mucha sangre vertida.
El conde don Fernando, con muy poca conpaña
—en contar lo que fizo semejarie fazaña—
mantovo sienpre guerra con los reys d'España
non dava mas por ellos que por una castaña.

FERNÁN GONZÁLEZ VENDE SU CABALLO
Y SU AZOR AL REY LEONÉS

Envió Sancho Ordóñez al buen conde mandado,
que quería fazer cortes e que fuese priado,
e que eran ayuntados todos los del reinado,
por él solo tardaba que non era í guiado.

Hobo ir a las cortes, pero con grand pesar,
era muy fiera cosa la mano le besar;
«Señor Dios de los cielos, quiérasme ayudar,
que yo pueda a Castiella desta premia sacar».

El rey e sus varones muy bien le recebieron,
todos con el buen conde muy grandes gozo hobieron,
fasta en su posada todos con él venieron,
entrante de la puerta todos se despedieron.

A chicos e a grande de toda la cibdad,
la venida del conde plazía de voluntad;
a la reina sola pesaba por verdad,
que había con el conde muy grande enemistad.

Levaba don Fernando un mudado açor,
non había en Castiella otro tal nin meior,
otrosí un caballo que fuera d'Almancor,
había de todo ello el rey muy grand sabor.

De grand sabor el rey de a ellos llevar,
luego dixo al conde que los quería comprar.
«Non los vendería, señor, mas mandédes los tomar,
vender non vos los quiero, mas quiero vos los dar.»

El rey dixo al conde que non los tomaría,
mas açor e caballo que ge los compraría,
que daquella moneda mil marcos le daría,
por açor e caballo si dárgelos quería,

Aveniéronse ambos, fizieron su mercado,
puso cuando ge lo diesse a día señalado;
si el haber non fuesse aquel día pagado,
siempre fuese cada día al gailarín doblado.

Cartas por A B C partidas í fizieron,
todos los juramentos allí los escribieron,
en cabo de la carta los testigos pusieron.
Cuantos a esta merca delante estovieron.

Asaz había el rey buen caballo comprado,
mas salió l a tres años muy caro el mercado,
con el haber de Francia nunca serí pagado,
por í perdió el rey Castiella su condado.

GONZALO DE BERCEO
(1198?-1274?)

EL LABRADOR AVARO

Era en una tierra un omme labrador,
que usava la reia más que otra lavor:
más amava al tierra que non al Criador,
era de muchas guisas ome revolvedor.

Facie una nemiga, faziela por verdat,
cambiaba los mojones por ganar eredat:
facie a todas guisas tuerto e falsedat,
avíe mal testimonio entre su vecindat.

Querie, pero que malo, bien a Sancta María,
udie sus miraculos, davalis acogía:
saludávala siempre, decíale cada día:
«Ave gracia plena que parist a Messía».

Finó el rastrapaia de tierra bien cargado,
en soga de diablos fue luego cativado,
rastravando por tienllas, de cozes bien sovado,
pechavanli a duplo el pan de que dió mudado.

Doliéranse los ángeles desta alma mezquina,
por quanto la levaban diablos en rapina;
quisieron acorrelli, ganarla por vecina,
mas pora fer tal pasta menguabalis farina,

Si lis dizien los ángeles de bien una razón
ciento dicien los otros, malas que buenas non:
los malos a los bonos tennelos en recon,
la arma por peccados nos issie de presson.

Levantosse un angel, disso: «io so testigo,
verdat est, non mentira, esto que io vos digo
el cuerpo, el que trasco esta alma consigo,
fue de Sancta María vasallo e amigo.

Siempre la ementava a iantar e a cena:
diezieli tres palabras: «Ave gracia plena»,
la boca por qui essie tan sancta cantilena,
non merecie iazer en tal mal cadena».

Luego que esti nomne de la Sancta Reina
urdieron los diablos, cojieronse ad ahina,
derramaronse todos como una neblina,
desempararon todos a la alma mesquina.

Vidieronla los ángeles seer desemparada
de piedes e de manos con sogas bien atada,
sedie como oveia que iaze ensarzada,
fueron e adussíeronla por la su maiada.

Nomne tan adonado e de vertut atanta
que a los enemigos seguda e espanta,
non nos deve doler nin lengua nin garganta,
que non digamos todos: «Salve Regina Sancta».

MILAGROS DE NUESTRA SEÑORA

Era un simple clérigo, pobre de clerecía,
dicié cutiano missa de la sancta María;

non sabié decir otra, diciéla cada día,
más la sabié por uso qe por sabiduría.

Fo est missacantano al bispo acusado
qe era idiota, mal clérigo provado;
El Salve Sancta Parens sólo tenié usado,
non sabié otra missa el torpe embargado.

Fo durament movido el obispo a sanna,
dicié: «Nunqua de preste oí atal hazanna».
Disso: «Dicit al fijo de la mala putanna
qe venga ante mí, no lo pare por manna».

Vino ant el obispo el preste peccador,
avié con el grand miedo perdida la color,
non podié de verguenza catar contra'l sennor,
nunqa fo el mesquino en tan mala sudor.

Díssoli el obispo: «Preste, dime verdat,
si es tal como dizen la tu neciedat».
Díssoli el buen omne: «Sennor, por caridat,
si disiesse qe non, dizría falsedat».

Díssoli el obispo: «Quando non as ciencia
de cantar otra missa nin as sen nin potencia,
viédote que non cantes, métote en sentencia,
vivi como merezes por otra agudencia».

Fo el preste su vía triste e dessarrado,
avié muy grand verguenza, el danno muy granado;
tornó en la Gloriosa ploroso e quesado,
qe li diesse consejo ca era aterrado.

La madre precïosa qe nunqua falleció
a qui de corazón a piedes li cadió,

el ruego del su clérigo luego gelo udió,
no lo metiól por plazo, luego li acorrió.

La Virgo glorïosa madre sin dición,
aparació'l al bispo luego en visión;
díxoli fuertes dichos, un brabiello sermón,
descubrióli en ello todo su corazón.

Díxoli brabamientre: «Don obispo lozano,
¿contra mí por qé fuste tan fuert e tan villano?
Yo nunqa te tollí valía de un grano,
e tú hasme tollido a mí un capellano.

»El qe a mí cantava la missa cada día,
tú tovist que facié yerro de eresía;
judguéstilo por bestia e por cosa radía,
tollistili la orden de la capellanía.

»Si tú no li mandares decir la missa mía
como solié decirla, grand qerella avría,
e tú serás finado hasta'l trenteno día,
¡desend verás qé vale la sanna de María!».

Fo con estas menazas el bispo espantado,
mandó enviar luego por el preste vedado;
rogó'l qe'l perdonasse lo qe avié errado,
ce fo en el su pleito durament engannado.

Mandólo qe cantasse como solié cantar,
fuesse de la Gloriosa siervo del su altar;
si algo di menguasse en vestir o calzar,
él gelo mandarié del suyo mismo dar.

Tornó el omne bono en su capellanía,
sirvió a la Gloriosa, madre sancta María;

finó en su oficio de fin qual yo qerría,
fue la alma a gloria a la dulz cofradía.

Non podriemos nos tanto escrivir nin rezar,
aún porqe podiéssemos muchos annos durar,
que los diezmos miraclos podiéssemos contar,
los qe por la Gloriosa denna Dios demostrar.

LÍRICA DE ORIGEN GALAICO-PORTUGUÉS
(SIGLOS XIII-XIV)

REY DON DENIS

Levantou-s' a velida
—levantou-s' alva—,
e vai lavar camisas
e-no alto:
vai-las lavar alva.

Levantou-s' a louçaa
—levantou-s' alva—,
e vai lavar delgadas
e-no alto:
vai-las lavar alva.

Vai lavar camisas
—levantou-s' alva—,
o vento lh'as desvia
e-no alto:
vai-las lavar alva.
E vai lavar delgadas
—levantou-s' alva—,
o vento lh'as levava.
E-no alto:
vai-las lavar alva.

O vento lh'as desvia
—levantou-s' alva—;
meteu-s' alva en ira.
E-no alto:
vai-las lavar alva.

O vento lh'as levava
levantou-s' alva—,
meteu-s' alva en sanha.
E-no alto:
vai-las lavar alva.

MEENDINHO

Sedia-m' eu na ermida de San Simion,
e cercaron-mi as ondas, que grandes son.
Eu atendend' o meu amigo!
Eu atendend' o meu amigo!

Estando na ermida ant' o altar,
cercaron-mi as ondas grandes do mar.
Eu atendend' o meu amigo!
Eu atendend' o meu amigo!

E cercaron-mi as ondas, que grandes son;
non ei i barqueiro nen remador.
Eu atendend' o meu amigo!
Eu atendend' o meu amigo!

E cercaron-mi as ondas do alto mar;
non ei i barqueiro, nen sei remar.
Eu atendend' o meu amigo!
Eu atendend' o meu amigo!

Non ei i barqueiro nen remador:
morrerei, fremosa, no mar maior.
Eu atendend' o meu amigo!
Eu atendend' o meu amigo!

Non ei i barqueiro, nen sei remar:
morrerei, fremosa, no alto mar.
Eu atendend' o meu amigo!
Eu atendend' o meu amigo!

JOAN ZORRO

Per ribeira do rio
vi remar o navio,
e sabor ei da ribeira.

Per ribeira do alto
vi remar o barco,
e sabor ei da ribeira.

remar o navio:
i vai o meu amigo.
E sabor ei da ribeira.

remar o barco:
i vai o meu amado.
E sabor ei da ribeira.
I vai o meu amigo,
quer-me levar consigo.
E sabor ei da ribeira.

I vai o meu amado,
quer-me levar de grado.
E sabor ei da ribeira.

MARTÍN CODAX

Ondas do mar de Vigo,
se vistes meu amigo?
E ai Deus, se verrá cedo!

Ondas do mar levado,
se vistes meu amado?
E ai Deus, se verrá cedo!

Se vistes meu amigo,
o por que eu sospiro?
E ai Deus, se verrá cedo!

Se vistes meu amado,
por que ei gran cuidado?
E ai Deus, se verrá cedo!

PERO MEOGO

Levou-s'a louçana, levou-s'a velida:
vay lavar cabelos, na fontana fria.
Leda dos amores, dos amores leda.

Levou-s'a velida, levou-s'a louçana:
vay lavar cabelos, na fria fontana.
Leda dos amores, dos amores leda.

Vay lavar cabelos, na fontana fria:
passou seu amigo, que lhi ben queria.
Leda dos amores, dos amores leda.

Vay lavar cabelos, na fria fontana:

passa seu amigo, que a muyt'amava.
Leda dos amores, dos amores leda.

Passa seu amigo, que lhi ben queria:
o cervo do monte a áugua volvia.
Leda dos amores, dos amores leda.

Passa seu amigo, que a muyt'amava:
o cervo do monte volvia a áugua.
Leda dos amores, dos amores leda.

RAZÓN DE AMOR
(1250?)

En el mes d'abril, depues yantar,
estava so un oliuar.
Entre çimas d'un mançanar
un vaso de plata vi estar;
pleno era d'un claro vino
que era bermeio e fino;
cubierto era de tal mesura
no lo tocás' la calentura.
Una duena lo y eua puesto,
que era senora del uerto,
que quan su amigo viniese,
d'aquel vino a beber le diesse.
Qui de tal vino oviesse
en la mana quan comiesse:
e dello oviesse cada dia,
nuncas mas enfermarya.
Ariba del mançanar
otro vaso vi estar;
pleno era d'un agua fryda

que en el mançanar se naçia.
Bebiera d'ela de grado,
mas ovi miedo que era encantado.
Sobre un prado pus' mi tiesta,
que nom' fiziese mal la siesta;
parti de mí las vistiduras,
que nom' fizies' mal la calentura.
Plegem a una fuente perenal,
nunca fue omne que vies tal;
tan grant virtud en si avia,
que de la frydor que d'í yxia,
cient pasadas aderedor
non sintryades la calor.
Todas yervas que bien olien
la fuent çerca si las tenie:
y es la salvia, y son as rosas,
y el liryo e las violas;
otras tantas yervas y avia
que sol' nombra no las sabria;
mas el olor que d'í yxia
a omne muerto resuçitarya.
Prys' del agua un bocado
e fuy todo esfryado.
En mi mano prys' una flor,
sabet, non toda la peyor;
e quis' cantar de fin amor.
Mas vi venir una doncella;
pues naçí, non vi tan bella:
blanca era e bermeia,
cabelos cortos sobr' ell oreia,
fruente blanca e loçana,
cara fresca como maçana;
naryz egual e dreyta,
nunca viestes tan bien feyta;
oios negros e ridientes,

boca a razon e blancos dientes;
labros bermeios, non muy delgados,
por verdat bien mesurados;
por la çentura delgada,
bien estant e mesurada;
el manto e su brial
de xamet era, que non d'al;
un sombrero tien' en la tiesta,
que nol' fiziese mal la siesta;
unas luvas tien en la mano,
sabet, non ie las dio vilano.
De las flores viene tomando,
en alta voz d'amor cantando.
E deçia: «ay, meu amigo,
si me vere yamas contigo!
Amet sempre, e amare
quanto que viva sere!
Por que eres escolar,
quis' quiere te debria mas amar.
Nunqua odi de homne deçir
que tanta bona manera ovo en si.
Mas amaria contigo estar
que toda Espana mandar.
Mas d'una cosa so cuitada:
é miedo de seder enganada;
que dizen que otra duena,
cortesa e bela e buena,
te quiere tan gran ben,
pon ti pierde su sen;
e por eso é pavor
que a esa quieras meior.
Mas s'io te vies' una vegada,
a plan me queryes por amada!».
Quant la mia senor esto dizia,
sabet, a mi non vidia;

pero sé que no me conoçia,
que de mí non foyrya.
Yo non fiz aqui como vilano,
levem' e pris la por la mano;
junniemos amos en par
e posamos so ell olivar.
Dix le vo: «dezit, la mia senor,
si supiestes nunca d'amor?».
Diz ella «a plan, con grant amor ando,
mas non connozco mi amado;
pero dizem' un su mesaiero
que es clerygo e non cavalero,
sabe muio de trovar
de leyer e de cantar;
dizem' que es de buenas yentes,
mancebo barba punnientes».
«Por Dios, que digades, la mia senor,
que donas tenedes por la su amor»
«Estas luvas y es' capiello,
est' oral y est' aniello
envió a mí es' meu amigo,
que por la su amor trayo con migo.»

DENUESTOS DEL AGUA Y DEL VINO
(SIGLO XIII)

Qui triste tiene su coraçón
benga ori esta razón.

Odrá razón acabada,
feita d'amor e bien rimada.

Un escolar la rimó
que siempre dueñas amó;

mas siempre ovo criança
en Alemania y en Francia;
moró mucho en Lombardía
por aprender cortesía.

En el mes d'abril, después yangar,
estava so en un olivar.

Entre cimas d'un mançanar
un vaso de plata vi estar.

Pleno ea d'un claro vino
que era vermejo e fino;
cubierto era de tal mesura
no lo tocás' ia calentura.

Una dueña lo i eva puesto,
que era señora del uerto,
que, cuan su amigo viniese,
d'aquel vino a bever le diesse.

Qui de tal vino oviesse
en la mañana cuan comesse,

e dello oviesse cada dia
nunca más enfermaría.

Arriba del mançanar
otro vaso vi estar;
pleno era d'un agua frida
que en el mançanar se nacía.

Beviera d'ela de grado,
mas ovid miedo que era encantado.

Sobre un prado pus' mi tiesta
que nom' fiziese mal la siesta;
parti de mi las vistiduras
que nom' fiziés' mal la calentura.

Pleguem' a una fuente perenal,
nunca fué omne que vies' tal;
tan grant virtud en si avia,
que de la fridor que d'i ixía,
cient pasadas a derredor
non sintríades la calor.

Todas yerbas que bien olién
la fuent cerca sí las tenié:
i es la salvia, i son as rosas,
i el lirio e las violas;
otras tantas yerbas i avia,
que sol' nombrar no las sabría.

Mas ell olor que d'i ixía
a omne muerto ressucitaría.

Pris del agua un bocado
e fui todo esfriado.
En mi mano pris' una flor,
sabet non toda la peyor,
e quis' cantar de fin amor.

Mas vi venir una doncela,
pues naci no vi tan bella:
blanca era e bermeja,
cabelos cortos sobr'll oreja,
fruente blanca e loçana,
cara fresca como mançana;
nariz egual e dreita,

nunca viestes tan fien feita,
ojos negros e ridientes,
boca a razón e blancos dientes,
labros bermejos non muy delgados,
por verdat bien mesurados;
por la centura delgada,
bien estant e mesurada;
el manto e su brial
de xamet era que non d'ál;
un sombrero tien'en la tiesta
que nol'fiziese mal la siesta;
unas luvas tien'en la mano,
sabet non jelas dió vilano.

De las flores viene tomando,
e alta voz d'amor cantando,
e decía:—«¡Ay, meu amigo,
»si me veré ya más contigo!
»Amet siempre e amaré
»cuanto que biva seré.

»Porque eres escolar
»quisquiere te devría más amar.

»Nunqua odi de homne decir
»que tanta bona maneras ovo en si.

»Más amará contigo estar
»que toda España mandar;
»mas d'una cosa so cuitada:
»he miedo de seder enganada,
»que dizen que otra dona,
»cortesa e bela e bona
»te quiere tan grant ben,
»por ti pierde su sen,

»e por eso he pavor
»que a esa quieras mejor.

»¡Mas si io te vies'una vegada,
»a plan me queriés por amada!»

ALFONSO EL SABIO
(1221-1284)

CANTIGAS DE SANTA MARÍA

[ESTA É DE LOOR DE SANTA MARIA, COM' É
FREMOSA E BOA E A GRAN PODER]

Rosa das rosas e Fror dasfrores,
Dona das donas, Sennor das sennores.

Rosa de beldad' e de parecer
e Fror d'alegria e de prazer
Dona en mui piadosa seer,
Sennor en toller coitas e doores.
Rosa das rosas e Fror dasfrores...

Atal Sennor dev' ome muit' amar
que de todo mal o pode guardar
e pode-ll' os peccados perdoar,
que faz no mundo per maos sabores.
Rosa das rosas e Fror dasfrores...

Devemo-la muit' amar e servir,
ca punna de nos guardar de falir;
des i dos erros nos faz repentir,
que nos fazemos come pecadores.
Rosa das rosas e Fror dasfrores...

Esta dona que tenno por Sennor
e de que quero seer trobador,
se eu per ren poss' aver seu amor,
dou ao demo os outros amores.
Rosa das rosas e Fror dasfrores...

CANTIGA D' ESCARNIO

O que foi passar a serra
e non quis servir a terra,
é ora, entrant'a guerra,
    que faroneja?
Pois el agora tan muito erra.
    maldito seja!

O que levou os dinheiros
e non troux' os cavaleiros,
é por non ir nos primeiros
    que faroneja?
Pois que ven conos postumeiros,
    maldito seja!

O que filhou gran soldada
e nunca fez cavalgada,
é por non ir a Graada
    que faroneja?
Se é ric'omen ou á mesnada,
    maldito seja!

O que meteu na taleiga
pouc' aver e muita meiga,
é por non entrar na Veiga
    que faroneja?
Pois chus mole é que manteiga,
    maldito seja!

JUAN RUIZ, ARCIPRESTE DE HITA

LIBRO DE BUEN AMOR
(1301 y 1343)

ENXIENPLO DEL LOBO E DE LA CABRA E DE LA GRULLA

El lobo a la cabra comiala por merienda,
atravesosele vn veso, estaua en contienda,
afogar se queria, demandava corrienda,
fisicos e maestros que queria fazer emienda.

Prometio al que lo sacase thesoros e grand riqueza.
Vino la grulla de somo del alteza,
sacole con el pico el veso con sotileza;
el lobo finco sano para comer sin pereza.

Dyxo la grulla al lobo quel quisiese pagar.
El lobo dixo: «¡Como!, ¿yo non te pudiera tragar
el cuello con mis dientes sy quisiera apretar?;
pues sea te soldada, pues non te quise matar».

Byen ansy tu lo fazes agora que estas lleno
de pan e de dineros que forçaste de lo ageno,
non quieres dar al poble vn poco de çenteno,
mas ansi te secaras como roçio e feno.

En fazer bien el malo cosa nol aprouecha;
omne desgradesçido bien fecho nunca pecha;
el buen conosçemiento mal omne lo dessecha,
el bien que omne le faze diz que es por su derecha.

CANTIGA SERRANA

Cerca la Tablada,
la sierra passada,

falle me con Aldara
a la madrugada.

En çima del puerto
coyde ser muerto
de nieue e de frio,
e dese roçio
e de grand elada.

A la decida
dy vna corrida,
falle vna serrana
fermosa, loçana
e byen colorada.

Dixe yo a ella:
«Omillome, bella.»

Diz: «Tu que bien corres
aqui non te engorres,
anda tu jornada».

Yo l' dixe: «Frio tengo
e por eso vengo
a vos, fermosura;
quered por mesura
oy dar me posada».

Dixo me la moça:
«Pariente, mi choça
el que en ela posa
conmigo desposa
e dam grand soldada».

Yo l'dixe: «De grado,
mas soy cassado

aqui en Ferreros;
mas de mis dineros
dar vos he, amada».

Diz: «Trota con migo».

Leuome con sigo,
e diom buena lunbre,
commo es de constunbre
de sierra nevada.

Diome pan de çenteno
tyznado, moreno;
e diom vino malo,
agrillo e ralo,
e carne salada.

Diom' queso de cabras.
«Fidalgo -diz-, abras
ese blaço e toma
vn canto de soma,
que tengo goardada.»

Diz: «Huesped, almuerça,
e beue e esfuerça,
calyentate e paga,
de mal nos te faga,
fasta la tornada.

Quien dones me diere
quales yo pediere,
avra bien de çena
e lechiga buena
que nol coste nada.»

«Vos que eso desides
¿por que non pedides
la cosa çertera?»
Ella diz: «¡Maguera!
¿é si m' sera dada?

Pues dam vna çinta
bermeja, byen tynta,
e buena camisa,
fecha a mi guisa,
con su collarada.

E dam buenas sartas
de estaño e fartas;
e dame halia
de buena valya,
pelleja delgada.

E dam buena toca
lystada de cota,
e dame çapatas
de cuello, byen altas,
de pieça labrada.

Con aquestas joyas,
quiero que lo oyas,
serás bien venido
serás mi marido
e yo tu velada.»

«Serrana sennora,
tanto algo agora
non tray' por ventura,
mas faré fiadura
para la tornada.»

Díxome la heda:
«Do non hay moneda
non hay merchandía,
nin hay tan buen día,
nin cara pagada.

Non hay mercadero
bueno sin dinero,
e yo non me pago
del que non da algo,
nin le do posada.

Nunca de omenaje
pagan hostalaje;
por dineros fase
omen quanto plase:
cosa es probada».

DE LAS PROPIEDADES QUE LAS DUEÑAS CHICAS HAN

Quiero vos abreujar la predicaçion,
que sienpre me pague de pequeño sermón
e de dueña pequeña e de breue rason,
ca poco e bien dicho afyncase el coraçon.

Del que mucho fabla ryen; quien mucho rie, es loco;
es en la dueña chica amor e non poco;
dueñas ay muy grandes que por chicas non troco,
mas las chicas e las grandes se repienten del troco.

De las chicas que byen diga el amor me fiso ruego,
que diga de sus noblesas, yo quiero las desir luego,
desir vos he de dueñas chicas que lo avredes por juego;
son frias como la nieue e arden commo el fuego.

Son frias de fuera, con el amor ardientes,
en la cama solas, trebejo, plasenteras, ryentes;
en casa cuerdas, donosas, sosegadas, byen fasientes;
mucho al y fallaredes a do byen pa[ra]redes mientes.

En pequena girgonça yase grand resplandor,
en açucar muy poco yase mucho dulçor,
en la dueña pequeña yase muy grand amor;
pocas palabras cunplen al buen entendedor.

Es pequeño el grano de la buena pemienta,
pero mas que la nues conorta e calyenta,
asi dueña pequena, sy todo amor consyenta,
non ha plaser del mundo que en ella non sienta.

Commo en chica rosa esta mucha color,
en oro muy poco grand preçio e grand valor,
commo en poco blasmo yase grand buen olor,
ansy en dueña chica yase muy grand sabor.

Como roby pequeño tyene mucha bondat,
color, virtud e preçio e noble claridad,
ansi dueña pequena tiene mucha beldat,
fermosura, donayre, amor e lealtad.

Chyca es la calandria e chico el ruyseñor,
pero mas dulçe canta que otra ave mayor;
la muger que es chica por eso es mejor,
con doñeo es mas dulçe que açucar nin flor.

Son aves pequenas papagayo e orior,
pero qul quier dellas es dulçe gritador,
adonada, fermosa, preçiada cantador:
byen atal es la dueña pequena con amor.

De la muger pequena non ay conparaçion,
terrenal parayso es e grand conssolaçion,
solas e alegria, plaser e bendiçion;
mejor es en la prueua que en la salutaçion.

Syenpre quis muger chica mas que grande nin mayor;
non es desaguisado, del grand mal ser foydor,
del mal tomar lo menos, diselo el sabidor,
por ende de las mugeres la mejor es la menor.

POEMA DE ALFONSO ONCENO
(c. 1344-1348)

FROFECÍA DE MERLÍN

Dixo: «El león d'España
de sangre fará carnino
del lobo de la montaña
dentro en la fuente del vino.»

Non quiso más declarar
Merlín el de gran saber:
yo lo quier paladinar
como puedan entender:

el león de la España
fue el buen rey, ciertamente;
el lobo de la montaña
fue don Juan, el su pariente;

e el rey, quando era niño,
mató a don Juan el Tuerto;
Toro es la fuente del vino
a do don Johán fue muerto.

DON SEM TOB DE CARRIÓN

PROVERBIOS
(1349)

Mal es la soledat,
mas peor es conpaña
de omre syn verdat,
que a omre engaña.

Peor conpaña destas,
omre torpe pesado:
querrie traer acuestas
albarda mas de grado!

Muevol yo pleytesia
por tal que me dexase,
digol que non querria
que por mi se estorbase:

«Yd vos en ora buena
librar vuestra fazyenda,
quiça que pro alguna
vos verna a la tyenda».

El diz: «Por bien non tenga
Dios que solo fynquedes
fasta conpaña venga
otra con quien fabledes».

El cuyda que plazer
me faze su conpaña,
yo querria mas yazer
solo en la montaña;

yazer en la montaña
a peligro de syerpes,
e non entre conpaña
de omres pesados torpes!

El cuyda que en yrse
serie desmesurado,
e yo temo caerse
con nusco el sobrado.

Ca de los sus enojos
esto ya tan cargado,
que fascas en mis ojos
so mas que el pesado.

El medio mal seria,
sy el callar quisiese:
yo del cuenta faria
como sy poste fuese;

non dexaria nunca
lo que quisyes cuydar.
Mas el razones busca
pora nunca quedar:

Nol cumple dezyr quantas
vanidades se cuyda,
mas fazeme preguntas
necias a quel recuda.

E querria ser mudo
antes quel responder,
e querria ser sordo
antes quel entender.

Cierto es par de muerte
la soledat, mas tal
conpaña com este,
estar solo mas val.

ROMANCES VIEJOS
(SIGLOS XV-XVI)

LA TRAICIÓN DEL CONDE
DON JULIÁN

En Ceuta está don Julián,
en Ceuta la bien nombrada:
para las partes de allende
quiere enviar su embajada;
moro viejo la escribía,
y el conde se la notaba;
después que la hubo escrito,
al moro luego matara.
Embajada es de dolor,
dolor para toda España.
Las cartas van al rey moro,
en las cuales le juraba
que si de él recibe ayuda
le dará por suya a España.
Madre España, ¡ay de ti!,
en el mundo tan nombrada,
de las tierras la mejor,
la más apuesta y ufana,
donde nace el fino oro,
donde hay veneros de plata,
abundosa de venados,
y de caballos lozana,

briosa de lino y seda,
de óleo rico alumbrada,
deleitosa de frutales,
en azafrán alegrada,
guarnecida de castillos,
y en proezas extremada;
por un perverso traidor
toda serás abrasada.

BERNARDO DEL CARPIO
SE ENTREVISTA CON EL REY

Con cartas y mensajeros
el rey al Carpio envió;
Bernardo, como es discreto,
de traición se receló;
las cartas echó en el suelo
y al mensajero habló:
—Mensajero eres, amigo,
no mereces culpa, no,
mas al rey que acá te envía
dígasle tú esta razón:
que no lo estimo yo a él
ni aun a cuantos con él son;
mas por ver lo que me quiere
todavía allá iré yo.
Y mandó juntar los suyos,
de esta suerte les habló:
—Cuatrocientos sois, los míos,
los que coméis mi pan;
los cientos irán al Carpio,
para el Carpio guardar,
los ciento por los caminos,
que a nadie dejan pasar;
doscientos iréis conmigo

para con el rey hablar;
si mala me la dijere,
peor se la he de tornar.
Por sus jornadas contadas
a la corte fue a llegar:
—Dios os mantenga, buen rey,
y a cuantos con vos están.
—Mal vengáis vos, Bernardo,
traidor, hijo de mal padre,
te di yo el Carpio en tenencia,
tú tómaslo en heredad.
—Mentís, el rey, mentís,
que no dices la verdad,
que si yo fuese traidor,
a vos os cabría en parte;
acordárseos debía
de aquella del Encinal,
cuando gentes extranjeras
allí os trataron tan mal,
que os mataron el caballo
y aun a vos querían matar;
Bernardo, como traidor,
de entre ellos os fue a sacar.
Allí me disteis el Carpio
de juro y de heredad,
me prometiste a mi padre,
no me guardaste verdad.
—Prendedlo, mis caballeros,
que igualado se me ha.
—Aquí, aquí los mis doscientos,
los que coméis mi pan,
que hoy era venido el día
que honra habemos de ganar.
El rey, de que aquesto viera,
de esta suerte fue a hablar:

—¿Qué ha sido aquesto, Bernardo,
que así enojado te has?
¿Lo que hombre dice de burla
de veras vas a tomar?
Yo te doy el Carpio, Bernardo,
de juro y de heredad.
—Aquesas burlas, el rey,
no son burlas de burlar;
llamásteme de traidor,
traidor, hijo de mal padre;
el Carpio yo no lo quiero,
bien lo podéis vos guardar,
que cuando yo lo quisiere,
muy bien lo sabré ganar.

LA VENGANZA DE MUDARRA

A cazar va don Rodrigo,
y aun don Rodrigo de Lara,
con el gran calor que hace
se ha arrimado a una haya,
maldiciendo a Mudarrillo,
hijo de la renegada,
que si a las manos le hubiese
que le sacaría el alma.
El señor estando en esto,
Mudarrillo que asomaba.
—Dios te salve, caballero,
debajo la verde haya.
—Así haga a ti, escudero,
buena sea tu llegada.
—Dígasme tú, caballero,
¿cómo era la tu gracia?
—A mí me dicen Rodrigo,

y aun don Rodrigo de Lara,
cuñado de Gonzalo Gustios,
hermano de doña Sancha;
por sobrinos me los tuve
los siete infantes de Lara;
espero aquí a Mudarrillo,
hijo de la renegada;
si delante lo tuviese,
yo le sacaría el alma.
—Si a ti te dicen Rodrigo,
y aun don Rodrigo de Lara,
a mí Mudarra González,
hijo de la renegada;
de Gonzalo Gustios hijo
e hijastro de doña Sancha;
por hermanos me los hube
los siete infantes de Lara.
Tú los vendiste, traidor,
en el val de Arabiana,
mas si Dios a mí me ayuda,
aquí dejarás el alma.
—Espéresme, don Gonzalo,
iré a tomar las mis armas.
La espera que tú le diste
a los infantes de Lara.
Aquí morirás, traidor,
enemigo de doña Sancha.

ROMANCE DEL CID

—¡Afuera, afuera, Rodrigo,
el soberbio castellano!
Deberías acordarte
de aquel tiempo ya pasado

cuando fuiste caballero
en el altar de Santiago,
cuando el rey fue tu padrino,
tú, Rodrigo, el ahijado.
Mi padre te dio las armas,
mi madre te dio el caballo,
yo te calcé las espuelas
porque fueses más honrado;
que pensé casar contigo,
no lo quiso mi pecado.
Casaste con Jimena Gómez,
hija del conde Lozano;
con ella hubiste dineros,
conmigo hubieras estado.
Bien casaste tú, Rodrigo,
muy mejor fueras casado:
dejaste hija de rey
por tomar de su vasallo.
—Si os parece, mi señora,
bien podemos desligarlo.
—Mi ánima penaría
si yo fuese en discreparlo.
—¡Afuera, afuera, los míos,
los de a pie y los de a caballo,
pues de aquella torre mocha
una vira me han tirado!
No traía el asta de hierro,
el corazón me ha pasado;
ya ningún remedio siento,
sino vivir más penado.

ROMANCE DEL REY
DON SANCHO

—¡Guarte, guarte, rey don Sancho!
No digas que no te aviso,
que de dentro de Zamora
un alevoso ha salido:
llámase Vellido Dolfos,
hijo de Dolfos Vellido,
cuatro traiciones ha hecho,
y con esta serán cinco;
si gran traidor fue su padre,
mayor traidor es el hijo.
Gritos dan en el real:
—¡A don Sancho han malherido,
muerto le ha Vellido Dolfos,
gran traición ha cometido!
Cuando le tuviera muerto,
metiose por un postigo;
por las calles de Zamora
va dando voces y gritos:
—Tiempo era, doña Urraca,
de cumplir lo prometido.

ROMANCE DE LA JURA

En Santa Gadea de Burgos,
do juran los hijosdalgo,
allí le toma la jura
el Cid al rey castellano.
Las juras eran tan fuertes
que al buen rey ponen espanto;
sobre un cerrojo de hierro
y una ballesta de palo:
—Villanos te maten, Alfonso,

villanos, que no hidalgos,
de las Asturias de Oviedo,
que no sean castellanos;
mátente con aguijadas,
no con lanzas ni con dardos;
con cuchillos cachicuernos,
no con puñales dorados;
abarcas traigan calzadas,
que no zapatos con lazo;
capas traigan aguaderas,
no de contray, ni frisado;
con camisones de estopa,
no de holanda, ni labrados;
montados vengan en burras,
que no en mulas ni en caballos;
frenos traigan de cordel,
que no cueros fogueados.
Mátente por las aradas,
que no en villas ni en poblado,
y sáquente el corazón
por el siniestro costado,
si no dices la verdad
de lo que te es preguntado:
si fuiste, ni consentiste
en la muerte de tu hermano.
Jurado había el rey,
que en tal nunca se ha hallado;
pero allí hablara el rey,
malamente y enojado:
—Muy mal me conjuras, Cid,
Cid, muy mal me has conjurado;
mas hoy me tomas la jura,
mañana me besarás la mano.
—Por besar mano de rey
no me tengo por honrado;

porque la besó mi padre
me tengo por afrentado.
—Vete de mis tierras, Cid,
mal caballero probado,
y no vengas más a ellas
desde este día en un año.
—Pláceme, dijo el buen Cid,
pláceme, dijo, de grado,
por ser la primera cosa
que mandas en tu reinado.
Tú me destierras por uno,
yo me destierro por cuatro.
Ya se parte el buen Cid,
sin al rey besar la mano,
con trescientos caballeros,
todos eran hijosdalgo;
todos son hombres mancebos,
ninguno no había cano.
Todos llevan lanza en puño
y el hierro acicalado,
y llevan sendas adargas,
con borlas de colorado;
mas no le faltó al buen Cid
adonde asentar su campo.

ROMANCE DE DOÑA ALDA

En París está doña Alda,
la esposa de don Roldán,
trescientas damas con ella
para la acompañar;
todas visten un vestido,
todas calzan un calzar,
todas comen a una mesa,

todas comían de un pan,
si no era doña Alda,
que era la mayoral.
Las ciento hilaban oro,
las ciento tejen cendal,
las cien tañen instrumentos
para doña Alda holgar.
Al son de los instrumentos
doña Alda dormido se ha;
ensoñado había un sueño,
un sueño de gran pesar.
Despertó despavorida
y con un pavor muy grande,
los gritos daba tan grandes
que se oían en la ciudad.
Allí hablaron sus doncellas,
bien oiréis lo que dirán:
—¿Qué es aquesto, mi señora?
—¿Quién es el que os hizo mal?
—Un sueño soñé, doncellas,
que me ha dado gran pesar;
que me veía en un monte
en un desierto lugar;
bajo los montes muy altos
un azor vi volar,
tras dél viene una aguililla
que lo ahínca muy mal.
El azor con grande cuita
metiose so mi brial;
el águila con gran ira
de allí lo iba a sacar;
con las uñas lo despluma,
con el pico lo deshace.
Allí habló su camarera,
bien oiréis lo que dirá:

—Aquese sueño, señora,
bien os lo puedo explicar:
el azor es vuestro esposo,
que viene de allén la mar;
el águila sois vos,
con la que se ha de casar,
y aquel monte es la iglesia
adonde os han de velar.
—Si así es, mi camarera,
bien te lo entiendo pagar.
Otro día de mañana
cartas de fuera le traen;
tintas venían por dentro,
de fuera escritas con sangre,
que su Roldán era muerto
en la caza de Roncesvalles.

ABENÁMAR, ABENÁMAR

—¡Abenámar, Abenámar,
moro de la morería,
el día que tú naciste
grandes señales había!
Estaba la mar en calma,
la luna estaba crecida,
moro que en tal signo nace
no debe decir mentira.
Allí respondiera el moro,
bien oiréis lo que diría:
—No te la diré, señor,
aunque me cueste la vida,
porque soy hijo de moro
y una cristiana cautiva;
siendo yo niño y muchacho

mi madre me lo decía
que mentira no dijese,
que era grande villanía;
por tanto pregunta, rey,
que la verdad te diría.
—Yo te agradezco, Abenámar,
aquesa tu cortesía.
¿Qué castillos son aquellos?
¡Altos son y relucían!
—El Alhambra era, señor,
y la otra la mezquita;
los otros los Alixares,
labrados a maravilla.
El moro que los labraba
cien doblas ganaba al día,
y el día que no los labra
otras tantas se perdía.
El otro es Generalife,
huerta que par no tenía,
el otro Torres Bermejas,
castillo de gran valía.
Allí habló el rey don Juan,
bien oiréis lo que decía:
—Si tú quisieras, Granada,
contigo me casaría;
darete en arras y dote
a Córdoba y a Sevilla.
—Casada soy, rey don Juan,
casada soy, que no viuda;
el moro que a mí me tiene
muy grande y bien me quería.

LA CONQUISTA DE ALHAMA

Paseábase el rey moro
por la ciudad de Granada.
Cartas le fueron venidas
de que Alhama era ganada.
Las cartas echó al fuego
y al mensajero matara,
echó mano a sus cabellos
y las sus barbas mesaba.
Apeoóse de una mula
y en un caballo cabalga.
Mandó tocar sus trompetas,
sus añafiles de plata
porque lo oyesen los moros
que andaban por las aradas.
Cuatro a cuatro, cinco a cinco,
juntado se ha gran batalla.
Allí habló un moro viejo
que era alguacil de Granada:
—¿A qué nos llamaste, rey,
a qué fue vuestra llamada?
—Para que sepáis, amigos,
la gran pérdida de Alhama.
—Bien se te emplea, señor.
Señor, bien se te empleaba
por matar los Bencerrajes,
que eran la flor de Granada;
acogiste a los judíos
de Córdoba la nombrada;
degollaste un caballero
persona muy estimada.
Muchos se te despidieron
por tu condición trocada.
—¡Ay, si quisieseis, mis moros,

que fuésemos a cobrarla!
—Mas, rey, si a Alhama has de ir
deja buen cobro en Granada
y para Alhama cobrar
es menester gran armada,
que caballero hay en ella
que sabrá muy bien guardarla.
—¿Quién es este caballero
que tanta honra ganara?
—Don Rodrigo de León,
marqués de Cádiz se llama;
otro es Martín Galindo,
quien primero echó la escala.
Luego se va para Alhama,
que ellos no le importan nada.
La combaten prestamente,
ella está bien defensada.
Cuando el rey no pudo más,
triste se volvió a Granada.

MORICOS,
LOS MIS MORICOS

Moricos, los mis moricos,
los que ganáis mi soldada,
derribadme a Baeza,
esa ciudad torreada,
y los viejos y las viejas
pasadlos todos a espada,
y los mozos y las mozas
traedlos en cabalgada,
y la hija de Pero Díaz
para ser mi enamorada,
y a su hermana Leonor
de quien sea acompañada.

Id vos, capitán Vanegas,
porque venga más honrada,
porque enviándoos a vos
no recelo, en la tornada,
que recibiréis afrenta,
ni cosa desaguisada.

GERINELDO, GERINELDO

—Gerineldo, Gerineldo,
paje del rey más querido,
¡quién te tuviera esta noche
en mi jardín florecido!
¡Válgame Dios, Gerineldo,
cuerpo que tienes tan lindo!
—Como soy vuestro criado,
señora, burláis conmigo.
—No me burlo, Gerineldo,
que de veras te lo digo.
—¿Y cuándo, señora mía,
cumpliréis lo prometido?
—Entre las doce y la una,
que el rey estará dormido.
Media noche ya es pasada,
Gerineldo no ha venido.
—¡Oh, malhaya, Gerineldo,
quien amor puso contigo!
—Abráisme, la mi señora,
abráisme, cuerpo garrido.
—¿Quién a mi estancia se atreve?
¿Quién llama así a mi postigo?
—No os turbéis, señora mía,
que soy vuestro dulce amigo.
Tomáralo por la mano
y en el lecho lo ha metido.

Entre juegos y deleites
la noche se les ha ido,
y allá hacia el amanecer
los dos se duermen vencidos.
Despertado había el rey
de un sueño despavorido:
—O me roban a la infanta
o traicionan el castillo.
Aprisa llama a su paje
pidiéndole los vestidos:
—¡Gerineldo, Gerineldo,
el mi paje más querido!
Tres veces le había llamado,
ninguna le ha respondido.
Puso la espada en la cinta,
adonde la infanta ha ido;
vio a su hija, vio a su paje
como mujer y marido.
—¿Mataré yo a Gerineldo,
a quien crié desde niño?
Pues si matare a la infanta,
mi reino queda perdido.
Pondré mi espada por medio,
que me sirva de testigo.
Y saliose hacia el jardín
sin ser de nadie sentido.
Rebullíase la infanta
tres horas ya el sol salido;
con el frío de la espada
la dama se ha estremecido.
—Levántate, Gerineldo,
levántate, dueño mío:
la espada del rey, mi padre,
entre los dos ha dormido.
—¿Y adónde iré, mi señora,
que del rey no sea visto?

—Vete por ese jardín
cogiendo rosas y lirios;
pesares que te vinieren
yo los partiré contigo.
—¿Dónde vienes, Gerineldo,
tan mustio y descolorido?
—Vengo del jardín, buen rey,
por ver cómo ha florecido;
la fragancia de una rosa
la color me ha desvaído.
—De esa rosa que has cortado
mi espada será testigo.
—Matadme, señor, matadme,
bien lo tengo merecido.
Ellos en estas razones,
la infanta a su padre vino:
—Rey y señor, no le mates
mas dámelo por marido;
o si lo quieres matar
la muerte será conmigo.

ROMANCE DEL CONDE ARNALDOS

¡Quién hubiese tal ventura
sobre las aguas del mar,
como hubo el conde Arnaldos
la mañana de san Juan!
Con un halcón en la mano
la caza iba a cazar.
Vio venir una galera
que a tierra quiere llegar;
las velas traía de seda,
la jarcia de un cendal;
marinero que la manda,
diciendo viene un cantar,

que la mar ponía en calma,
los vientos hace amainar;
los peces que andan al fondo
arriba los hace andar;
las aves que van volando
en el mástil las hace posar:
—¡Galera, la mi galera,
Dios te me guarde del mal,
de los peligros del mundo
sobre aguas de la mar
de los llanos de Almería,
del estrecho de Gibraltar
y del golfo de Venecia
y de los bancos de Flandes
y del golfo de León,
donde suelen peligrar.
Allí habló el conde Arnaldos,
bien oiréis lo que dirá:
—Por Dios te ruego, marinero,
dígasme ahora ese cantar.
Respondiole el marinero,
tal respuesta le fue a dar:
—Yo no digo esta canción
sino a quien conmigo va.

ROMANCE DEL PRISIONERO

Que por mayo era, por mayo,
cuando hace la calor,
cuando los trigos encañan
y están los campos en flor,
cuando canta la calandria
y responde el ruiseñor,
cuando los enamorados

van a servir al amor;
sino yo, triste, cuitado,
que vivo en esta prisión;
que ni sé cuándo es de día
ni cuándo las noches son,
sino por una avecilla
que me cantaba al albor.
Matómela un ballestero;
¡dele Dios mal galardón!

PERO LÓPEZ DE AYALA

(1332-1407)

AQUI FABLA DE LA JUSTIÇIA

La justiçia, que es virtud atan noble e loada,
que castiga a los malos e la tierra ha poblada,
deven la guardar los reyes e ya la han olvidada
seyendo piedra preçiosa de la su corona onrada.

Al rey que justiçia amare, Dios sienpre le ayudará,
e la silla de su regno con Él firme estará;
en el cielo començó e por sienpre durará:
desto el Señor cada día muchos enxienplos nos da.

Esta trae la unidat e verdat aconpañada,
resplandeçe, como estrella en la tierra do es guardada;
el rey que la toviere çeñirá muy noble espada,
mas bien cate, si la oviere, que la tenga bien tenprada.

Muchos ha que por crüeza cuidan justiçia fazer,
mas pecan en la manera, ca justiçia deve ser
con toda su pïedat e la verdat bien saber;
al fazer la execuçión sienpre se deve doler.

DANZA DE LA MUERTE

Dize el rey

¡Valía, valía, los mis cavalleros!
yo non querría ir a tan baxa dança;
llegad vos con los vallesteros,
hanparadme todos por fuerça de lança.
Mas ¿qué es aquesto, que veo en balança
acortarse mi vida e perder los sentidos?
El coraçon se me quexa con grandes gemidos.
Adiós, mis vasallos, que muerte me trança.

Dize la muerte

Rey fuerte, tirano, que siempre robastes
todo vuestro reyno e fenchistes el arca;
de fazer justicia muy poco curastes,
segunt es notorio por vuestra comarca.
Venit para mí, que yo so monarca
que prenderé a vos, e a otro más alto;
llegat a la dança, cortés, en un salto.
En pos de vos venga luego el patriarca. [...]

Dize el mercadero

¿A quién dexaré todas mis riquezas
e mercadurias que traigo en la mar?
Con muchos traspasos e más sotilezas
gané lo que tengo en cada lugar.
Agora la muerte vínome llamar.
¿Qué será de mí? Non sé qué me faga.
¡O muerte, tu sierra a mí es grand plaga!
Adiós, mercaderos, que voyme a finar.

Dize la muerte

De oy más non curedes de pasar en Flandes;
estad aquí quedo e iredes ver
la tienda que traigo de buvas y landres:
de gracia las do, non las quiero vender.
Una sola dellas vos fará caer
de palmas en tierra, dentro en mi botica,
e en ella entraredes maguer sea chica.
E vos, arçediano, venid al tanner. [...]

Lo que dize la muerte a los que non nonbró

A todos los que aquí non he nonbrado
de qualquier ley e estado o condiçión,
les mando que vengan muy toste priado
a entrar en mi dança sin escusaçión.
Non resçibiré jamás exebçión
nin otro libelo nin declinatoria
los que bien fizieron avrán sienpre gloria,
los quel contrario avrán danpnaçión.

Dizen los que han de pasar por la muerte

Pues que así es que a morir avemos
de nesçesidad, sin otro remedio,
con pura conçiençia todos trabajemos
en servir a Dios sin otro comedio.
Ca Él es prínçipe, fin e el medio,
por do, si le plaze, avremos folgura,
aunque la muerte, con dança muy dura,
nos meta en su corro en qualquier comedio.

ÍÑIGO LÓPEZ DE MENDOZA,
Marqués de Santillana
(1398-1458)

LA MOÇUELA DE BORES

Moçuela de Bores,
allá do la Lama,
pusom'en amores.

Cuidé qu' olvidado
amor me tenía,
como quien s'havía
grand tiempo dexado
de tales dolores
que más que la llama
queman amadores.

Mas vi la fermosa
de buen continente,
la cara plaziente,
fresca como rosa,
de tales colores
cual nunca vi dama,
nin otra, señores.

Por lo cual: «señora»
le dixe, «en verdad
la vuestra beldad
saldrá desd'agora
dentr, estos alcores,
pues meresce fama
de grandes loores».

Dixo: «Cavallero,
tiradvos afuera:
dexad la vaquera
passar al otero;
ca dos labradores
me piden de Frama,
entrambos pastores».

JUAN DE MENA
(1411-1456)

LABERINTO DE FORTUNA

Al muy prepotente don Juan el segundo,
aquel con quien Júpiter tuvo tal zelo
que tanta de parte le fizo del mundo
quanta a sí mesmo se fizo del cielo;
al grand rey d'España, al César novelo,
al que con Fortuna es bien fortunado,
aquel en quien caben virtud e reinado;
a él, la rodilla fincada por suelo,

tus casos fallaces, Fortuna, cantamos,
estados de gentes que giras e trocas;
tus grandes discordias, tus firmezas pocas,
y los qu'en tu rueda quexosos fallamos.
Fasta que al tempo de agora vengamos
de fechos pasados cobdicia mi pluma
y de los presentes fazer breve suma,
y dé fin Apolo, pues nos començamos.

Tú, Calíope, me sey favorable
dándome alas de don virtuoso,

y por que discurra por donde non oso,
convida mi lengua con algo que fable.
Levante la Fama su voz inefable,
por que los fechos que son al presente
vayan de gente sabidos en gente,
olvido non prive lo que es memorable.

Como no creo que fuessen menores
que los d'Africano los fechos del Cid,
nin que feroces menos en la lid
entrasen los nuestros que los agenores,
las grandes façañas de nuestros señores,
la mucha constancia de quien los más ama,
yaze en teniebras, dormida su fama,
dañada d'olvido por falta de auctores. [...]

ENDECHAS A LA MUERTE DE GUILLÉN PERAZA
(c. 1447)

Llorad las damas, sí Dios os vala.
Guillén Peraza quedó en la Palma
la flor marchita de la su cara.
No eres palma, eres retama,
eres ciprés de triste rama,
eres desdicha, desdicha mala.
Tus campos rompan tristes volcanes,
no vean placeres, sino pesares,
cubran tus flores los arenales.
Guillén Peraza, Guillén Peraza,
¿dó está tu escudo, dó está tu lanza?
Todo lo acaba la malandanza.

GÓMEZ MANRIQUE
(1412-1490)

CANCIÓN PARA CALLAR AL NIÑO

Callad vos, Señor,
nuestro Redentor,
que vuestro dolor
durará poquito.
    Ángeles del cielo,
venid dar consuelo
a este moçuelo,
Jesús tan bonito.
    Éste fue reparo,
aunque él costó caro,
de aquel pueblo amaro
cativo en Egito.
    Este santo dino,
niño tan benino,
por redimir vino
el linaje aflito.
    Cantemos gozosas,
hermanas graciosas,
pues somos esposas
del Jesú bendito.

JORGE MANRIQUE
(1440?-1479)

COPLAS DE DON JORGE MANRIQUE
POR LA MUERTE DE SU PADRE

I

Recuerde el alma dormida,
avive el seso e despierte
  contemplando
cómo se passa la vida,
cómo se viene la muerte
  tan callando;
  cuán presto se va el plazer,
cómo, después de acordado,
  da dolor;
cómo, a nuestro parescer,
cualquiere tiempo passado
  fue mejor.

II

Pues si vemos lo presente
cómo en un punto s'es ido
  e acabado,
si juzgamos sabiamente,
daremos lo non venido
  por passado.
  Non se engañe nadi, no,
pensando que ha de durar
  lo que espera
más que duró lo que vio,
pues que todo ha de passar
  por tal manera.

III

Nuestras vidas son los ríos
que van a dar en la mar,
        qu'es el morir;
allí van los señoríos
derechos a se acabar
        e consumir;
        allí los ríos caudales,
allí los otros medianos
        e más chicos,
allegados, son iguales
los que viven por sus manos
        e los ricos.

INVOCACIÓN

IV

Dexo las invocaciones
de los famosos poetas
        y oradores;
non curo de sus ficciones,
que traen yerbas secretas
        sus sabores.
        Aquél sólo m'encomiendo,
Aquel sólo invoco yo
        de verdad,
que en este mundo viviendo
el mundo non conoció
        su deidad.

V

Este mundo es el camino
para el otro, qu'es morada
        sin pesar;

mas cumple tener buen tino
para andar esta jornada
  sin errar.
 Partimos cuando nascemos,
andamos mientra vivimos,
  e llegamos
al tiempo que feneçemos;
assí que cuando morimos,
  descansamos.

VI

 Este mundo bueno fue
si bien usásemos dél
  como debemos,
porque, segund nuestra fe,
es para ganar aquel
  que atendemos.
 Aun aquel fijo de Dios
para sobirnos al cielo
  descendió
a nescer acá entre nos,
y a vivir en este suelo
  do murió.

VII

 Si fuesse en nuestro poder
hazer la cara hermosa
  corporal,
como podemos hazer
el alma tan glorïosa
  angelical,
 ¡qué diligencia tan viva
toviéramos toda hora
  e tan presta,

en componer la cativa,
dexándonos la señora
   descompuesta!

VIII

Ved de cuán poco valor
son las cosas tras que andamos
   y corremos,
que, en este mundo traidor,
aun primero que muramos
   las perdemos.
Dellas deshaze la edad,
dellas casos desastrados
   que acaeçen,
dellas, por su calidad,
en los más altos estados
   desfallescen.

IX

Dezidme: La hermosura,
la gentil frescura y tez
   de la cara,
la color e la blancura,
cuando viene la vejez,
   ¿cuál se para?
Las mañas e ligereza
e la fuerça corporal
   de juventud,
todo se torna graveza
cuando llega el arrabal
   de senectud.

X

Pues la sangre de los godos,
y el linaje e la nobleza
        tan crescida,
¡por cuántas vías e modos
se pierde su grand alteza
        en esta vida!
Unos, por poco valer,
por cuán baxos e abatidos
        que los tienen;
otros que, por non tener,
con oficios non debidos
        se mantienen.

XI

Los estados e riqueza,
que nos dexen a deshora
        ¿quién lo duda?,
non les pidamos firmeza,
pues que son d'una señora;
        que se muda,
        que bienes son de Fortuna
que revuelven con su rueda
        presurosa,
la cual non puede ser una
ni estar estable ni queda
        en una cosa.

XII

Pero digo c'acompañen
e lleguen fasta la fuessa
        con su dueño:
por esso non nos engañen,

pues se va la vida apriessa
            como sueño,
e los deleites d'acá
son, en que nos deleitamos,
            temporales,
e los tormentos d'allá,
que por ellos esperamos,
            eternales.

XIII

Los plazeres e dulçores
desta vida trabajada
            que tenemos,
non son sino corredores,
e la muerte, la çelada
            en que caemos.
Non mirando a nuestro daño,
corremos a rienda suelta
            sin parar;
desque vemos el engaño
y queremos dar la vuelta
            no hay lugar.

XIV

Esos reyes poderosos
que vemos por escripturas
            ya passadas
con casos tristes, llorosos,
fueron sus buenas venturas
            trastornadas;
así, que no hay cosa fuerte,
que a papas y emperadores
            e perlados,
así los trata la muerte

como a los pobres pastores
de ganados.

XV

Dexemos a los troyanos,
que sus males non los vimos,
ni sus glorias;
dexemos a los romanos,
aunque oímos e leímos
sus hestorias;
non curemos de saber
lo d'aquel siglo passado
qué fue d'ello;
vengamos a lo d'ayer,
que también es olvidado
como aquello.

XVI

¿Qué se hizo el rey don Joan?
Los infantes d'Aragón
¿qué se hizieron?
¿Qué fue de tanto galán,
qué de tanta invinción
como truxeron?
¿Fueron sino devaneos,
qué fueron sino verduras
de las eras,
las justas e los torneos,
paramentos, bordaduras
e çimeras?

XVII

¿Qué se hizieron las damas,
sus tocados e vestidos,
    sus olores?
¿Qué se hizieron las llamas
de los fuegos encendidos
    d'amadores?
¿Qué se hizo aquel trovar,
las músicas acordadas
    que tañían?
¿Qué se hizo aquel dançar,
aquellas ropas chapadas
    que traían?

XVIII

Pues el otro, su heredero
don Anrique, ¡qué poderes
    alcançaba!
¡Cuánd blando, cuánd halaguero
el mundo con sus plazeres
    se le daba!
Mas verás cuánd enemigo,
cuánd contrario, cuánd cruel
    se le mostró;
habiéndole sido amigo,
¡cuánd poco duró con él
    lo que le dio!

XIX

Las dávidas desmedidas,
los edeficios reales
    llenos d'oro,
las vaxillas tan fabridas,

los enriques e reales
del tesoro,
los jaezes, los caballos
de sus gentes e atavíos
tan sobrados
¿dónde iremos a buscallos?;
¿qué fueron sino rocíos
de los prados?

XX

Pues su hermano el innocente
qu'en su vida sucesor
se llamó
¡qué corte tan excellente
tuvo, e cuánto grand señor
le siguió!
Mas, como fuesse mortal,
metióle la Muerte luego
en su fragua.
¡Oh jüicio divinal!,
cuando más ardía el fuego,
echaste agua.

XXI

Pues aquel grand Condestable,
maestre que conoscimos
tan privado,
non cumple que dél se hable,
mas sólo como lo vimos
degollado.
Sus infinitos tesoros,
sus villas e sus lugares,
su mandar,
¿qué le fueron sino lloros?,

¿qué fueron sino pesares
　　al dexar?

XXII

E los otros dos hermanos,
maestres tan prosperados
　　como reyes,
c'a los grandes e medianos
truxieron tan sojuzgados
　　a sus leyes;
　　aquella prosperidad
qu'en tan alto fue subida
　　y ensalzada,
¿qué fue sino claridad
que cuando más encendida
　　fue amatada?

XXIII

Tantos duques excelentes,
tantos marqueses e condes
　　e varones
como vimos tan potentes,
di, Muerte, ¿dó los escondes,
　　e traspones?
　　E las sus claras hazañas
que hizieron en las guerras
　　y en las pazes,
cuando tú, cruda, t'ensañas,
con tu fuerça, las atierras
　　e desfazes.

XXIV

Las huestes inumerables,
los pendones, estandartes
          e banderas,
los castillos impugnables,
los muros e balüartes
          e barreras,
          la cava honda, chapada,
o cualquier otro reparo,
          ¿qué aprovecha?
Cuando tú vienes airada,
todo lo passas de claro
          con tu flecha.

XXV

Aquel de buenos abrigo,
amado, por virtuoso,
          de la gente,
el maestre don Rodrigo
Manrique, tanto famoso
          e tan valiente;
sus hechos grandes e claros
non cumple que los alabe,
          pues los vieron;
ni los quiero hazer caros,
pues qu'el mundo todo sabe
          cuáles fueron.

XXVI

Amigo de sus amigos,
¡qué señor para criados
          e parientes!
¡Qué enemigo d'enemigos!

¡Qué maestro d'esforçados
        e valientes!
    ¡Qué seso para discretos!
¡Qué gracia para donosos!
        ¡Qué razón!
¡Qué benino a los sujetos!
¡A los bravos e dañosos,
        qué león!

XXVII

En ventura, Octavïano;
Julio César en vencer
        e batallar;
en la virtud, Africano;
Aníbal en el saber
        e trabajar;
    en la bondad, un Trajano;
Tito en liberalidad
        con alegría;
en su braço, Aureliano;
Marco Atilio en la verdad
        que prometía.

XXVIII

Antoño Pío en clemencia;
Marco Aurelio en igualdad
        del semblante;
Adriano en la elocuencia;
Teodosio en humanidad
        e buen talante.
    Aurelio Alexandre fue
en desciplina e rigor
        de la guerra;
un Constantino en la fe,

Camilo en el grand amor
de su tierra.

XXIX

Non dexó grandes tesoros,
ni alcançó muchas riquezas
ni vaxillas;
mas fizo guerra a los moros
ganando sus fortalezas
e sus villas;
y en las lides que venció,
cuántos moros e cavallos
se perdieron;
y en este oficio ganó
las rentas e los vasallos
que le dieron.

XXX

Pues por su honra y estado,
en otros tiempos passados
¿cómo s'hubo?
Quedando desamparado,
con hermanos e criados
se sostuvo.
Después que fechos famosos
fizo en esta misma guerra
que hazía,
fizo tratos tan honrosos
que le dieron aun más tierra
que tenía.

XXXI

Estas sus viejas hestorias
que con su braço pintó
en joventud,
con otras nuevas victorias
agora las renovó
en senectud.
Por su gran habilidad,
por méritos e ancianía
bien gastada,
alcançó la dignidad
de la grand Caballería
dell Espada.

XXXII

E sus villas e sus tierras,
ocupadas de tiranos
las halló;
mas por çercos e por guerras
e por fuerça de sus manos
las cobró.
Pues nuestro rey natural,
si de las obras que obró
fue servido,
dígalo el de Portogal,
y, en Castilla, quien siguió
su partido.

XXXIII

Después de puesta la vida
tantas vezes por su ley
al tablero;
después de tan bien servida

la corona de su rey
        verdadero;
    después de tanta hazaña
a que non puede bastar
        cuenta cierta,
en la su villa d'Ocaña
vino la Muerte a llamar
        a su puerta,

XXXIV

    diziendo: «Buen caballero,
dexad el mundo engañoso
        e su halago;
vuestro corazón d'azero
muestre su esfuerço famoso
        en este trago;
    e pues de vida e salud
fezistes tan poca cuenta
        por la fama;
esfuércese la virtud
para sofrir esta afruenta
        que vos llama.»

XXXV

    «Non se vos haga tan amarga
la batalla temerosa
        qu'esperáis,
pues otra vida más larga
de la fama glorïosa
        acá dexáis.
    Aunqu'esta vida d'honor
tampoco no es eternal
        ni verdadera;
mas, con todo, es muy mejor

que la otra temporal,
    peresçedera.»

XXXVI

«El vivir qu'es perdurable
non se gana con estados
    mundanales,
ni con vida delectable
donde moran los pecados
    infernales;
    mas los buenos religiosos
gánanlo con oraciones
    e con lloros;
los caballeros famosos,
con trabajos e aflicciones
    contra moros.»

XXXVII

«E pues vos, claro varón,
tanta sangre derramastes
    de paganos,
esperad el galardón
que en este mundo ganastes
    por las manos;
e con esta confiança
e con la fe tan entera
    que tenéis,
partid con buena esperança,
qu'estotra vida tercera
    ganaréis.»

[Responde el Maestre:]

XXXVIII

«Non tengamos tiempo ya
en esta vida mesquina
    por tal modo,
que mi voluntad está
conforme con la divina
    para todo;
    e consiento en mi morir
con voluntad plazentera,
    clara e pura,
que querer hombre vivir
cuando Dios quiere que muera,
    es locura.»

[Del maestre a Jesús]

XXXIX

«Tú que, por nuestra maldad,
tomaste forma servil
    e baxo nombre;
tú, que a tu divinidad
juntaste cosa tan vil
    como es el hombre;
tú, que tan grandes tormentos
sofriste sin resistencia
    en tu persona,
non por mis merescimientos,
mas por tu sola clemencia
    me perdona.»

XL

Assí, con tal entender,
todos sentidos humanos

conservados,
cercado de su mujer
y de sus hijos e hermanos
        e criados,
    dio el alma a quien gela dio
(el cual la ponga en el cielo
        en su gloria),
que aunque la vida perdió,
dexónos harto consuelo
        su memoria.

LÍRICA DE ORIGEN POPULAR

Tres morillas me enamoran
    en Jaén:
Axa y Fatimá y Marién.

Tres morillas tan garridas
iban a coger olnas,
y hallábanlas cogidas
    en Jaén:
Axa y Fatimá y Marién.

Y hallábanlas cogidas
y tomaban desmaídas
y las colores perdidas
    en Jaén:
Axa, Fatimá y Marién.

Tres moricas tan lozanas
iban a coger manzanas,
[y cogidas las hallaban]
[en] Jaén:
Axa y Fatimá y Marién.

Al alba venid, buen amigo,
al alba venid.

Amigo, el que yo más quería,
venid al alba del día.

(Amigo el que yo más quería,
venid a la luz del día).

Amigo, el que yo más amaba,
venid a la luz del alba.

Venid a la luz del día,
non trayáis compañía.

Venid a la luz del alba,
non trayáis gran compaña.

Que de noche le mataron
al caballero,

la gala de Medina,
la flor de Olmedo.
Sombras le avisaron
que no saliese
y le aconsejaron
que no se fuese.
El caballero,
la gala de Medina,
la flor de Olmedo.

De los álamos vengo, madre,
de ver cómo los menea el aire.

De los álamos de Sevilla,
de ver a mi linda amiga,
de ver cómo los menea el aire.

De los álamos vengo, madre,
de ver cómo los menea el aire.

GARCI SÁNCHEZ DE BADAJOZ
(1450-1511)

INFIERNO DE AMOR

Caminando en las honduras
de mis tristes pensamientos,
tanto anduve en mis tristuras,
que me hallé en los tormentos
de las tinieblas escuras;
vime entre los amadores
en el Infierno de amores
de quien escribe Guevara;
vime donde me quedara
si alguno con mis dolores
en ser penado igualara.

Vilo todo torreado
de estraña labor de nuevo,
en el cual después de entrado,
vi estar solo un mancebo
en una silla asentado;
hízele la cortesía
que a su estado requería,

que bien vi que era el Amor,
al cual le dixe: —«Señor,
yo vengo en busca mía,
que me perdí de amador».

Respondiome: —«Pues que vienes
a ver mi casa real,
quiero mostrarte los bienes,
pues que has visto mi mal
y lo sientes y lo tienes».
Levantose y luego entramos
a otra casa do hallamos
penando los amadores
entre los grandes señores,
en las manos sendos ramos,
todos cubiertos de flores.

Díxome: —«Si en una renta
vieres andar mis cativos,
no te ponga sobrevienta,
que de muertos y de vivos
de todos hago una cuenta;
todos los tengo encantados,
los vivos y los finados,
con las penas que tovieron,
de la misma edad que fileron,
cuando más enamorados
en este mundo se vieron».
En entrando vi asentado
en una silla a Macías
de las hendas llagado
que dieron fin a sus días,
y de flores coronado;
en son de triste amador
diziendo con gran dolor,

una cadena al pescueço,
de su canción el empieço:
Loado seas amor
por cuantas penas padeço.

Vi también a Juan Rodríguez
del Padrón decir penado:
Amor, ¿por qué me persigues,
no basta ser desterrado
aun et alcance me sigues?
Este estaba un poco atrás,
pero no mucho compás
de Macías padesciendo,
su misma canción diciendo:
Vive leda si podrás
y no penes atendiendo.

Vide luego a una ventana
de una rexa estar parado
al Marqués de Santillana,
preso y muy bien recabdado,
porque estaba de su gana:
y diziendo: Mi penar,
aunque no fue a mi pesar
ni son de oro mis cadenas,
siempre las temé por buenas;
mas no puedo comportar
el gran dolor de mis penas. [...]
A Guevara vi quexarse
tal que me puso en manzilla,
y en vivas llamas quemarse,
como quien hizo capilla
para en ella sepultarse;
y el secreto mal de amores,
de penas y disfavores

no podiendo más sofrir,
comiença luego a dezir:
Livianos son los dolores
que el seso puede encobrir.

Y vi luego a Juan de Mena
de la edad que amor sintió,
con aquella misma pena,
como cuando lo encantó
el Amor en su cadena,
y de tal llaga herido
que le privaba el sentido;
y así estaba trasportado,
diziendo como olvidado:
¡Ay dolor del dolorido
que non olvida cuidado!

Don Jorge Manrique andaba
con gran congoxa y tormento,
de pensar no se hartaba
pensando en el pensamiento
que pensar más le agradaba,
diziendo entre sí consigo:
Siempre seré mi enemigo,
pues en darme me perdí,
mas si yo mismo me di,
no sé por qué me fatigo
pues con razón me vencí.
A Sant Pedro preso vi,
que dezía muy sin pena:

Manzilla no hayáis de mi,
que aquesta gruesa cadena
yo mismo me la texi.
Y tornaba con dolor:

¡Oh cruel, ingrato amor,
lleno de rabia mortal!
¡Oh viva muerte y gran mal,
tenémoste por señor,
y tu galardón es tal! [...]

Vi venir a Cartagena,
diziendo con pena fuerte:
Ved qué tanto amor condena,
que aun no me pudo la muerte
libertar de su cadena.
Y dezía con pasión:
Para mi hobo conclusión,
mas no para mis dotores;
ved cuánd fuera de razón
va la ley de los amores:
ser los ojos causadores
y que pene el coraçón.

Vi también andar penando
el Vizconde de Altamira,
en amores contemplando;
de rato en rato sospira,
muy a menudo hablando,
diziendo con gran tristura:
Habed un poco mesura,
no me deis ya más cuidados,
que bien bastan los pasados,
señora de hermosura,
guia de los desdichados.

Vi a don Luis arder,
su hermano, en llamas de amores,
que sus gracias y saber,
ni sus muy altos primores,

le pudieron socorrer;
del todo desesperado
pero no desamparado,
segúnd su dicho se esmera,
diziendo desta manera:
Si no os hobiera mirado,
pluguiera Dios que no os viera...

JUAN DEL ENZINA
(1468-1530?)

Ojos garços ha la niña:
¡quién ge los namoraría!

Son tan bellos y tan bivos
que a todos tienen cativos,
mas muéstralos tan esquivos
que roban el alegría.

Roban el plazer y gloria,
los sentidos y memoria;
de todos llevan vitoria
con su gentil galanía.
Con su gentil gentileza
ponen fe con más firmeza
hazen bivir en tristeza
al que alegre ser solía.
No hay ninguno que los vea
que su cativo no sea.
Todo el mundo los dessea
contemplar de noche y día.

GIL VICENTE
(c. 1470-c. 1540)

Muy graciosa es la doncella,
¡cómo es bella y hermosa!

Digas tú, el marinero
que en las naves vivías,
si la nave o la vela o la estrella
es tan bella.

Digas tú, el caballero
que las armas vestías,
si el caballo o las armas o la guerra
es tan bella.

Digas tú, el pastorcico
que el ganadico guardas,
si el ganado o los valles o la sierra
es tan bella.

SIGLOS DE ORO

JUAN BOSCÁN
(c. 1490-1542)

SONETOS

Dulce soñar y dulce congojarme,
cuando estaba soñando que soñaba;
dulce gozar con lo que me engañaba,
si un poco más durara el engañarme;

dulce no estar en mí, que figurarme
podía cuanto bien yo deseaba;
dulce placer, aunque me importunaba
que alguna vez llegaba a despertarme:

¡oh sueño, cuánto más leve y sabroso
me fueras si vinieras tan pesado
que asentaras en mí con más reposo!

Durmiendo, en fin, fui bienaventurado,
y es justo en la mentira ser dichoso
quien siempre en la verdad fue desdichado.

Si las penas que dais son verdaderas,
como muy bien lo sabe el alma mía,
¿por qué ya no me acaban, y sería
si ellas mi morir muy más de veras?

Mas si por dicha son tan lisonjeras,
que quieren retozar con mi alegría,
decid, ¿por qué me matan cada día
con muerte de dolor de mil maneras?

Mostradme este secreto ya, señora,
y sepa yo de vos, pues por vos muero,
si aquesto que padezco es muerte o vida:

porque siéndome vos la matadora,
mayor gloria de pena ya no quiero
que poder yo tener tal homicida.

CRISTÓBAL DE CASTILLEJO
(1492?-1550)

SONETO

Si las penas que dais son verdaderas,
como bien lo sabe el alma mía,
¿por qué no me acaban? y sería
sin ellas el morir muy más de veras;
y si por dicha son tan lisonjeras,
y quieren retozar con mi alería,
decid, ¿por qué me matan cada día
de muerte de dolor de mil maneras?
Mostradme este secreto ya, señora,
sepa yo por vos, pues por vos muero,
si lo que padezco es muerte o vida;
porque, siendo vos la matadora,
mayor gloria de pena ya no quiero
que poder alegar tal homicida.

GARCILASO DE LA VEGA
(1501?-1536)

SONETO I

Cuando me paro a contemplar mi estado
y a ver los pasos por dó me ha traído,
hallo, según por do anduve perdido,
que a mayor mal pudiera haber llegado;

mas cuando del camino estoy olvidado,
a tanto mal no sé por dó he venido;
sé que me acabo, y mas he yo sentido
ver acabar conmigo mi cuidado.

Yo acabaré, que me entregué sin arte
a quien sabrá perderme y acabarme
si quisiere, y aun sabrá querello;

que pues mi voluntad puede matarme,
la suya, que no es tanto de mi parte,
pudiendo, ¿qué hará sino hacello?

SONETO V

Escrito está en mi alma vuestro gesto,
y cuanto yo escribir de vos deseo;
vos sola lo escribisteis, yo lo leo
tan solo, que aun de vos me guardo en esto.

En esto estoy y estaré siempre puesto,
que aunque no cabe en mí cuanto en vos veo,
de tanto bien lo que no entiendo creo,
tomando ya la fe por presupuesto.

Yo no nací sino para quereros;
mi alma os ha cortado a su medida;
por hábito del alma mismo os quiero.

Cuanto tengo confieso yo deberos;
por vos nací, por vos tengo la vida,
por vos he de morir, y por vos muero.

SONETO X

¡Oh dulces prendas por mí mal halladas,
dulces y alegres cuando Dios quería,
Juntas estáis en la memoria mía,
y con ella en mi muerte conjuradas!

¿Quién me dijera, cuando las pasadas
horas que en tanto bien por vos me vía,
que me habíais de ser en algún día
con tan grave dolor representadas?

Pues en una hora junto me llevastes
todo el bien que por términos me distes,
lleváme junto el mal que me dejastes;

si no, sospecharé que me pusistes
en tantos bienes, porque deseastes
verme morir entre memorias tristes.

SONETO XI

Hermosas ninfas, que en el río metidas,
contentas habitáis en las moradas
de relucientes piedras fabricadas
y en columnas de vidrio sostenidas;

agora estéis labrando embebecidas
o tejiendo las telas delicadas,
agora unas con otras apartadas
contándoos los amores y las vidas:

dejad un rato la labor, alzando
vuestras rubias cabezas a mirarme,
y no os detendréis mucho según ando,

que o no podréis de lástima escucharme,
o convertido en agua aquí llorando,
podréis allá despacio consolarme.

SONETO XIII

A Dafne ya los brazos le crecían,
y en luengos ramos vueltos se mostraba;
en verdes hojas vi que se tornaban
los cabellos que el oro escurecían.

De áspera corteza se cubrían
los tiernos miembros, que aún bullendo estaban:
los blancos pies en tierra se hincaban,
y en torcidas raíces se volvían.

Aquel que fue la causa de tal daño,
a fuerza de llorar, crecer hacía
este árbol que con lágrimas regaba.

¡Oh miserable estado!, ¡oh mal tamaño!
¡Que con llorarla crezca cada día
la causa y la razón porque lloraba!

SONETO XXIII

En tanto que de rosa y azucena
se muestra la color en vuestro gesto,
y que vuestro mirar ardiente, honesto,
con clara luz la tempestad serena;

y en tanto que el cabello, que en la vena
del oro se escogió, con vuelo presto,
por el hermoso cuello blanco, enhiesto,
el viento mueve, esparce y desordena;

coged de vuestra alegre primavera
el dulce fruto, antes que el tiempo airado
cubra de nieve la hermosa cumbre.

Marchitará la rosa el viento helado,
todo lo mudará la edad ligera,
por no hacer mudanza en su costumbre.

ÉGLOGA PRIMERA

NEMOROSO

Corrientes aguas puras, cristalinas;
árboles que os estáis mirando en ellas,
verde prado de fresca sombra lleno,
aves que aquí sembráis vuestras querellas,
hiedra que por los árboles caminas,
torciendo el paso por su verde seno;
yo me vi tan ajeno
del grave mal que siento,
que de puro contento
con vuestra soledad me recreaba,
donde con dulce sueño reposaba,

o con el pensamiento discurría
por donde no hallaba
sino memorias llenas de alegría.

Y en este mismo valle, donde agora
me entristezco y me canso en el reposo,
estuve ya contento y descansado.
¡Oh bien caduco, vano y presuroso!
Acuérdome, durmiendo aquí algún hora,
que despertando, a Elisa vi a mi lado.
¡Oh miserable hado!
¡Oh tela delicada,
antes de tiempo dada
a los agudos filos de la muerte!
Más convenible fuera aquesta suerte
a los cansados años de mi vida,
que es más que el hierro fuerte,
pues no la ha quebrantado tu partida.

¿Dó están agora aquellos claros ojos
que llevaban tras sí, como colgada,
mi alma doquier que ellos se volvían?
¿Dó está la blanca mano delicada,
llena de vencimientos y despojos
que de mí mis sentidos le ofrecían?
Los cabellos que vían
con gran desprecio al oro,
como a menor tesoro,
¿adónde están; adónde el blanco pecho?
¿Dó la columna que el dorado techo
con proporción graciosa sostenía?
Aquesto todo agora ya se encierra,
por desventura mía,
en la escura, desierta y dura tierra.

¿Quién me dijera, Elisa, vida mía,
cuando en aqueste valle al fresco viento
andábamos cogiendo tiernas flores,
que había de ver, con largo apartamiento,
venir el triste y solitario día
que diese amargo fin a mis amores?
El cielo en mis dolores
cargó la mano tanto,
que a sempiterno llanto
y a triste soledad me ha condenado;
y lo que siento mas es verme atado
a la pesada vida y enojosa,
solo, desamparado,
ciego, sin lumbre, en cárcel tenebrosa.

GUTIERRE DE CETINA
(c. 1510-1554)

Ojos claros, serenos,
si de un dulce mirar sois alabados,
¿por qué, si me miráis, miráis airados?
Si cuanto más piadosos,
más bellos parecéis a aquel que os mira,
no me miréis con ira,
porque no parezcáis menos hermosos.
¡Ay, tormentos rabiosos!
Ojos claros, serenos,
ya que así me miráis, miradme al menos.

SONETO

Entre armas, guerra, fuego, ira y furores,
que al soberbio francés tienen opreso,

cuando el aire es más turbio y más espeso,
allí me aprieta el fiero ardor de amores.

Miro el cielo, los árboles, las flores,
y en ellos hallo mi dolor expreso,
que en el tiempo más frío y más avieso
nacen y reverdecen mis temores.

Digo llorando: «¡Oh dulce primavera,
cuándo será que a mi esperanza vea,
ver de prestar al alma algún sosiego!

Mas temo que mi fin mi suerte fiera
tan lejos de mi bien quiere que sea,
entre guerra y furor, ira, armas, fuego.»

TERESA DE JESÚS
(1515-1582)

Ya toda me entregué y di,
y de tal suerte he trocado,
que mi Amado es para mí
y yo soy para mi Amado.

Cuando el dulce Cazador
me tiró y dejó herida,
en los brazos del amor
mi alma quedó rendida;
y, cobrando nueva vida,
de tal manera he trocado,
que mi Amado es para mí
y yo soy para mi Amado.

Hirióme con una flecha
enherbolada de amor,
y mi alma quedó hecha
una con su Criador;

Ya yo no quiero otro amor,
pues a mi Dios me he entregado,
y mi Amado es para mí
y yo soy para mi Amado.

ANÓNIMO
(SIGLO XVI)

SONETO A JESÚS CRUCIFICADO

No me mueve, mi Dios, para quererte
el cielo que me tienes prometido;
ni me mueve el infierno tan temido
para dejar por eso de ofenderte.

Tú me mueves, Señor; muéveme el verte
clavado en una cruz y escarnecido;
muéveme ver tu cuerpo tan herido;
muévenme tus afrentas y tú muerte.

Muéveme, en fin, tu amor, y en tal manera
que aunque no hubiera cielo, yo te amara,
y aunque no hubiera infierno, te temiera.

No me tienes que dar porque te quiera,
pues aunque lo que espero no esperara,
lo mismo que te quiero te quisiera.

LEONOR DE OVANDO
REPÚBLICA DOMINICANA (¿-?)

El niño Dios, la Virgen y parida,
el parto virginal, el Padre eterno,
el portalico pobre, y el invierno
con que tiembla el auctor de nuestra vida,

sienta (señor) vuestra alma y advertida
del fin de aqueste don y bien superno,
absorta esté en aquel, cuyo gobierno
la tenga con su gracia guarnecida.

Las Pascuas os dé Dios, qual me las distes
con los divinos versos de esa mano;
los cuales me pusieron tal consuelo,
que son alegres ya mis ojos tristes,
y meditando bien tan soberano,
el alma se levanta para el cielo.

HERNANDO DE ACUÑA
(1518-c. 1580)

AL REY NUESTRO SEÑOR

Ya se acerca, señor, o ya es llegada
la edad gloriosa en que promete el cielo
una grey y un pastor solo en el suelo,
por suerte a vuestros tiempos reservada;

ya tan alto principio, en tal jornada,
os muestra el fin de vuestro santo celo
y anuncia al mundo, para más consuelo,
un Monarca, un Imperio y una Espada;

ya el orbe de la tierra siente en parte
y espera en todo vuestra monarquía,
conquistada por vos en justa guerra,

que, a quien ha dado Cristo su estandarte
dará el segundo más dichoso día
en que, vencido el mar, venza la tierra.

JUAN DE CASTELLANOS
(1522-1607)

ELEGÍAS DE VARONES ILUSTRES DE INDIAS

Año de cuatrocientos y noventa
con mil y un año más era pasado,
cuando los argonautas desta cuenta
iban a conquistar vellon dorado;
mas no donde Medea la sangrienta
al padre, viejo rey, dejó burlado;
pues es otra riqueza tan crecida,
que de sí sola puede ser vencida.

Callen Tifis, Jasón, Butes, Teseo,
Anfion, Echión, Erex, Climino,
Cástor y Pólux, Téstor y Tideo,
Hércules, Telamón, Ergino;
pues vencen a sus obras y deseo
los que tentaron ir este camino,
haciendo llanas las dificultades
que pregonado han antigüedades.

Las naciones más altas y excelentes
callen con el valor de la española,

pues van con intenciones de hallar gentes
que pongan pies contrarios en la bola;
espanto no les dan inconvinientes,
ni temen del dragón ardiente cola,
deseando hacer en su corrida
de más precio la fama que la vida.

Por capitanes van los tres Pinzones,
para tal cargo dinos y bastantes,
y en marear las velas y timones
muy pocos que les fuesen semejantes;
de Palos y Moguer salen varones
admirables y diestros navegantes;
con tanta prevención, con tal avío,
salieron al remate del estío.

Con gran concierto guían el armada,
inflada toda vela y extendida;
vereis espumear agua salada
de las agudas proas dividida;
a tierra van no vista ni hollada,
huyendo de la tierra conocida;
ya no ven edificios torreados
porque por alta mar van engolfados.

Al occidente van encaminadas
las naves inventoras de regiones;
pasando van las islas Fortunadas
y Hespérides que dicen Ogorgones:
No curan de señales limitadas
que ponen las antiguas opiniones,
y el trópico, que fue duro viaje,
no quiere limitar este pasaje.

FRANCISCO DE TERRAZAS
MÉXICO (1525?-1600)

SONETOS

Dejad las hebras de oro ensortijado
que el ánima me tienen enlazada,
y volved a la nieve no pisada
lo blanco de esas rosas matizado.

Dejad las perlas y el coral preciado
de que esa boca está tan adornada;
y al cielo, de quien sois tan envidiada,
volved los soles que le habéis robado.

La gracia y discreción que muestra ha sido
del gran saber del celestial maestro,
volvédselo a la angélica natura;

y todo aquesto así restituido,
veréis que lo que os queda es propio vuestro:
ser áspera, cruel, ingrata y dura.

Rayendo están dos cabras de un nudoso
y duro ramo seco en la mimbrera,
pues ya les fue en la verde primavera
dulce, suave, tierno y muy sabroso.

Hallan extraño el gusto y amargoso,
no hallan ramo bueno en la ribera,
que—como su sazón pasada era—
pasó también su gusto deleitoso.

Y tras de este sabor que echaban menos,
de un ramo en otro ramo van mordiendo
y quedan sin comer de porfiadas.

¡Memorias de mis dulces tiempos buenos,
así vay tras vosotras dicurriendo
sin ver sino venturas acabadas!

Soñé que de una peña me arrojaba
quien mi querer sujeto a sí tenía,
y casi ya en la boca me cogía
una fiera que abajo me esperaba.

Yo, con temor, buscando procuraba
de dónde con las manos me tendría,
y el filo de una espada la una asía
y en una yerbezuela la otra hincaba.

La yerba a más andar la iba arrancando,
la espada a mí la mano deshaciendo,
yo más sus vivos filos apretando...

¡Oh mísero de mí, qué mal me entiendo,
pues huelgo verme estar despedazando
de miedo de acabar mi mal muriendo!

ALONSO DE ERCILLA Y ZÚÑIGA
(1533-1594)

Chile, fértil provincia y señalada
en la regi6n antártica famosa,
de remotas naciones respetada
por fuerte, principal y poderosa;
la gente que produce es tan granada,
tan soberbia, gallarda y belicosa,
que no ha sido por rey jamás regida
ni a extranjero dominio sometida.

Es Chile norte sur de gran longura,
costa del nuevo mar, del Sur llamado,
tendrá del este a oeste de angostura
cien millas, por lo más ancho tomado;
bajo del polo Antártico en altura
de veinte y siete grados, prolongado
hasta do el mar Océano y chileno
mezclan sus aguas por angosto seno.

Y estos dos anchos mares que pretenden
pasando de sus términos, juntarse,
baten las rocas y sus olas tienden,
mas esles impedido el allegarse;
por esta parte al fin la tierra hienden
y pueden por aquí comunicarse.
Magallanes, Señor, fue el primer hombre
que abriendo este camino le dio nombre.

Por falta de pilotos, o encubierta
causa, quizá importante y no sabida,
esta secreta senda descubierta
quedó para nosotros escondida;
ora sea yerro de la altura cierta,
ora que alguna isleta, removida
del tempestuoso mar y viento airado,
encallando en la boca, la ha cerrado.

ROMANCES DE INDIAS
PERÚ

En el Cuzco, esta ciudad,
grande gente se juntó,
convocárala Girón

que en el Perú se alteró.
Piensa de tiranizalla,
grande ejército formó,
tendió estandartes, banderas,
libertad apellidó.
Las guerras son publicadas,
la tierra se alborotó;
Guamanga le recibía,
Arequipa no negó.
En el val de Pachacama
su real Girón sentó,
atendió allí cuatro días,
el postrero se volvió;
dio de vuelta en Villacurí,
a muchos prendió y mató.
Este Girón, en Chuquinga,
al Mariscal resistió,
con trescientos que tenía,
más de mil desbarató,
saqueado ha todo el campo,
quinientos y más rindió.
Tiros hace de campanas,
de sagrarios las quitó;
vencer piensa al Rey con ellos,
mas Dios no lo pirmitió.
Fuerte hacen en Pucara,
el real campo allegó,
de noche dió la batalla,
con gran mal se retiró.
Los suyos le desmamparan,
su perdición conoció,
conjúranse de matarlo,
no faltó quien le avisó.
Apriesa toma sus armas,
sus gentes apercibió,

su mujer tiene consigo,
¡oh cuán triste le habló!
—Adiós, adiós, amor mío,
¿qué me mandáis, que me vo?
Hacé cuenta que marido
jamás para vos nació;
vendiéronme mis amigos,
dellos mal pagado só,
los que en esto me metieron
cada cual se me salió.
La muerte me están tratando,
¡ved qué les merecí yo!
En sus brazos la tomara,
en ellos se amorteció;
las lágrimas dél la mojan,
presto en su acuerdo volvió.
—¿A dónde vais, honra mía,
que no me lleváis con vos?
Llévame, que a pie o descalza
jamás os faltaré yo.
¡Desdichada de la madre
que tal hija parió!
Nunca yo fuera engendrada,
pluguiera al eterno Dios.
—Ya no es tiempo, mi señora,
que me sigáis, respondió;
quedaos con vuestros padres,
no esperéis ya verme, no;
si vos sentís mi partida
mucho más la siento yo.
Tomárala por la mano,
a Barba la encomendó;
los sollozos que dan ambos,
de vellos es gran dolor.
Hacen triste despedida,

mortales están los dos.
Allí llega un sacerdote,
grande priesa da Girón,
apriesa pide el caballo;
primero que en él subió
besárala en el carrillo,
palabra no le habló.
Con furia parte del fuerte;
la mujer que ir le vió,
llorando que reventaba,
a sus soldados habló:
—¿Qué es de vuestro General?
¿Cómo no le seguís, no?
Todos cabalgan a prisa,
todos le han gran compasión.
Toda aquella noche oscura
va caminando Girón
por sierras y despoblados,
que camino no buscó.
En esa Jauja, la grande,
gente del Rey le prendió,
de ahí fue traído a Lima,
do sus días acabó.
Cortáronle la cabeza
por traidor, dice el pregón,
sus casas siembran de sal,
por el suelo echadas son;
enmedio está una coluna,
do escrita está la razón:
«Vean cuán mal acaba
el que es a su Rey traidor.»

LOS DOS HERMANOS
ARGENTINA

Una tarde de torneo
salí por la morería
y vi lavar a una mora
al pie de una fuentecilla.
—Quítate de ahí, mora bella,
quítate de ahí, mora linda,
jue va a beber mi caballo
de esa agua cristalina.
—Caballero, no soy mora,
que soy cristiana cautiva,
me cautivaron lo moros
de pequeña y chiquitita.
—Veníte, mora, a mi casa,
verás mi caballeriza.
—Los pañuelos que yo lavo
¿a dónde los tendería?
—Los de seda y los mejores
para mi caballería,
y los que a ti no te sirvan
a las Cortes de Sevilla.
Al pasar por unos montes
suspiraba la morita.
—¿Por qué suspiras, morita?
—¿Por qué no he de suspirar
si aquí yo todos los día
con mi hermanito venía
y luego mi buena madre
nos venía a buscar?
—¡Válgame el Dios del cielo!
válgame la madre mía,
quise traerme mujer
y traigo una hermana mía.

Abran a la madre cristiana,
cerrojos y cerrojía,
que la traigo a usté una prenda
que lloraba noche y día.

LA DAMA Y EL PASTOR
CHILE

—Pastor, que estás en la sierra
de amores tan retirado,
yo quisiera preguntarte
si tú quieres ser casado.
—Yo no quiero ser casado,
contesta el villano vil,
tengo el ganado en la sierra
y adiós, que me quiero ir.
—Porque estás acostumbrado
a comer galleta gruesa,
si te casaras conmigo
comieras pan de cerveza,
—No quiero pan de cerveza
contesta el villano vil,
tengo el ganado en la sierra,
y adiós, que me quiero ir.
—Porque estás acostumbrado
a ponerte chamarretas,
si te casaras conmigo
te pusieras camisetas.
—No quiero tus camisetas,
contesta el villano vil,
tengo el ganado en la sierra,
y adiós, que me quiero ir.
—Si te casaras comnigo,
mi padre te diera un coche,

para que me vengas a visitar
los sábados en la noche.
—No quiero ninguna cosa,
contesta el villano vil,
ni prenda tan amorosa
necesito para mí.

Cogollo.

La señorita Fulana
no se fíe del pastor,
porque, criados en el campo,
no saben lo que es amor.

SANTO TOMÉ IBA UN DÍA
PARAGUAY

Santo Tomé iba un día
orillas del Paraguay,
aprendiendo el guaraní
para poder predicar.
Los jaguares y los pumas
no le hacían ningún mal,
ni los jejenes y avispas
ni la serpiente coral.
Las chontas y motacúes
palmito y sombra le dan;
el mangangá le convida
a catar de su panal.
Santo Tomé los bendice
y bendice al Paraguay;
ya los indios guaraníes
le proclaman capitán.
Santo Tomé les responde:
—«Os tengo que abandonar
porque Cristo me ha mandado

otras tierras visitar.
En recuerdo de mi estada
una merced os he de dar,
que es la yerba paraguaya
que por mí bendita está".
Santo Tomé entró en el río
y en peana de cristal
las aguas se lo llevaron
a las llanuras del mar.
Los indios, de su partida,
no se pueden consolar,
y a Dios siempre están pidiendo
que vuelva Santo Tomás.

LUIS DE LEÓN
(1527-1591)

ODA I - VIDA RETIRADA

¡Qué descansada vida
la del que huye del mundanal ruïdo,
y sigue la escondida
senda, por donde han ido
los pocos sabios que en el mundo han sido;

  Que no le enturbia el pecho
de los soberbios grandes el estado,
ni del dorado techo
se admira, fabricado
del sabio Moro, en jaspe sustentado!

  No cura si la fama
canta con voz su nombre pregonera,
ni cura si encarama

la lengua lisonjera
lo que condena la verdad sincera.

¿Qué presta a mi contento
si soy del vano dedo señalado;
si, en busca deste viento,
ando desalentado
con ansias vivas, con mortal cuidado?

¡Oh monte, oh fuente, oh río,!
¡Oh secreto seguro, deleitoso!
Roto casi el navío,
a vuestro almo reposo
huyo de aqueste mar tempestuoso.

Un no rompido sueño,
un día puro, alegre, libre quiero;
no quiero ver el ceño
vanamente severo
de a quien la sangre ensalza o el dinero.

Despiértenme las aves
con su cantar sabroso no aprendido;
no los cuidados graves
de que es siempre seguido
el que al ajeno arbitrio está atenido.

Vivir quiero conmigo,
gozar quiero del bien que debo al cielo,
a solas, sin testigo,
libre de amor, de celo,
de odio, de esperanzas, de recelo.

Del monte en la ladera,
por mi mano plantado tengo un huerto,

que con la primavera
de bella flor cubierto
ya muestra en esperanza el fruto cierto.

Y como codiciosa
por ver y acrecentar su hermosura,
desde la cumbre airosa
una fontana pura
hasta llegar corriendo se apresura.

Y luego, sosegada,
el paso entre los árboles torciendo,
el suelo de pasada
de verdura vistiendo
y con diversas flores va esparciendo.

El aire del huerto orea
y ofrece mil olores al sentido;
los árboles menea
con un manso ruïdo
que del oro y del cetro pone olvido.

Téngase su tesoro
los que de un falso leño se confían;
no es mío ver el lloro
de los que desconfían
cuando el cierzo y el ábrego porfían.

La combatida antena
cruje, y en ciega noche el claro día
se torna, al cielo suena
confusa vocería,
y la mar enriquecen a porfía.

A mí una pobrecilla
mesa de amable paz bien abastada

me basta, y la vajilla,
de fino oro labrada
sea de quien la mar no teme airada.

  Y mientras miserable-
mente se están los otros abrazando
con sed insacïable
del peligroso mando,
tendido yo a la sombra esté cantando.

  A la sombra tendido,
de hiedra y lauro eterno coronado,
puesto el atento oído
al son dulce, acordado,
del plectro sabiamente meneado.

ODA III,- A FRANCISCO DE SALINAS

Catedrático de Música de la Universidad de Salamanca

El aire se serena
y viste de hermosura y luz no usada,
Salinas, cuando suena
la música estremada,
por vuestra sabia mano gobernada.

A cuyo son divino
el alma, que en olvido está sumida,
torna a cobrar el tino
y memoria perdida
de su origen primera esclarecida.

Y como se conoce,
en suerte y pensamientos se mejora;

el oro desconoce,
que el vulgo vil adora,
la belleza caduca, engañadora.

Traspasa el aire todo
hasta llegar a la más alta esfera,
y oye allí otro modo
de no perecedera
música, que es la fuente y la primera.

Ve cómo el gran maestro,
aquesta inmensa cítara aplicado,
con movimiento diestro
produce el son sagrado,
con que este eterno templo es sustentado.

Y como está compuesta
de números concordes, luego envía
consonante respuesta;
y entrambas a porfía
se mezcla una dulcísima armonía.

Aquí la alma navega
por un mar de dulzura, y finalmente
en él ansí se anega
que ningún accidente
estraño y peregrino oye o siente.

¡Oh, desmayo dichoso!
¡Oh, muerte que das vida! ¡Oh, dulce olvido!
¡Durase en tu reposo,
sin ser restituido
jamás a aqueste bajo y vil sentido!
A este bien os llamo,
gloria del apolíneo sacro coro,

amigos a quien amo
sobre todo tesoro;
que todo lo visible es triste lloro.

¡Oh, suene de contino,
Salinas, vuestro son en mis oídos,
por quien al bien divino
despiertan los sentidos
quedando a lo demás amortecidos!

ODA VIII.- NOCHE SERENA

Cuando contemplo el cielo
de innumerables luces adornado,
y miro hacia el suelo
de noche rodeado,
en sueño y en olvido sepultado,

el amor y la pena
despiertan en mi pecho un ansia ardiente;
despiden larga vena
los ojos hechos fuente;
Loarte y digo al fin con voz doliente:

«Morada de grandeza,
templo de claridad y hermosura,
el alma, que a tu alteza
nació, ¿qué desventura
la tiene en esta cárcel baja, escura?

¿Qué mortal desatino
de la verdad aleja así el sentido,
que, de tu bien divino
olvidado, perdido
sigue la vana sombra, el bien fingido?

El hombre está entregado
al sueño, de su suerte no cuidando;
y, con paso callado,
el cielo, vueltas dando,
las horas del vivir le va hurtando.

¡Oh, despertad, mortales!
Mirad con atención en vuestro daño.
Las almas inmortales,
hechas a bien tamaño,
¿podrán vivir de sombra y de engaño?

¡Ay, levantad los ojos
aquesta celestial eterna esfera!
burlaréis los antojos
de aquesa lisonjera
vida, con cuanto teme y cuanto espera.

¿Es más que un breve punto
el bajo y torpe suelo, comparado
con ese gran trasunto,
do vive mejorado
lo que es, lo que será, lo que ha pasado?

Quien mira el gran concierto
de aquestos resplandores eternales,
su movimiento cierto
sus pasos desiguales
y en proporción concorde tan iguales;

la luna cómo mueve
la plateada rueda, y va en pos della
la luz do el saber llueve,
y la graciosa estrella
de amor la sigue reluciente y bella;

y cómo otro camino
prosigue el sanguinoso Marte airado,
y el Júpiter benino,
de bienes mil cercado,
serena el cielo con su rayo amado;

—rodéase en la cumbre
Saturno, padre de los siglos de oro;
tras él la muchedumbre
del reluciente coro
su luz va repartiendo y su tesoro—:

¿quién es el que esto mira
y precia la bajeza de la tierra,
y no gime y suspira
y rompe lo que encierra
el alma y destos bienes la destierra?

Aquí vive el contento,
aquí reina la paz; aquí, asentado
en rico y alto asiento,
está el Amor sagrado,
de glorias y deleites rodeado.

Inmensa hermosura
aquí se muestra toda, y resplandece
clarísima luz pura,
que jamás anochece;
eterna primavera aquí florece.

¡Oh campos verdaderos!
¡Oh prados con verdad frescos y amenos!
¡Riquísimos mineros!
¡Oh deleitosos senos!
¡Repuestos valles, de mil bienes llenos!»

Estando tú encubierto,
¿qué norte guiará la nave al puerto?

¡Ay!, nube, envidiosa
aun deste breve gozo, ¿qué te aquejas?
¿Dó vuelas presurosa?
¡Cuán rica tú te alejas!
¡Cuán pobres y cuán ciegos, ay, nos dejas!

FERNANDO DE HERRERA
(1534-1597)

Cual d'oro era el cabello ensortijado
y en mil varias lazadas dividido
y cuanto en más figuras esparzido,
tanto de más centellas ilustrado;

tal de luzientes hebras coronado
Febo aparece en llamas encendido,
tal discurre en el cielo esclarecido
un ardiente cometa arrebatado.

Debaxo el puro, propio y sutil velo
Amor, gracia y valor y la belleza
templada en nieve y púrpura se vía.

Pensara que s'abrió esta vez el cielo,
y mostró su poder y su riqueza
si no fuera la Luz del l'alma mia.

JUAN DE LA CRUZ
(1542-1591)

CÁNTICO ESPIRITUAL

¿Adónde te escondiste,
Amado, y me dexaste con gemido?
Como el ciervo huyste
haviéndome herido;
salí tras ti clamando, y eras ydo.

Pastores, los que fuerdes
allá por las majadas al otero,
si por ventura vierdes
aquél que yo más quiero,
decilde que adolezco, peno y muero.

Buscando mis amores,
yré por esos montes y riberas;
ni cogeré las flores,
ni temeré las fieras,
y passaré los fuertes y fronteras.

¡O bosques y espesuras,
plantadas por la mano del Amado!,
¡o prado de verduras,
de flores esmaltado!,
dezid si por vosotros ha passado.

Mil gracias derramando
pasó por estos sotos con presura;
y, yéndolos mirando,
con sola su figura
vestidos los dejó de hermosura.

¡Ay!, ¿quién podrá sanarme?
Acaba de entregarte ya de vero;
no quieras embiarme
de oy más ya mensajero
que no saben dezirme lo que quiero.

Y todos quantos vagan
de ti me van mil gracias refiriendo,
y todos más me llagan,
y déxame muriendo
un no sé qué que quedan balbuziendo.

Mas, ¿cómo perseveras,
¡o vida!, no viviendo donde vives,
y haziendo porque mueras
las flechas que recives
de lo que del Amado en ti concives?

¿Por qué, pues as llagado
aqueste coraçón, no le sanaste?
Y, pues me le as robado,
¿por qué assí le dexaste,
y no tomas el robo que robaste?

Apaga mis enojos,
pues que ninguno basta a deshazellos,
y véante mis ojos,
pues eres lumbre dellos,
y sólo para ti quiero tenellos.

Descubre tu presencia,
y máteme tu vista y hermosura;
mira que la dolencia
de amor, que no se cura
sino con la presencia y la figura.

¡O christalina fuente,
si en esos tus semblantes plateados
formases de repente
los ojos deseados
que tengo en mis entrañas dibuxados!

¡Apártalos, Amado,
que voy de vuelo!
                Buélvete, paloma,
que el ciervo vulnerado
por el otero asoma
al aire de tu buelo, y fresco toma.

Mi Amado las montañas,
los valles solitarios nemorosos,
las ínsulas estrañas,
los ríos sonorosos,
el silbo de los ayres amorosos,

La noche sosegada
en par de los levantes del aurora,
la música callada,
la soledad sonora,
la cena que recrea y enamora.

Caçadnos las raposas,
questá ya florescida nuestra viña,
en tanto que de rosas
hazemos una piña,
y no parezca nadie en la montiña.

Detente, cierzço muerto;
ven, austro, que recuerdas los amores,
aspira por mi huerto,
y corran sus olores,
y pacerá el Amado entre las flores.

¡Oh ninfas de Judea!,
en tanto que en las flores y rosales
el ámbar perfumea,
morá en los arrabales,
y no queráis tocar nuestros humbrales.

Escóndete, Carillo,
y mira con tu haz a las montañas,
y no quieras dezillo;
mas mira las compañas
de la que va por ínsulas estrañas.

   A las aves ligeras,
leones, ciervos, gamos saltadores,
montes, valles, riberas,
aguas, ayres, ardores,
y miedos de las noches veladores:

Por las amenas liras
y canto de sirenas os conjuro
que cessen vuestras yras,
y no toquéis al muro,
porque la esposa duerma más siguro.

Entrado se a la esposa
en el ameno huerto desseado,
y a su sabor reposa,
el cuello reclinado
sobre los dulces braços del Amado.

Debajo del mançano,
allí conmigo fuiste desposada;
allí te di la mano,
y fuiste reparada
donde tu madre fuera violada.

Nuestro lecho florido,
de cuevas de leones enlazado,
en púrpura tendido,
de paz edifficado,
de mil escudos de oro coronado.

A çaga de tu huella
las jóvenes discurren al camino,
al toque de centella,
al adobado vino,
emissiones de bálsamo divino.

En la interior bodega
de mi Amado beví, y, quando salía
por toda aquesta bega,
ya cosa no sabía,
y el ganado perdí que antes seguía.

Allí me dio su pecho,
allí me enseñó sciencia muy sabrosa,
y yo le di de hecho
a mí, sin dexar cosa;
allí le prometí de ser su esposa.

Mi alma se a empleado,
y todo mi caudal, en su servicio;
ya no guardo ganado,
ni ya tengo otro officio,
que ya sólo en amar es mi exercicio.

Pues ya si en el egido
de oy más no fuere vista ni hallada,
diréis que me e perdido,
que, andando enamorada,
me hice perdediza y fui ganada.

De flores y esmeraldas,
en las frescas mañanas escogidas,
haremos las guinaldas,
en tu amor florescidas
y en un cabello mío entretexidas.

En solo aquel cabello
que en mi cuello volar consideraste,
mirástele en mi cuello
y en él presso quedaste,
y en uno de mis ojos te llagaste.

Quando tú me miravas,
su gracia en mí tus ojos imprimían;
por esso me adamavas,
y en esso merecían
los míos adorarlo que en ti vían.

No quieras despreciarme,
que si color moreno en mí hallaste,
ya bien puedes mirarme,
después que me miraste,
que gracia y hermosura en mí dexaste.

La blanca palomica
al arca con el ramo se a tornado,
y ya la tortolica
al socio desseado
en las riberas verdes a hallado.

En soledad vivía,
y en soledad a puesto ya su nido,
y en soledad la guía
a solas su querido,
también en soledad de amor herido.

Gozémonos, Amado,
y vámonos a ver en tu hermosura
al monte y al collado,
do mana el agua pura;
entremos más adentro en la espesura.

Y luego a las subidas
cabernas de la piedra nos yremos
que están bien escondidas,
y allí nos entraremos,
y el mosto de granadas gustaremos.

Allí me mostrarías
aquello que mi alma pretendía,
y luego me darías
allí tú, vida mía,
aquello que me diste el otro día.

El aspirar de el ayre,
el canto de la dulce filomena,
el soto y su donayre
en la noche serena,
con llama que consume y no da pena.

Que nadie lo mirava,
Aminadab tampoco parescía,
y el cerco sosegava,
y la cavallería
a vista de las aguas descendía.

CANCIONES DE EL ALMA QUE SE GOZA DE AVER LLEGADO AL
ALTO ESTADO DE LA PERFECTIÓN, QUE ES LA UNIÓN CON DIOS,
POR EL CAMINO DE LA NEGACIÓN ESPIRITUAL

En una noche escura
con ansias en amores inflamada
¡o dichosa ventura!
salí sin ser notada
estando ya mi casa sosegada.

ascuras y segura
por la secreta escala, disfraçada,
¡o dichosa ventura!
a escuras y en celada
estando ya mi casa sosegada.

En la noche dichosa
en secreto que naide me veía,
ni yo mirava cosa
sin otra luz y guía
sino la que en el coraçón ardía.

Aquésta me guiava
más cierto que la luz de mediodía
adonde me esperava
quien yo bien me savía
en parte donde naide parecía.

¡O noche, que guiaste!
¡O noche amable más que la alborada!
¡oh noche que juntaste
amado con amada,
amada en el amado transformada!

En mi pecho florido,
que entero para él solo se guardaba

allí quedó dormido
y yo le regalaba
y el ventalle de cedros ayre daba.

El ayre de la almena
quando yo sus cavellos esparcía
con su mano serena
en mi cuello hería
y todos mis sentidos suspendía.

Quedéme y olbidéme
el rostro recliné sobre el amado;
cessó todo, y dexéme
dexando mi cuydado
entre las açucenas olbidado.

CANCIONES DE EL ALMA EN LA ÍNTIMA COMMUNICACIÓN
DE UNIÓN DE AMOR DE DIOS

¡O llama de amor viva,
que tiernamente hyeres
de mi alma en el más profundo centro!
pues ya no eres esquiva,
acava ya, si quieres;
rompe la tela de este dulce encuentro.

¡O cauterio suave!
¡O regalada llaga!
¡O mano blanda! ¡O toque delicado,
que a vida eterna save
y toda deuda paga!,
matando muerte en vida la as trocado.

¡O lámparas de fuego,
en cuyos resplandores
las profundas cabernas del sentido
que estava obscuro y ciego
con estraños primores
calor y luz dan junto a su querido!

¡Quán manso y amoroso
recuerdas en mi seno
donde secretamente solo moras
y en tu aspirar sabroso
de bien y gloria lleno
quán delicadamente me enamoras!

EL PASTORCICO

1

Un pastorcico solo está penado
ageno de plazer y de contento
y en su pastora puesto el pensamiento
y el pecho del amor muy lastimado.

2

No llora por averle amor llagado
que no le pena verse así affligido
aunque en el coraçón está herido
mas llora por pensar que está olbidado.

3

Que sólo de pensar que está olbidado
de su vella pastora con gran pena

se dexa maltratar en tierra agena
el pecho del amor mui lastimado!

4

Y dize el pastorcito: ¡Ay desdichado
de aquel que de mi amor a hecho ausencia
y no quiere gozar la mi presencia
y el pecho por su amor muy lastimado!

5

Y a cavo de un gran rato se a encumbrado
sobre un árbol do abrió sus braços vellos
y muerto se a quedado asido dellos
el pecho del amor muy lastimado.

MIGUEL DE CERVANTES Y SAAVEDRA,
(1547-1616)

AL TÚMULO DEL REY FELIPE II EN SEVILLA

—"¡Voto a Dios que me espanta esta grandeza
y que diera un doblón por describilla!
Porque ¡a quién no sorprende y maravilla
esta máquina insigne, esta riqueza?

Por Jesucristo vivo, cada pieza
vale más de un millón, y que es mancilla
que esto no dure un siglo, oh gran Sevilla,
Roma triunfante en ánimo y nobleza.

Apostaré que el ánima del muerto,
por gozar este sitio, hoy ha dejado
la gloria donde vive eternamente."

Esto oyó un valentón y dijo: "Es cierto
cuanto dice voacé, señor soldado,
y el que dijere lo contrario miente."

Y luego incontinente,
caló al chapeo, requirió la espada,
miró al soslayo, fuese y no hubo nada.

LUIS BARAHONA DE SOTO
(1547?-1595)

LAS LÁGRIMAS DE ANGÉLICA
Canto IV, estrofas 9-13

9

¿A dó llegara la soberbia nuestra
y el menosprecio de la flaca gente,
¡oh hembras!, que nacistes para muestra
del gran saber del padre omnipotente,
si no rindiera la belleza vuestra
al fuerte, al sabio, al rico, y al prudente?;
lo cual en sus altivos pechos cría
mesura, gentileza y cortesía,

10

llaneza y humildad, y sufrimiento,
y liga, y amistad conforme, unida
con otras mil virtudes que no cuento,
que son bien necesarias a la vida;
de aquí nació el gentil comedimiento
del Orco, que en su ofensa conocida
apenas amenaza y siempre of rece,
siempre regala y siempre favorece.

11

Jamás verá los fines de su hecho
quien no castiga y amenaza en vano,
él queda con la lengua satisfecho,
y nunca piensa sello con la mano;
aunque conoce Angélica el despecho
del Orco, ve el poder de Amor tirano,
pues contra quien no vale arnés ni malla
desnuda se presenta a la batalla.

12

Y con palabras blandas halagüeñas,
así la ardiente cólera mitiga
y así rompe cual vinagre peñas,
o como al mismo l'agua su enemiga;
¡oh amor!, ¿dónde aprendiste lo que enseñas?,
¿qué le mostraste a la mujer, que diga,
con que tan presto venza, y con que pruebe
blanca al ojo la pez, negra la nieve?

13

Contemple en este paso todo amante,
si está muy satisfecho de su dama,
y si se ha visto en caso semejante
que no harán que entienda, el que bien ama,
si no lo entiende, al fin pasa adelante,
que no es tan fácil de soltar la trama
que teje Amor, do la razón se enreda,
y si ama, ¿quién la soltará aunque pueda?

LUPERCIO LEONARDO DE ARGENSOLA
(1559-1613)

No fueron tus divinos ojos, Ana,
los que al yugo amoroso me han rendido;
ni los rosados labios, dulce nido
del ciego niño, donde néctar mana;

ni las mejillas de color de grana;
ni el cabello, que al oro es preferido;
ni las manos, que a tantos han vencido;
ni la voz, que está en duda si es humana.

Tu alma, que en tus obras se trasluce,
es la que sujetar pudo la mía,
porque fuese inmortal su cautiverio.

Así todo lo dicho se reduce
a solo su poder, porque tenía
por ella cada cual su ministerio.

BERNARDO DE BALBUENA
(1552-1627)

GRANDEZA MEXICANA

Pues ¿qué diré de la hermosura y brío,
gracia, donaire, discreción y aseo,
altivez, compostura y atavío

de las damas deste alto coliseo,
nata del mundo, flor de la belleza
cumplida perfección, sin del deseo,

su afable trato, su real grandeza,
su grave honestidad, su compostura,
templada con suave y gran llaneza?

Lo menos de su ser es la hermosura,
pudiendo Venus mendigarla dellas
en gracia, en talle, en rostro, en apostura.

Cuantas rosas abril, el cielo estrellas,
Chipre azucenas, el verano flores,
aquí se crían y gozan damas bellas.

Estos son de sus bienes los mayores,
y ellas en discreción y cortesía
el esmero del mundo y sus primores.

La India marfil, la Arabia olores cría,
hierro Vizcaya, las Dalmacias oro,
plata el Pirú, el Maluco especiería,

seda el Japón, el mar del Sur tesoro
de ricas perlas, nácares la China,
púrpura Tiro, y dátiles el moro,

México hermosura peregrina,
y altísimos ingenios de gran vuelo,
por fuerza de astros o virtud divina;

al fin, si es la beldad parte de cielo,
México puede ser cielo del mundo,
pues cría la mayor que goza el suelo.

¡Oh ciudad rica, pueblo sin segundo,
más lleno de tesoros y bellezas
que de peces y arena el mar profundo!

MATEO ROSAS OQUENDO

(1559-¿?)

SÁTIRA
HECHA POR MATEO ROSAS DE OQUENDO
A LAS COSAS QUE PASAN EN EL PERÚ, AÑO DE 1598

Sepan cuantos esta carta
de declaraciones graves
y descargos de consiencia
vienen, como el otorgante
Mateo Rosas de Oquendo,
que otro tiempo fue Juan Sanches,
vecino de Tucumán
donde oí un curso de artes
y aprendí nigromancia
para alcanzar cosas grandes,
puesto ya el pie en el estribo
para salir destas partes
a tomar casa en el mundo
dejando los arrabales,
en lugar de despedida
determino confesarme
y descargar este pecho
antes que vaya a embarcarme,
porque si en la mar reviento
al tiempo del marearme,
para salir de sus ondas
será pequeña la nave.
Dejen todos sus ofisios
y vengan luego a escucharme;
los casados, sus mujeres,
las mujeres sus ajuares,
los poetas sus consejos,
los músicos sus compases,
los indios sus sementeras,

sus libros los ~colegiales,
las damas sus ejersisios,
sus paseos los galanes,
sus silleas los comunes
y sus estrados los graves;
dejen el gato las negras
los negros sus atabales,
los pulperos sus medidas,
las pulperas sus dedales
la justicia sus corchetes,
los corchetes sus maldades
los alguasiles su ronda
y la ronda sus disfraces.
Venga todo el pueblo junto
no deje de oírme nadie,
que no habrá, uno entre todos
a quien no le alcance parte
y los que su propio honor
por el interés trocaren,
dando en sus casas lugar
para que otros las reparen,
vengan a oír mis sermones
y sabrán, si no lo saben
que el más amigo se ríe
de su proseder infame.
Oiganme con atensión,
ninguno tosa ni parle,
que en cada rasón que pierden
pierden un amigo grande.

ROMANCE EN LENGUA DE INDIO MEXICANO

Cada noche que amanese
como la rana critando

quanto saco mi biscucho
la presco piento poscando.
Onas pillacas latrones
que me lo estaban mirando
que me bay tieso con dieso
mi carañona poscando.
Alcon diablo se lo dijo
como me estaba cupado,
me rompieron mi poxento,
serradura con candado:
Y ortado mis callos tres
que un año que me a criado
para ir mi compernasion
do estado mi marquesado.
Quanto tomo esporision
lo an de comer mis pasallo
questo mi primo el marques
tenemos ya gonguistado.
Y todos los pisorrey
el provision me lo han dado
qui todo el corregidor
por mi mano an de pasado
Y me ponga orca y cuchillo
para que pien castagado
estén todas los pillacos
que mi mantado no aco.
Si ai las cojo los latrones
que an ortado los mis callos
por vida de Don Felipe
de sas tripa de sacallo.
Que aunque sea hecho chismole
yo conosere mis callos,
que ono permejo es,
otro como rosio blanco.
La otro mi callo es prieto,

so cabesa colorado,
que mi sorrado ocho dias
para mercar estas callo.
Ya no lo tengo remedio,
no es pueno si me a horcado
mas pale tenco pasiencia
qui a diablo se lo ha llevado
Yo me ire en el probisor
y antella me querellado,
para que me paporesca
condra dodos los culpados.
Y me manta dar so carta
para que descomulgado
estén los pillacos todos
que comido de mis callos.
Yo no cate le deguela
apagado con agua de jarro,
porque su almina lo lleve
con el infierno del diablo.
Y estos billacas parsande
que mi sacado al tabrado
no ay respeto a la bersona
que dicen yo soy Don Pablo.
Y mi mujer Polonilla
que es una santa cristiano,
que quando se va a la misa
lleva rosario la mano.
Luego se puelpe a su casa
mi comita aderesando,
y pajando su miscueso
zas ijo esta totrinando.
Tando tiene atrevimiento
que ya me tiene afrendando,
no hay justicia de la dierra
que lo orque estas pillacos.

O, joro a quien me pario
y por vida de Don Pablo,
que su cabesa y miscueso
la horca a destar clabado.

LUIS DE GÓNGORA
(1561-1627)

La más bella niña
De nuestro lugar,
Hoy viuda y sola
Y ayer por casar,
Viendo que sus ojos
A la guerra van,
A su madre dice,
Que escucha su mal:

Dejadme llorar
Orillas del mar.

Pues me distes, madre,
En tan tierna edad
Tan corto el placer,
Tan largo el pesar,
Y me cautivastes
De quien hoy se va
Y lleva las llaves
De mi libertad,

Dejadme llorar
Orillas del mar.

En llorar conviertan
Mis ojos, de hoy más,

El sabroso oficio
Del dulce mirar,
Pues que no se pueden
Mejor ocupar,
Yéndose a la guerra
Quien era mi paz,

Dejadme llorar
Orillas del mar.

No me pongáis freno
Ni queráis culpar,
Que lo uno es justo,
Lo otro por demás.
Si me queréis bien,
No me hagáis mal;
Harto peor fuera
Morir y callar,

Dejadme llorar
Orillas del mar.

Dulce madre mía,
¿Quién no llorará,
Aunque tenga el pecho
Como un pedernal,
Y no dará voces
Viendo marchitar
Los más verdes años
De mi mocedad?

Dejadme llorar
Orillas del mar.

Váyanse las noches,
Pues ido se han
Los ojos que hacían
Los míos velar;
Váyanse, y no vean
Tanta soledad,
Después que en mi lecho
Sobra la mitad.

Dejadme llorar
Orillas del mar.

LETRILLAS

Que pida a un galán Minguilla
Cinco puntos de jervilla,
    Bien puede ser;
Mas que calzando diez Menga,
Quiera que justo le venga,
    No puede ser.

Que se case un don Pelote
Con una dama sin dote,
    Bien puede ser;
Mas que no dé algunos días
Por un pan las damerías,
    No puede ser.

Que la viuda en el sermón
Dé mil suspiros sin son,
    Bien puede ser;
Mas que no los dé, a mi cuenta,
Porque sepan dó se sienta,
    No puede ser.

Que esté la bella casada
Bien vestida y mal celada,
  Bien puede ser;
Mas que el bueno del marido
No sepa quién dio el vestido,
  No puede ser.

Que anochezca cano el viejo,
Y que amanezca bermejo,
  Bien puede ser;
Mas que a creer nos estreche
Que es milagro y no escabeche
  No puede ser.

Que se precie un don Pelón
Que se comió un perdigón,
  Bien puede ser;
Mas que la biznaga honrada
No diga que fue ensalada,
  No puede ser.

Que olvide a la hija el padre
De buscarle quien le cuadre,
  Bien puede ser;
Mas que se pase el invierno
Sin que ella le busque yerno,
  No puede ser.

Que la del color quebrado
Culpe al barro colorado,
  Bien puede ser;
Mas que no entendamos todos
Que aquestos barros son todos,
  No puede ser.

Que por parir mil loquillas
Enciendan mil candelillas,
  Bien puede ser;
Mas que, público o secreto,
No haga algún cirio efeto,
  No puede ser.

Que sea el otro Letrado
Por Salamanca aprobado,
  Bien puede ser;
Mas que traiga buenos guantes
Sin que acudan pleiteantes,
  No puede ser.

Que sea médico más grave
quien más aforismos sabe,
  Bien puede ser;
mas que no sea más experto
el que más hubiere muerto,
  No puede ser.

Que acuda a tiempo un galán
con un dicho y un refrán,
  Bien puede ser;
mas que entendamos por eso
que en Floresta no está impreso,
  No puede ser.

Que oiga Menga una canción
Con piedad y atención,
  Bien puede ser;
Mas que no sea más piadosa
A dos escudos en prosa,
  No puede ser.

A CÓRDOBA

¡Oh excelso muro, oh torres coronadas
de honor, de majestad, de gallardía!
¡Oh gran río, gran rey de Andalucía,
de arenas nobles, ya que no doradas!

¡Oh fértil llano, oh sierras levantadas,
que privilegia el cielo y dora el día!
¡Oh siempre glorïosa patria mía,
tanto por plumas cuanto por espadas!

Si entre aquellas rüinas y despojos
que enriquece Genil y Dauro baña
tu memoria no fue alimento mío,

nunca merezcan mis ausentes ojos
ver tu muro, tus torres y tu río,
tu llano y sierra, ¡oh patria, oh flor de España!

Mientras por competir con tu cabello
Oro bruñido al sol relumbra en vano,
Mientras con menosprecio en medio el llano
Mira tu blanca frente al lilio bello;

Mientras a cada labio, por cogello,
Siguen más ojos que al clavel temprano,
Y mientras triunfa con desdén lozano
Del luciente cristal tu gentil cuello,

Goza cuello, cabello, labio y frente,
Antes que lo que fue en tu edad dorada
Oro, lilio, clavel, cristal luciente,

No sólo en plata o víola troncada
Se vuelva, más tú y ello juntamente
En tierra, en humo, en polvo, en sombra, en nada.

DE LA BREVEDAD ENGAÑOSA DE LA VIDA

Menos solicitó veloz saeta
Destinada señal, que mordió aguda;
Agonal carro en la arena muda
No coronó con más silencio meta,

Que presurosa corre, que secreta,
A su fin nuestra edad. A quien lo duda
(Fiera que sea de razón desnuda)
Cada sol repetido es un cometa.

Confiésalo Cartago, ¿y tú lo ignoras?
Peligro corres, Licio, si porfías
En seguir sombras y abrazar engaños.

Mal te perdonarán a ti las horas,
Las horas que limando están los días,
Los días que royendo están los años.

DE UN CAMINANTE ENFERMO QUE SE
ENAMORÓ DONDE FUE HOSPEDADO

Descamindo, enfermo, peregrino
en tenebosa noche, con pie incierto
la confusión pisando del desierto,
voces en vano dio, pasos sin tino.

Repetido latir, si no vecino,
distinto, oyó de can siempre despierto,

y en pastoral albergue mal cubierto
piedad halló, si no halló camino.

Salió el sol, y entre armiños escondida,
soñolienta beldad con dulce saña
salteó al no bien sano pasajero.

Pagará el hospedaje con la vida;
más le valiera errar en la montaña,
que morir de la suerte que yo muero.

SOLEDAD PRIMERA

Era del año la estación florida
En que el mentido robador de Europa
—Media luna las armas de su frente,
Y el Sol todos los rayos de su pelo—,
Luciente honor del cielo,
En campos de zafiro pace estrellas,
Cuando el que ministrar podía la copa
A Júpiter mejor que el garzón de Ida,
—Náufrago y desdeñado, sobre ausente—,
Lagrimosas de amor dulces querellas
Da al mar; que condolido,
Fue a las ondas, fue al viento
El mísero gemido,
Segundo de Arïón dulce instrumento.

Del siempre en la montaña opuesto pino
Al enemigo Noto
Piadoso miembro roto
—Breve tabla— delfín no fue pequeño
Al inconsiderado peregrino
Que a una Libia de ondas su camino

Fió, y su vida a un leño.
Del Océano, pues, antes sorbido,
Y luego vomitado
No lejos de un escollo coronado
De secos juncos, de calientes plumas
—Alga todo y espumas—
Halló hospitalidad donde halló nido
De Júplter el ave.
Besa la arena, y de la rota nave
Aquella parte poca
Que le expuso en la playa dio a la roca;
Que aun se dejan las peñas
Lisonjear de agradecidas señas.

Desnudo el joven, cuanto ya el vestido
Océano ha bebido
Restituir le hace a las arenas;
Y al Sol le extiende luego,
Que, lamiéndole apenas
Su dulce lengua de templado fuego,
Lento lo embiste, y con suave estilo
La menor onda chupa al menor hilo.

No bien, pues, de su luz los horizontes
—Que hacían desigual, confusamente,
Montes de agua y piélagos de montes—
Desdorados los siente,
Cuando —entregado el mísero extranjero
En lo que ya del mar redimió fiero—
Entre espinas crepúsculos pisando,
Riscos que aun igualara mal, volando,
Veloz, intrépida ala,
—Menos cansado que confuso— escala.
Vencida al fin la cumbre
—Del mar siempre sonante,

De la muda campaña
Árbitro igual e inexpugnable muro—,
Con pie ya más seguro
Declina al vacilante
Breve esplendor de mal distinta lumbre:
Farol de una cabaña
Que sobre el ferro está, en aquel incierto
Golfo de sombras anunciando el puerto.

«Rayos —les dice— ya que no de Leda
Trémulos hijos, sed de mi fortuna
Término luminoso.» Y —recelando
De invidïosa bárbara arboleda
Interposición, cuando
De vientos no conjuración alguna—
Cual, haciendo el villano
La fragosa montaña fácil llano,
Atento sigue aquella
—Aun a pesar de las tinieblas bella,
Aun a pesar de las estrellas clara—
Piedra, indigna tïara
—Si tradición apócrifa no miente—
De animal tenebroso cuya frente
Carro es brillante de nocturno día:
Tal, diligente, el paso
El joven apresura,
Midiendo la espesura
Con igual pie que el raso,
Fijo —a despecho de la niebla fría—
En el carbunclo, Norte de su aguja,
O el Austro brame o la arboleda cruja.

El can ya, vigilante,
Convoca, despidiendo al caminante;
Y la que desviada

Luz poca pareció, tanta es vecina,
Que yace en ella la robusta encina,
Mariposa en cenizas desatada.

Llegó, pues, el mancebo, y saludado,
Sin ambición, sin pompa de palabras,
De los conducidores fue de cabras,
Que a Vulcano tenían coronado.

«¡Oh bienaventurado
Albergue a cualquier hora,
Templo de Pales, alquería de Flora!
No moderno artificio
Borró designios, bosquejó modelos,
Al cóncavo ajustando de los cielos
El sublime edificio;
Retamas sobre robre
Tu fábrica son pobre,
Do guarda, en vez de acero,
La inocencia al cabrero
Más que el silbo al ganado.
¡Oh bienaventurado
Albergue a cualquier hora!

»No en ti la ambición mora
Hidrópica de viento,
Ni la que su alimento
El áspid es gitano;
No la que, en bulto comenzando humano,
Acaba en mortal fiera,
Esfinge bachillera,
Que hace hoy a Narciso
Ecos solicitar, desdeñar fuentes;
Ni la que en salvas gasta impertinentes
La pólvora del tiempo más preciso:

Ceremonia profana
Que la sinceridad burla villana
Sobre el corvo cayado.
¡Oh bienaventurado
Albergue a cualquier hora!

»Tus umbrales ignora
La adulación, Sirena
De reales palacios, cuya arena
Besó ya tanto leño:
Trofeos dulces de un canoro sueño,
No a la soberbia está aquí la mentira
Dorándole los pies, en cuanto gira
La esfera de sus plumas,
Ni de los rayos baja a las espumas
Favor de cera alado.
¡Oh bienaventurado
Albergue a cualquier hora!»

LOPE DE VEGA
(1562-1635)

RIMAS HUMANAS

Desmayarse, atreverse, estar furioso,
áspero, tierno, liberal, esquivo,
alentado, mortal, difunto, vivo,
leal, traidor, cobarde y animoso;

no hallar fuera del bien centro y reposo,
mostrarse alegre, triste, humilde, altivo,
enojado, valiente, fugitivo,

satisfecho, ofendido, receloso;
huir el rostro al claro desengaño,
beber veneno por licor süave,
olvidar el provecho, amar el daño;

creer que un cielo en un infierno cabe,
dar la vida y el alma a un desengaño;
esto es amor, quien lo probó lo sabe.

Suelta mi manso, mayoral extraño,
pues otro tienes de tu igual decoro,
deja la prenda que en el alma adoro,
perdida por tu bien y por mi daño.

Ponle su esquila de labrado estaño,
y no le engañen tus collares de oro,
toma en albricias este blanco toro,
que a las primeras hierbas cumple un año.

Si pides señas, tiene el vellocino
pardo, encrespado, y los ojuelos tiene
como durmiendo en regalado sueño.

Si piensas que no soy su dueño, Alcino,
suelta, y verásle si a mi choza viene,
que aun tienen sal las manos de su dueño.

Querido manso mío, que venistes
por sal mil veces junto aquella roca,
y en mi grosera mano vuestra boca
y vuestra lengua de clavel pusistes,

¿por qué montañas ásperas subistes
que tal selvatiquez al alma os toca?
¿Qué furia os hizo condición tan loca
que la memoria y la razón perdistes?

Paced la anacardina, porque os vuelva
de ese cruel y interesable sueño,
y no bebáis del agua del olvido.

Aquí está vuestra vega, monte y selva;
yo soy vuestro pastor, y vos mi dueño;
vos mi ganado, y yo vuestro perdido.

RIMAS SACRAS

Cuando me paro a contemplar mi estado,
y a ver los pasos por donde he venido,
me espanto de que un hombre tan perdido
a conocer su error haya llegado.

Cuando miro los años que he pasado,
la divina razón puesta en olvido,
conozco que piedad del cielo ha sido
no haberme en tanto mal precipitado.

Entré por laberinto tan extraño,
fiando al débil hilo de la vida
el tarde conocido desengaño;

mas de tu luz mi escuridad vencida,
el monstro muerto de mi ciego engaño,
vuelve a la patria, la razón perdida.

¿Qué tengo yo que mi amistad procuras?
¿Qué interés se te sigue, Jesús mío,
que a mi puerta cubierto de rocío
pasas las noches del invierno escuras?

¡Oh cuánto fueron mis entrañas duras,
pues no te abrí! ¡Qué extraño desvarío,
si de mi ingratitud el hielo frío
secó las llagas de tus plantas puras!

¡Cuántas veces el Ángel me decía:
«Alma, asómate agora a la ventana,
verás con cuánto amor llamar porfía»!

¡Y cuántas, hermosura[s] soberana,
"Mañana le abriremos", respondía,
para lo mismo responder mañana!

Ir y quedarse, y con quedar partirse,
partir sin alma, y ir con alma ajena,
oír la dulce voz de una sirena
y no poder del árbol desasirse;

arder como la vela y consumirse,
haciendo torres sobre tierna arena;
caer de un cielo, y ser demonio en pena,
y de serlo jamás arrepentirse;

hablar entre las mudas soledades,
pedir prestada sobre fe paciencia,
y lo que es temporal llamar eterno;

creer sospechas y negar verdades,
es lo que llaman en el mundo ausencia,
fuego en el alma, y en la vida infierno.

Muere la vida, y vivo yo sin vida,
ofendiendo la vida de mi muerte,
sangre divina de las venas vierte,
y mi diamante su dureza olvida.

Está la majestad de Dios tendida
en una dura cruz, y yo de suerte
que soy de sus dolores el más fuerte,
y de su cuerpo la mayor herida.

¡Oh duro corazón de mármol frio!,
¿tiene tu Dios abierto el lado izquierdo,
y no te vuelves un copioso río?

Morir por él será divino acuerdo,
mas eres tú mi vida, Cristo mío,
y como no la tengo, no la pierdo.

RIMAS HUMANAS Y DIVINAS...

Un soneto me manda hacer Violante
que en mi vida me he visto en tanto aprieto;
catorce versos dicen que es soneto;
burla burlando van los tres delante.

Yo pensé que no hallara consonante,
y estoy a la mitad de otro cuarteto;
mas si me veo en el primer terceto,
no hay cosa en los cuartetos que me espante.

Por el primer terceto voy entrando,
y parece que entré con pie derecho,
pues fin con este verso le voy dando.

Ya estoy en el segundo, y aun sospecho
que voy los trece versos acabando;
contad si son catorce, y está hecho.

PEDRO DE OÑA
CHILE (1570-1643)

EL ARAUCO DOMADO
CANTO XI

[...]

Así volvió rabiando nuestra gente
y ardiéndose en coraje de corrida
por verse de los bárbaros corrida
a vista de su ejército potente,
el cual, como el contrario ve de frente,
entrársele con furia desmedida,
movió su fuerza toda a recibillo
habiéndolo mandado su caudillo.

Mas el furor y estrépito era tanto
con que el poder incrédulo venía
que, salvo en el valor de don Garcia,
en otro cualesquier causara espanto.
Estuvo por los suyos puesto a canto
de peligrar su crédito aquel día,
por solo haber tenido tal desorden
a no le hallar los bárbaros en orden.

[...]

Como las ondas temidas que vienen
sus vientres más que hidrópicos alzando
y el trono celestial amenazando
en dando con las peñas se detienen;
y como allí les hacen que se enfrenen
en su dureza el ímpetu quebrando
se ven así quebrar las Indas olas,
llagadas a las peñas españolas.

Mas bien, como esas ondas no pudiendo
romper por las barreras peñascosas,
revientan de coraje y espumosas
están, aún siendo frígidas, hirviendo,
así los enemigos no rompiendo
las contrapuestas armas poderosas
comienzan a hervir con nueva rabia
subiendo ya su cólera a la gabia.

Revuélvense con los campos en un punto
el poderoso Arauca y fuerte España,
cuya mezclada sangre al suelo baña,
nadando en ella el vivo y el difunto.
El humo, el fuego, el polvo todo junto
al sol, al cielo, al aire a la campaña
ofusca, ciega, turba y oscurece
v el mar de tanto golpe se ensordece.[...]

RODRIGO CARO
(1573-1647)

CANCIÓN A LAS RUINAS DE ITÁLICA

Estos, Fabio, ¡ay dolor!, que ves ahora
campos de soledad, mustio collado,
fueron un tiempo Itálica famosa.

Aquí de Cipïón la vencedora
colonia fue. Por tierra derribado
yace el temido honor de la espantosa
muralla, y lastimosa
reliquia es solamente.
De su invencible gente
solo quedan memorias funerales,
donde erraron ya sombras de alto ejemplo.
Este llano fue plaza; allí fue templo;
de todo apenas quedan las señales.
Del gimnasio y las termas regaladas
leves vuelan cenizas desdichadas;
las torres que desprecio al aire fueron
a su gran pesadumbre se rindieron.

Este despedazado anfiteatro,
ímpio honor de los dioses, cuya afrenta
publica el amarillo jaramago,
ya reducido a trágico teatro,
¡oh fábula del tiempo!, representa
cuánta fue su grandeza y es su estrago.
¿Cómo en el cerco vago
de su desierta arena
el gran pueblo no suena?
¿Dónde, pues fieras hay, está el desnudo
luchador? ¿Dónde está el atleta fuerte?
Todo despareció: cambió la suerte
voces alegres en silencio mudo;
mas aun el tiempo da en estos despojos
espectáculos fieros a los ojos,
y miran tan confusos lo presente,
que voces de dolor el alma siente.

Aquí nació aquel rayo de la guerra,
gran padre de la patria, honor de España,
pío, felice, triunfador Trajano,
ante quien muda se postró la tierra

que ve del sol la cuna, y la que baña
el mar también vencido gaditano.
Aquí de Elio Adrïano,
de Teodosio divino,
de Silio peregrino
rodaron de marfil y oro las cunas.
Aquí ya de laurel, ya de jazmines
coronados los vieron los jardines
que ahora son zarzales y lagunas.
La casa para el César fabricada,
¡ay!, yace de lagartos vil morada.
Casas, jardines, césares murieron,
y aun las piedras que de ellos se escribieron.
    Fabio, si tú no lloras, pon atenta
la vista en luengas calles destruidas,
mira mármoles y arcos destrozados,
mira estatuas soberbias, que violenta
Némesis derribó, yacer tendidas,
y ya en alto silencio sepultados
sus dueños celebrados.
Así a Troya figuro
así a su antiguo muro,
y a ti, Roma, a quien queda el nombre apenas,
¡oh patria de los dioses y los reyes!
Y a ti, a quien no valieron justas leyes,
fábrica de Minerva sabia Atenas
emulación ayer de las edades,
hoy cenizas, hoy vastas soledades:
que no os respetó el hado, no la muerte,
¡ay!, ni por sabia a ti, ni a ti por fuerte.
    Mas ¿para qué la mente se derrama
en buscar al dolor nuevo argumento?
Basta ejemplo menor, basta el presente:
que aun se ve el humo aquí, aun se ve la llama,
aun se oyen llantos hoy, hoy ronco acento.

Tal genio o religión fuerza la mente
de la vecina gente
que refiere admirada
que en la noche callada
una voz triste se oye que llorando
«Cayó Itálica», dice; y lastimosa
Eco reclama «Itálica» en la hojosa
selva que se le opone, resonando
«Itálica», y el caro nombre oído
de Itálica, renuevan el gemido
mil sombras nobles en su gran ruina.
¡Tanto aun la plebe a sentimiento inclina!
   Esta corta piedad que, agradecido
huésped, a tus sagrados manes debo,
les dó y consagro, Itálica famosa.
Tú (si lloroso don han admitido
las ingratas cenizas de que llevo
dulce noticia asaz, si lastimosa)
permíteme, piadosa
usura a tierno llanto,
que vea el cuerpo santo
de Geroncio, tu mártir y prelado.
Muestra de su sepulcro algunas señas
y cavaré con lágrimas las peñas
que ocultan su sarcófago sagrado.
Pero mal pido el único consuelo
de todo el bien que airado quitó el cielo.
¡Goza en las tuyas sus reliquias bellas
para invidia del mundo y las estrellas!

FRANCISCO DE QUEVEDO
(1580-1645)

REPRESÉNTASE LA BREVEDAD DE LO QUE SE VIVE Y CUAN NADA PARECE LO QUE SE VIVIÓ

«¡Ah de la vida!». . . ¿Nadie me responde?
¡Aquí de los antaños que he vivido!
La Fortuna mis tiempos ha mordido;
las Horas mi locura las esconde.

¡Que sin poder saber cómo ni adónde
la salud y la edad se hayan huido!
Falta la vida, asiste lo vivido,
y no hay calamidad que no me ronde.

Ayer se fue; mañana no ha llegado;
hoy se está yendo sin parar un punto:
soy un fue, y un será, y un es cansado.

En el hoy y mañana y ayer, junto
pañales y mortaja, y he quedado
presentes sucesiones de difunto.

ENSEÑA CÓMO TODAS LAS COSAS AVISAN DE LA MUERTE

Miré los muros de la Patria mía,
Si un tiempo fuertes, ya desmoronados,
De la carrera de la edad cansados,
Por quien caduca ya su valentía.

Salíme al Campo, vi que el Sol bebía
Los arroyos del hielo desatados,
Y del Monte quejosos los ganados,
Que con sombras hurtó su luz al día.

Entré en mi Casa; vi que, amancillada,
De anciana habitación era despojos;
Mi báculo más corvo y menos fuerte.

Vencida de la edad sentí mi espada,
Y no hallé cosa en que poner los ojos
Que no fuese recuerdo de la muerte.

AMOR CONSTANTE MÁS ALLÁ DE LA MUERTE

Cerrar podrá mis ojos la postrera
sombra que me llevare el blanco día,
y podrá desatar esta alma mía
hora a su afán ansioso lisonjera;

mas no, de esotra parte, en la ribera,
dejará la memoria, en donde ardía:
nadar sabe mi llama la agua fría,
y perder el respeto a ley severa.

Alma a quien todo un dios prisión ha sido,
venas que humor a tanto fuego han dado,
medulas que han gloriosamente ardido,

su cuerpo dejará, no su cuidado;
serán ceniza, mas tendrá sentido;
polvo serán, mas polvo enamorado.

A UN HOMBRE DE GRAN NARIZ

Érase un hombre a una nariz pegado,
Érase una nariz superlativa,
Érase una alquitara medio viva,
Érase un peje espada mal barbado;

Era un reloj de sol mal encarado.
Érase un elefante boca arriba,
Érase una nariz sayón y escriba,
Un Ovidio Nasón mal narigado.

Érase el espolón de una galera,
Érase una pirámide de Egito,
Los doce tribus de narices era;

Érase un naricísimo infinito,
Frisón archinariz, caratulera,
Sabañón garrafal morado y frito.

SALMO IX

Cuando me vuelvo atrás a ver los años
que han nevado la edad florida mía;
cuando miro las redes, los engaños
donde me vi algún día,
más me alegro de verme fuera dellos
que un tiempo me pesó de padecellos.
Pasa veloz del mundo la figura,
y la muerte los pasos apresura;
la vida fugitiva nunca para,
ni el tiempo vuelve atrás la anciana cara.
A llanto nace el hombre, y entre tanto
nace con el llanto
y todas las miserias una a una,
y sin saberlo empieza la Jornada
desde la primer cuna
a la postrera cama rehusada;
y las más veces, ¡oh, terrible caso!,
suele juntarlo todo un breve paso
y el necio que imagina que empezaba

el camino, le acaba.
¡Dichoso el que dispuesto ya a pasalle,
le empieza a andar con miedo de acaballe!
Sólo el necio mancebo,
que corona de flores la cabeza,
es el que solo empieza
siempre a vivir de nuevo.
¡Dichoso aquel que vive de tal suerte
que el sale a recibir su misma muerte!

EPÍSTOLA SATÍRICA Y CENSORIA...

No he de callar por más que con el dedo,
ya tocando la boca o ya la frente,
silencio avises o amenaces miedo.

¿No ha de haber un espíritu valiente?
¿Siempre se ha de sentir lo que se dice?
¿Nunca se ha de decir lo que se siente?

Hoy, sin miedo que, libre, escandalice,
puede hablar el ingenio, asegurado
de que mayor poder le atemorice.

En otros siglos pudo ser pecado
severo estudio y la verdad desnuda,
y romper el silencio el bien hablado.

Pues sepa quien lo niega, y quien lo duda,
que es lengua la verdad de Dios severo,
y la lengua de Dios nunca fue muda.

Son la verdad y Dios, Dios verdadero,
ni eternidad divina los separa,
ni de los dos alguno fue primero.

Si Dios a la verdad se adelantara,
siendo verdad, implicación hubiera
en ser, y en que verdad de ser dejara.

La justicia de Dios es verdadera,
y la misericordia, y todo cuanto
es Dios, todo ha de ser verdad entera.

Señor Excelentísimo, mi llanto
ya no consiente márgenes ni orillas:
inundación será la de mi canto.

Ya sumergirse miro mis mejillas,
la vista por dos urnas derramada
sobre las aras de las dos Castillas.

Yace aquella virtud desaliñada,
que fue, si rica menos, más temida,
en vanidad y en sueño sepultada.

Y aquella libertad esclarecida,
que en donde supo hallar honrada muerte,
nunca quiso tener más larga vida.

Y pródiga de l'alma, nación fuerte,
contaba, por afrentas de los años,
envejecer en brazos de la suerte.

Del tiempo el ocio torpe, y los engaños
del paso de las horas y del día,
reputaban los nuestros por extraños.

Nadie contaba cuánta edad vivía,
sino de qué manera: ni aun un'hora
lograba sin afán su valentía.

La robusta virtud era señora,
y sola dominaba al pueblo rudo;
edad, si mal hablada, vencedora.

El temor de la mano daba escudo
al corazón, que, en ella confiado,
todas las armas despreció desnudo.

Multiplicó en escuadras un soldado
su honor precioso, su ánimo valiente,
de sola honesta obligación armado.

Y debajo del cielo, aquella gente,
si no a más descansado, a más honroso
sueño entregó los ojos, no la mente.

Hilaba la mujer para su esposo
la mortaja, primero que el vestido;
menos le vio galán que peligroso.

Acompañaba el lado del marido
más veces en la hueste que en la cama;
sano le aventuró, vengóle herido.

Todas matronas, y ninguna dama:
que nombres del halago cortesano
no admitió lo severo de su fama.

Derramado y sonoro el Oceano
era divorcio de las rubias minas
que usurparon la paz del pecho humano.

Ni los trujo costumbres peregrinas
el áspero dinero, ni el Oriente
compró la honestidad con piedras finas.

Joya fue la virtud pura y ardiente;
gala el merecimiento y alabanza;
sólo se cudiciaba lo decente.

No de la pluma dependió la lanza,
ni el cántabro con cajas y tinteros
hizo el campo heredad, sino matanza.

Y España, con legítimos dineros,
no mendigando el crédito a Liguria,
más quiso los turbantes que los ceros.

Menos fuera la pérdida y la injuria,
si se volvieran Muzas los asientos;
que esta usura es peor que aquella furia.

Caducaban las aves en los vientos,
y expiraba decrépito el venado:
grande vejez duró en los elementos.

Que el vientre entonces bien diciplinado
buscó satisfación, y no hartura,
y estaba la garganta sin pecado.

Del mayor infanzón de aquella pura
república de grandes hombres, era
una vaca sustento y armadura.

No había venido al gusto lisonjera
la pimienta arrugada, ni del clavo
la adulación fragrante forastera.

Carnero y vaca fue principio y cabo,
Y con rojos pimientos, y ajos duros,
tan bien como el señor, comió el esclavo.

Bebió la sed los arroyuelos puros;
de pués mostraron del carchesio a Baco
el camino los brindis mal seguros.

El rostro macilento, el cuerpo flaco
eran recuerdo del trabajo honroso,
y honra y provecho andaban en un saco.

Pudo sin miedo un español velloso
llamar a los tudescos bacchanales,
y al holandés, hereje y alevoso.

Pudo acusar los celos desiguales
a la Italia; pero hoy, de muchos modos,
somos copias, si son originales.

Las descendencias gastan muchos godos,
todos blasonan, nadie los imita:
y no son sucesores, sino apodos.

Vino el betún precioso que vomita
la ballena, o la espuma de las olas,
que el vicio, no el olor, nos acredita.

Y quedaron las huestes españolas
bien perfumadas, pero mal regidas,
y alhajas las que fueron pieles solas.

Estaban las hazañas mal vestidas,
y aún no se hartaba de buriel y lana
la vanidad de fembras presumidas.

A la seda pomposa siciliana,
que manchó ardiente múrice, el romano
y el oro hicieron áspera y tirana.

Nunca al duro español supo el gusano
persuadir que vistiese su mortaja,
intercediendo el Can por el verano.

Hoy desprecia el honor al que trabaja,
y entonces fue el trabajo ejecutoria,
y el vicio gradüó la gente baja.

Pretende el alentado joven gloria
por dejar la vacada sin marido,
y de Ceres ofende la memoria.

Un animal a la labor nacido,
y símbolo celoso a los mortales,
que a Jove fue disfraz, y fue vestido;

que un tiempo endureció manos reales,
y detrás de él los cónsules gimieron,
y rumia luz en campos celestiales,

¿por cuál enemistad se persuadieron
a que su apocamiento fuese hazaña,
y a las mieses tan grande ofensa hicieron?

¡Qué cosa es ver un infanzón de España
abreviado en la silla a la jineta,
y gastar un caballo en una caña!

Que la niñez al gallo le acometa
con semejante munición apruebo;
mas no la edad madura y la perfeta.

Ejercite sus fuerzas el mancebo
en frentes de escuadrones; no en la frente
del útil bruto l'asta del acebo.

El trompeta le llame diligente,
dando fuerza de ley el viento vano,
y al son esté el ejército obediente.

¡Con cuánta majestad llena la mano
la pica, y el mosquete carga el hombro,
del que se atreve a ser buen castellano!

Con asco, entre las otras gentes, nombro
al que de su persona, sin decoro,
más quiere nota dar, que dar asombro.

Jineta y cañas son contagio moro;
restitúyanse justas y torneos,
y hagan paces las capas con el toro.

Pasadnos vos de juegos a trofeos,
que sólo grande rey y buen privado
pueden ejecutar estos deseos.

Vos, que hacéis repetir siglo pasado,
con desembarazarnos las personas
y sacar a los miembros de cuidado;

vos distes libertad con las valonas,
para que sean corteses las cabezas,
desnudando el enfado a las coronas.

Y pues vos enmendastes las cortezas,
dad a la mejor parte medicina:
vuélvanse los tablados fortalezas.

Que la cortés estrella, que os inclina
a privar sin intento y sin venganza,
milagro que a la invidia desatina,

tiene por sola bienaventuranza
el reconocimiento temeroso,
no presumida y ciega confianza.

Y si os dio el ascendiente generoso
escudos, de armas y blasones llenos,
y por timbre el martirio glorïoso,

mejores sean por vos los que eran buenos
Guzmanes, y la cumbre desdeñosa
os muestre, a su pesar, campos serenos.

Lograd, señor, edad tan venturosa;
y cuando nuestras fuerzas examina
persecución unida y belicosa,

la militar valiente disciplina
tenga más platicantes que la plaza:
descansen tela falsa y tela fina.

Suceda a la marlota la coraza,
y si el Corpus con danzas no los pide,
velillos y oropel no hagan baza.

El que en treinta lacayos los divide,
hace suerte en el toro, y con un dedo
la hace en él la vara que los mide.

Mandadlo así, que aseguraros puedo
que habéis de restaurar más que Pelayo;
pues valdrá por ejércitos el miedo,
y os verá el cielo administrar su rayo.

PODEROSO CABALLERO ES DON DINERO

Madre, yo al oro me humillo,
Él es mi amante y mi amado,
Pues de puro enamorado
Anda continuo amarillo.
Que pues doblón o sencillo
Hace todo cuanto quiero,
Poderoso caballero
Es don Dinero.

Nace en las Indias honrado,
Donde el mundo le acompaña;
Viene a morir en España,
Y es en Génova enterrado.
Y pues quien le trae al lado
Es hermoso, aunque sea fiero,
Poderoso caballero
Es don Dinero.

Son sus padres principales,
Y es de nobles descendiente,
Porque en las venas de Oriente
Todas las sangres son Reales.
Y pues es quien hace iguales
Al rico y al pordiosero,
Poderoso caballero
Es don Dinero.

¿A quién no le maravilla
Ver en su gloria, sin tasa,
Que es lo más ruin de su casa
Doña Blanca de Castilla?
Mas pues que su fuerza humilla
Al cobarde y al guerrero,

Poderoso caballero
Es don Dinero.

Es tanta su majestad,
Aunque son sus duelos hartos,
Que aun con estar hecho cuartos
No pierde su calidad.
Pero pues da autoridad
Al gañán y al jornalero,
Poderoso caballero
Es don Dinero.

Más valen en cualquier tierra
(Mirad si es harto sagaz)
Sus escudos en la paz
Que rodelas en la guerra.
Pues al natural destierra
Y hace propio al forastero,
Poderoso caballero
Es don Dinero.

JUAN RUIZ DE ALARCÓN
(MÉXICO, 1580?-1639)

LAS PAREDES OYEN
ACTO I - ESCENA IV

CELIA: Mudar consejo es de sabios;
         hasta aquí nada has perdido;
         tu misma vista y oído
         te han avisado tu daño;
         agradece el desengaño
         que a tan buen tiempo ha venido.
         Quien así te injuria ausente,

y presente lisonjea,
o engañoso te desea,
o deseoso te miente;
y cuando cumplir intente
lo que ofrece y ser tu esposo,
si ordinario y aun forzoso
es el cansarse un marido,
¿cómo hablará arrepentido
quien habla así deseoso?

DOÑA ANA: No es, Celia, mi corazón
ángel en aprehender,
que nunca pueda perder
la primera aprehensión:
no es bronce mi corazón,
en quien viven inmortales
las esculpidas señales;
mudarse puede mi amor:
si puede, ¿cuándo mejor
que con ocasiones tales?
No pienses que está ya en mí
tan poderoso y entero
el gigante amor primero
a quien tanto me rendí.
Desde la noche que oí
mis agravios, la memoria
en tan afrentosa historia
tan rabiosamente piensa,
que entre el amor y la ofensa
dudaba ya la vitoria;
pero con tan gran pujanza
la nueva injuria ha venido,
que del todo se ha rendido
el amor a la venganza.

CELIA: ¿Serás firme en la mudanza?

DOÑA ANA: O el cielo mi mal aumente.

Celia: Tus venturas acreciente,
           como el contento me ha dado
           tu pensamiento, mudado
           de un hombre tan maldiciente.
           Que desde que estando un día
           viéndote por una reja,
           la cerré, y me llamó vieja,
           sin pensar que yo lo oía,
           tal cual soy, no lo querría,
           si él fuese del mundo Adán.

JUAN DE TASSIS
Conde de Villamediana
(1582-1622)

Nadie escuche mi voz y triste acento,
de suspiros y lágrimas mezclado,
si no es que tenga el pecho lastimado
de dolor semejante al que yo siento.

Que no pretendo ejemplo ni escarmiento
que rescate a los otros de mi estado,
sino mostrar creído, y no aliviado,
de un firme amor el justo sentimiento.

Juntóse con el cielo a perseguirme
la que tuvo mi vida en opiniones,
y de mi mismo a mí como en destierro.

Quisieron persuadirme las razones,
hasta que en el propósito más firme
fue disculpa del yerro el mismo yerro.

Silencio, en tu sepulcro deposito
ronca voz, pluma ciega y triste mano,
para que mi dolor no cante en vano
al viento dado ya, en la arena escrito.

Tumba y muerte de olvido solicito,
aunque de avisos más que de años cano,
donde hoy más que a la razón me allano,
y al tiempo le daré cuanto me quito.

Limitaré deseos y esperanzas,
y en el orbe de un claro desengaño
márgenes pondré breves a mi vida,

para que no me venzan asechanzas
de quien intenta procurar mi daño
y ocasionó tan próvida huida.

Determinarse y luego arrepentirse,
empezarse a atrever y acobardarse,
arder el pecho y la palabra helarse,
desengañarse y luego persuadirse;

comenzar una cosa y advertirse,
querer decir su pena y no aclararse,
en medio del aliento desmayarse,
y entre temor y miedo consumirse;

en las resoluciones, detenerse,
hallada la ocasión, no aprovecharse,
y, perdida, de cólera encenderse,

y sin saber por qué, desvanecerse:
efectos son de Amor, no hay que espantarse,
que todo del Amor puede creerse.

PEDRO CALDERÓN DE LA BARCA
(1600-1681)

LA VIDA ES SUEÑO

SEGISMUNDO:

¡Ay mísero de mí, y ay, infelice!
Apurar, cielos, pretendo,
ya que me tratáis así
qué delito cometí
contra vosotros naciendo;
aunque si nací, ya entiendo
qué delito he cometido.
Bastante causa ha tenido
vuestra justicia y rigor;
pues el delito mayor
del hombre es haber nacido.

Sólo quisiera saber
para apurar mis desvelos
(dejando a una parte, cielos,
el delito de nacer),
qué más os pude ofender
para castigarme más.
¿No nacieron los demás?
Pues si los demás nacieron,
¿qué privilegios tuvieron
qué yo no gocé jamás?

Nace el ave, y con las galas
que le dan belleza suma,
apenas es flor de pluma
o ramillete con alas,
cuando las etéreas salas
corta con velocidad,

negándose a la piedad
del nido que deja en calma;
¿y teniendo yo más alma,
tengo menos libertad?

Nace el bruto, y con la piel
que dibujan manchas bellas,
apenas signo es de estrellas
(gracias al docto pincel),
cuando, atrevida y crüel
la humana necesidad
le enseña a tener crueldad,
monstruo de su laberinto;
¿y yo, con mejor instinto,
tengo menos libertad?

Nace el pez, que no respira,
aborto de ovas y lamas,
y apenas, bajel de escamas,
sobre las ondas se mira,
cuando a todas partes gira,
midiendo la inmensidad
de tanta capacidad
como le da el centro frío;
¿y yo, con más albedrío,
tengo menos libertad?

Nace el arroyo, culebra
que entre flores se desata,
y apenas, sierpe de plata,
entre las flores se quiebra,
cuando músico celebra
de las flores la piedad
que le dan la majestad
del campo abierto a su huida;

¿y teniendo yo más vida
tengo menos libertad?

En llegando a esta pasión,
un volcán, un Etna hecho,
quisiera sacar del pecho
pedazos del corazón.
¿Qué ley, justicia o razón,
negar a los hombres sabe
privilegio tan süave,
excepción tan principal,
que Dios le ha dado a un cristal,
a un pez, a un bruto y a un ave?
[...]

Segismundo:

Es verdad, pues: reprimamos
esta fiera condición,
esta furia, esta ambición,
por si alguna vez soñamos.
Y sí haremos, pues estamos
en mundo tan singular,
que el vivir sólo es soñar;
y la experiencia me enseña,
que el hombre que vive, sueña
lo que es, hasta despertar.

Sueña el rey que es rey, y vive
con este engaño mandando,
disponiendo y gobernando;
y este aplauso, que recibe
prestado, en el viento escribe
y en cenizas le convierte
la muerte (¡desdicha fuerte!):
¡que hay quien intente reinar

viendo que ha de despertar
en el sueño de la muerte!

Sueña el rico en su riqueza,
que más cuidados le ofrece;
sueña el pobre que padece
su miseria y su pobreza;
sueña el que a medrar empieza,
sueña el que afana y pretende,
sueña el que agravia y ofende,
y en el mundo, en conclusión,
todos sueñan lo que son,
aunque ninguno lo entiende.

Yo sueño que estoy aquí,
destas prisiones cargado;
y soñé que en otro estado
más lisonjero me vi.
¿Qué es la vida? Un frenesí.
¿Qué es la vida? Una ilusión,
una sombra, una ficción,
y el mayor bien es pequeño;
que toda la vida es sueño,
y los sueños, sueños son.

GABRIEL BOCÁNGEL
(1603-1658)

PROPONE EL AUTOR DISCURRIR
EN LOS AFECTOS DE AMOR

Yo cantaré de amor tan dulcemente
el rato que me hurtare a sus dolores
que el pecho que jamás sintió de amores
empiece a confesar que amores siente.

Verá como no hay dicha permanente
debajo de los cielos superiores,
y que las dichas altas o menores
imitan en el suelo su corriente.

Verá que, ni en amar, alguno alcanza
firmeza (aunque la tenga en el tormento
de idolatrar un mármol con belleza).

Porque, si todo amor es esperanza
y la esperanza es vínculo del viento,
¿quién puede amar seguro en su firmeza?

HERNANDO DOMÍNGUEZ CAMARGO
COLOMBIA (1606-1659)

A UN SALTO POR DONDE SE DESPEÑA
EL ARROYO DE CHILLO

Corre arrogante un arroyo
por entre peñas y riscos,
que enjaezado de perlas
es un potro cristalino.
Es el pelo de su cuerpo
de aljófar, tan claro y limpio,
que por cogerle los pelos
le almohazan verdes mirtos.
Cíñele el pecho un pretal
de cascabeles tan ricos,
que si no son cisnes de oro,
son ruiseñores de vidrio.
Bátenle el ijar sudante
los acicates de espinos,

y es él tan arrebatado,
que da a cada paso; brincos.
Danle sofrenadas peñas
para mitigar sus bríos,
y es hacer que labre espumas
de mil esponjosos grifos.
Estrellas suda de aljófar
en que se suda a sí mismo,
y atropellando sus olas,
da cristalinos relinchos.
Bufando cogollos de agua
desbocado corre el río,
tan colérico, que arrója
a los Jinetes alisos.
Hace calle entre el espeso
vulgo de árboles vecino,
que irritan más con sus varas
al caballo a precipicio.
Un corcovo dio soberbio
y a estrellarse ciego vino
en las crestas de un escollo,
gallo de montes altivos.
Dio con la frente en sus puntas,
y de ancas en un abismo,
vertiendo sesos de perlas
por entre adelfas y pinos.
Escarmiento es de arroyuelos,
que se alteran fugitivos,
porque así amansan las peñas
a los potros cristalinos

«CLARINDA»
PERÚ

DISCURSO EN LOOR DE LA POESÍA
(1608)

Oh poético espíritu enviado
del cielo empíreo a nuestra indigna tierra,
gratuitamente a nuestro ingenio dado,

tú eres, tú, el que hace dura guerra
al vicio y al regalo dibujando
el horror y el peligro que en sí encierra.

Tú estás a las virtudes encumbrando
y enseñas con dulcísimas razones
lo que se gana la virtud ganando.

Tú alivias nuestras penas y pasiones,
y das consuelo al ánimo afligido
con tus sabrosos metros y canciones.

Tú eres el puerto al mar embravecido
de penas, donde olvida sus tristezas
cualquiera que a tu abrigo se ha acogido.

Tú celebras los hechos, las proezas
de aquellos que por armas y ventura
alcanzaron honores y riquezas.

Tú dibujas la rara hermosura
de las damas, en rimas y sonetos
y el bien del casto amor y su dulzura.

Tú explicas los intrínsecos concetos
del alma y los ingenios engrandeces,
y los acendras y haces más perfetos.

¿Quién te podrá loar como mereces?
¿y cómo a proseguir seré bastante,
si con tu luz me asombras y enmudeces?

CARLOS DE SIGÜENZA Y GÓNGORA
MÉXICO (1645-1700)

PRIMAVERA INDIANA

XXI

Tiempo es ya, tú al tiempo ofreces vida
délfica inspiración del Cintio Febo
que en conceptos sonoros aplaudida
la voz informes, que en el electro muevo
si a tan heroico asunto eres de vida
cláusula glorias de su asombro nuevo
cual éste nunca vio ni el otro polo,
tarde o no visto del ardiente Apolo.

XXII

Dos lustros vio el orgullo Mexicano
ser alfombra su Imperio, de la planta
del que el eco previno soberano
de la Fama volante trompa tanta:
Carlos, a quien Cortés: detente mano,
venera el nombre que al Leteo espanta,
o el tiempo llegue, que en sucinta suma
sean sus hechos rasgos de mi pluma.

XXIII

Cortés del Macedón segunda envidia,
primera gloria del Getulio Marte,

a cuya sombra vuela acidia
bárbaros climas regio su estandarte:
temblando al duro golpe, cuando lidia,
la más Austral nevada siempre parte
mientras le dan divisa a sus pendones
graves del Culhua duras prisiones.

XXIV

Este pues vasto cuerpo, que domeña
el gran Fernando, cuyos huesos ata
oro por nervios, y de peña en peña,
por sangre vive la terriza plata;
ya depuesta por él la inculta greña
renuncia alegre Religión ingrata:
mientras Plutón con lágrimas nocturnas
exhaustas llora sus Tartáreas urnas.

XXV

Nueva forma sagrada le destina,
la que en trono modera de Cherubes
sagrada mente, Celsitud divina
del mundo breve aun las volantes nubes:
la morada de luces cristalina
te rinda glorias, pues amante subes,
oh México, a ser solio preeminente,
que doran rayos del amor ardiente.

XXVI

La gran Reina de flores colorida
quiere el amor, que al cuerpo informe sea,
lo que a la tierra leve, ahora erguida
de Prometeo veloz la astuta tea:
la armonía lo aplaude repetida

en el Olimpo, por que el orbe crea,
que ecos dispone ya el zafir canoro
del sublimado, del Empíreo coro.

XXVII

Con pronto obsequio, y atención amante,
en las plumas del Zéfiro va Flora,
mas enjutas las alas del fragante
néctar, que usurpa a la purpúrea Aurora.
Dirige el curso a la estación constante,
que el desgreñado invierno siempre mora
y con tropas volantes de dulzuras
la esfera inunda ya de auroras puras.

JUANA INÉS DE LA CRUZ
MÉXICO (1651-1695)

PROCURA DESMENTIR LOS ELOGIOS QUE A UN RETRATO DE
LA POETISA INSCRIBIÓ LA VERDAD, QUE LLAMA PASIÓN

Este que ves, engaño colorido,
que, del arte ostentando los primores,
con falsos silogismos de colores
es cauteloso engaño del sentido;

este en quien la lisonja ha pretendido
excusar de los años los horrores
y venciendo del tiempo los rigores
triunfar de la vejez y del olvido,

es un vano artificio del cuidado;
es una flor al viento delicada;
es un resguardo inútil para el hado;

es una necia diligencia errada;
es un afán caduco y, bien mirado,
es cadáver, es polvo, es sombra, es nada.

QUE CONSUELA A UN CELOSO, EPILOGANDO
LA SERIE DE LOS AMORES

Amor empieza por desasosiego,
solicitud, ardores y desvelos;
crece con riesgos, lances y recelos,
susténtase de llantos y de ruego.

Doctrínanle tibiezas y despego,
conserva el ser entre engañosos velos,
hasta que con agravios o con celos
apaga con sus lágrimas su fuego.

Su principio, su medio y fin es este:
pues ¿por qué, Alcino, sientes el desvío
de Celia, que otro tiempo bien te quiso?

¿Qué razón hay de que dolor te cueste?
Pues no te engañó amor, Alcino mío,
sino que llegó el término preciso.

RESUELVE LA CUESTIÓN DE CUÁL SEA PESAR
MÁS MOLESTO EN ENCONTRADAS
CORRESPONDENCIAS: AMAR O ABORRECER

Que no me quiera Fabio, al verse amado,
es dolor sin igual en mi sentido;
mas que me quiera Silvio, aborrecido,
es menor mal, mas no menor enfado.

¿Qué sufrimiento no estará cansado,
si siempre le resuenan al oído,
tras la vana arrogancia de un querido,
el cansado gemir de un desdeñado?

Si de Silvio me cansa el rendimiento,
a Fabio canso con estar rendida:
si de este busco el agradecimiento,

a mí me busca el otro agradecida:
por activa y pasiva es mi tormento,
pues padezco en querer y ser querida.

CONTIENE UNA FANTASÍA CONTENTA CON AMOR DECENTE

Detente, sombra de mi bien esquivo,
imagen del hechizo que más quiero,
bella ilusión por quien alegre muero,
dulce ficción por quien penosa vivo.

Si al imán de tus gracias, atractivo,
sirve mi pecho de obediente acero,
¿para qué me enamoras lisonjero,
si has de burlarme luego fugitivo?

Mas blasonar no puedes satisfecho
de que triunfa de mí tu tiranía;
que aunque dejas burlado el lazo estrecho

que tu forma fantástica ceñía,
poco importa burlar brazos y pecho
si te labra prisión mi fantasía.

DE AMOR, PUESTO ANTES EN SUJETO INDIGNO, ES ENMIENDA BLASONAR DEL ARREPENTIMIENTO

Cuando mi error y tu vileza veo,
contemplo, Silvio, de mi amor errado,
cuán grave es la malicia del pecado,
cuán violenta la fuerza de un deseo.

A mi misma memoria apenas creo
que pudiese caber en mi cuidado
la última línea de lo despreciado,
el término final de un mal empleo.

Yo bien quisiera, cuando llego a verte,
viendo mi infame amor, poder negarlo;
mas luego la razón justa me advierte

que solo me remedia en publicarlo;
porque del gran delito de quererte
solo es bastante pena confesarlo.

ARGUYE DE INCONSECUENTES EL GUSTO Y LA CENSURA DE LOS HOMBRES QUE EN LAS MUJERES ACUSAN LO QUE CAUSAN

Hombres necios que acusáis
a la mujer sin razón,
sin ver que sois la ocasión
de lo mismo que culpáis:
si con ansia sin igual
solicitáis su desdén,
¿por qué queréis que obren bien,
si las incitáis al mal?
Combatís su resistencia,
y luego, con gravedad,

decís que fue liviandad
lo que hizo la diligencia.
Parecer quiere el denuedo
de vuestro parecer loco
al niño que pone coco
y luego le tiene miedo.
Queréis, con presunción necia,
hallar a la que buscáis,
para pretendida, Tais,
y en la posesión, Lucrecia.
¿Qué humor puede ser más raro
que el que falto de consejo,
él mismo empaña el espejo,
y siente que no esté claro?
Con el favor y desdén
tenéis condición igual,
quejándoos, si os tratan mal,
burlándoos, si os quieren bien.
Opinión, ninguna gana,
pues la que más se recata,
si no os admite, es ingrata,
y si os admite, es liviana.
Siempre tan necios andáis
que, con desigual nivel,
a una culpáis por cruel
y a otra por fácil culpáis.
¿Pues cómo ha de estar templada
la que vuestro amor pretende,
si la que es ingrata, ofende,
y la que es fácil, enfada?
Mas, entre el enfado y pena
que vuestro gusto refiere,
bien haya la que no os quiere
y quejaos en hora buena.
Dan vuestras amantes penas

a sus libertades alas,
y después de hacerlas malas
las queréis hallar muy buenas.
¿Cuál mayor culpa ha tenido
en una pasión errada:
la que cae de rogada,
o el que ruega de caído?
¿O cuál es más de culpar,
aunque cualquiera mal haga,
la que peca por la paga,
o el que paga por pecar?
Pues ¿para qué os espantáis
de la culpa que tenéis?
Queredlas cual las hacéis,
o hacedlas cual las buscáis.
Dejad de solicitar,
y después, con más razón,
acusaréis la afición
de la que os fuere a rogar.
Bien con muchas armas fundo
que lidia vuestra arrogancia,
pues en promesa e instancia
juntáis diablo, carne y mundo.

PRIMER SUEÑO QUE INTITULÓ Y COMPUSO LA MADRE JUANA INÉS DE LA CRUZ

Piramidal, funesta de la tierra
nacida sombra, al cielo encaminaba
de vanos obeliscos punta altiva,
escalar pretendiendo las estrellas;
si bien sus luces bellas
—exentas siempre, siempre rutilantes—
la tenebrosa guerra

que con negros vapores le intimaba
la pavorosa sombra fugitiva
burlaba tan distantes,
que su atezado ceño
al superior convexo aún no llegaba
del orbe de la diosa
que tres veces hermosa
con tres hermosos rostros ser ostenta,
quedando solo dueño
del aire que empapaba
con el aliento denso que exhalaba;
y en la quietud contenta
de imperio silencioso,
sumisas solo voces consentía
de las nocturnas aves,
tan oscuras, tan graves,
que aun el silencio no se interrumpía.
Con tardo vuelo y canto, del oído
mal, y aún peor el ánimo admitido,
la avergonzada Nictimene acecha
de las sagradas puertas los resquicios,
o de las claraboyas eminentes
los huecos más propicios
que capaz a su intento le abren brecha,
y sacrílega llega a los lucientes
faroles sacros de perenne llama
que extingue, si no infama,
en licor claro la materia crasa
consumiendo, que el árbol de Minerva
de su fruto, de prensas agravado,
congojoso sudó y rindió forzado.
Y aquellas que su casa
campo vieron volver, sus telas hierba,
a la deidad de Baco inobedientes,
—ya no historias contando diferentes,

en forma si afrentosa transformadas—,
segunda forman niebla,
ser vistas aun temiendo en la tiniebla,
aves sin pluma aladas;
aquellas tres oficiosas, digo,
atrevidas hermanas,
que el tremendo castigo
de desnudas les dio pardas membranas
alas tan mal dispuestas
que escarnio son aun de las más funestas:
estas, con el parlero
ministro de Plutón un tiempo, ahora
supersticioso indicio al agorero,
solos la no canora
componían capilla pavorosa,
máximas, negras, longas entonando
y pausas más que voces esperando
a la torpe mensura perezosa
de mayor proporción tal vez, que el viento
con flemático echaba movimiento,
de tan tardo compás, tan detenido,
que en medio se quedó tal vez dormido.
[...]

JUAN DEL VALLE CAVIEDES
PERÚ (1652-¿1695?)

ENDECHAS

Atiende, ingrata Dafne,
mis quejas, si escucharlas
te merecen mis penas,
siquiera por ser tú quien me las causas.
Bien sé que son al viento
decirlas a una ingrata;

pero yo las publico
para que sepas solo a quien agravias.
Escucha mis suspiros,
que no porque mis ansias
con sentimiento explique
te han de obligar mis voces a pagarlas.
Pues no tan fácilmente
se mueve una tirana,
y así puedes sin riesgo
serme benigna y entenderme, ingrata.
Si bien te pareciera,
¿qué mucho que me amaras?
porque el favor, advierte,
se hace más fino cuando más se ama.
Merecer tus cariños
y dármelos es paga,
y el que paga no deja
la voluntad afecta ni obligada.
Finge que amor me tienes
y aunque me engañes, falsa,
haz siquiera de vidrio
una esmeralda para mi esperanza.
No me des desengaños
con claridades tantas,
que el infelice vive
el tiempo que se engaña o que le engañan.
Solo un triunfo consigues
si de una vez me matas:
Dame un vez la vida
para que muchas tengas que quitarla.

ILUSTRACIÓN
Y
ROMANTICISMO

PEDRO PERALTA BARNUEVO
PERÚ (1663-1743)

ROMANCE HEROICO
EN QUE, SIRVIENDO DE LITERALES SÍMBOLOS TODAS
LAS DICCIONES, COMIENZAN CON LA LETRA A, CON QUE
EMPIEZA EL EXCELSO APELLIDO DE SU EXCELENCIA.

Alto Armendaris, afectuoso alabas
austral Alcides al amado Atlante,
armoniosos acentos, animado,
ardiente anhelas, apacible aplaudes.
Antes, arduas acciones azañoso
acababas, armado, ahora admirable,
al austro, agusto adoras abrazado
al alma, ardores aumentando amante.
Aquiles, aterrabas animoso,
antes avasallando, armadas aces;
ahora anuncias auspicios, alegrías,
atractivo anfión, Apolo amable.
Antes acometiendo, aleves armas
al abismo, atrevidas, arrojaste
almas, afectos, alentando aplicas
ahora aplausos armónicos al aire.
Antes, astutos Anglos asustabas,
abatías atroces alemanes;
armada, animabas, afamado,
abrías, acertado, amplios ataques.
Arrojadas azañas aspirando
afrentaste Alejandros, Anibales;
advertido arrogante, aun asombraras
Adrastos, Alcibíades, Ayaxes.
Al águila, aunque activa, aunque ambiciosa
avergonzada, atónita, ahuyentaste,
al adversario allá aun atravesado
apretaste, amenaza agonizante.

Acá auxilias a Astrea, acá a afligidos,
amparas, apiadado, ablas afable:
agudo, atento, atropellando agravios,
austero asombras, amoroso atraes.

Aterrorizas ánimos avaros
aunque ajenas arpías amenazan,
armada aprestas, aunque adversos ados
afectuosos alientos ahora atrasen

Al año aclamas al augusto amado
al alto Adonis, as alzado altares
áureos adornos, apiñados astros,
añades a Acroamas, agradables.

Afecta acción al arte acomodados,
airosas arias, ajustados aires,
absortas atenciones atraído,
admiraron activos arrogantes.

Al árbol apolíneo autorizando
a Aganipe acreditas, ahora alabe,
ahora anime academias, ahora aplausos,
anegue amena al ánimo anhelado.

Aglaya, Amor, acompañados ambos
arrojen azucenas, azahares;
arpones, agotando arcos, aljabas,
agradados afectos ahora abrasen.

Al Ártico, Antártico asistiendo
acabas, afamado, arduos afanes,
alígeros acentos avivando,
archivos amplifica, alumbra anales.

Alabanzas admite aprisionadas,
así al asunto aspiren admirable,
admite atrevimiento acorbadado,
ardiente afecto, adoración amante.

Ama, anhela, adora.

MARÍA F. JOSEFA DEL CASTILLO
Madre Castillo
COLOMBIA (1671-1742)

AFECTO 45

Deliquios del Divino Amor
en el corazón de la criatura
y en las agonías del Huerto.

I

El habla delicada
del Amante que estimo,
miel y leche destila
entre rosas y lirios.

Su meliflua palabra
corta como rocío,
y con ella florece
el corazón marchito.

Tan suave se introduce
su delicado silbo,
que duda el corazón
si es el corazón mismo.

Tan eficaz persuade,
que, cual fuego encendido,
derrite como cera
los montes y los riscos.

Tan fuerte y tan sonoro
es su aliento divino,
que resucita muertos
y despierta dormidos.

Tan dulce y tan suave
se percibe al oído
que alegra de los huesos
aun lo más escondido.

II

Al monte de la mirra
he de hacer mi camino,
con tan ligeros pasos
que iguale al cervatillo.

Mas ¡ay Dios!, que mi Amado
al huerto ha descendido,
y como árbol de mirra
suda el licor más primo.

De bálsamo es mi Amado,
apretado racimo
de las viñas de Engadi:
el amor le ha cogido.

De su cabeza el pelo,
aunque ella es oro fino,
difusamente baja
de penas a un abismo.

El rigor de la noche
le da color sombrío
y gotas de su hielo
le llenan de rocío.

¿Quién pudo hacer, ¡ay Cielo!
temer a mi querido?,
que huye el aliento y quede
en un mortal deliquio.

Rotas las azucenas
de sus labios divinos
mirra amarga destilan
en su color marchitos.

Huye, áquilo; ven, austro,
sopla en el huerto mío;
las eras de las flores
den su olor escogido.

Sopla más favorable
amado vientecillo;
den su olor las aromas,
las rosas y los lirios.

Mas ¡ay!, que si sus luces
de fuego y llamas hizo
hará dejar su aliento
el corazón herido.

DIEGO DE TORRES VILLARROEL
(1694-1770)

EL PRESENTE SIGLO

Vale más de este siglo media hora,
que dos mil del pasado y venidero,
pues el letrado, relator, barbero,
¿cuándo trajeron coche sino ahora?

¿cuándo fue la ramera tan señora?
¿cuándo vistió galones el cochero?
¿cuándo bordados de oro el zapatero?;
hasta los hierros este siglo dora;

¿cuándo tuvo la corte más lozanos
coches, carrozas, trajes tan costosos,
más músicos franceses e italianos?

Todo es riqueza y gustos poderosos,
pues no tienen razón los cortesanos,
porque ahora se quejan de viciosos.

JUAN BAUTISTA DE AGUIRRE
ECUADOR (1725-1786)

A UNA ROSA

En catre de esmeraldas nace altiva
la bella rosa, vanidad de Flora,
y cuanto en perlas le bebió a la aurora
cobra en rubís del sol la luz activa.

De nacarado incendio es llama viva
que al prado ilustra en fe de que la adora;
la luz la enciende, el sol sus hojas dora
con bello nácar de que al fin la priva.

Rosas, escarmentad: no presurosas
anheléis a este ardor, que si autoriza,
aniquila también el sol, ¡oh rosas!

Naced y vivid lentas; no en la prisa
os consumáis, floridas mariposas,
que es anhelar arder, buscar ceniza.

De púrpura vestida ha madrugado
con presunción de sol la rosa bella,

siendo solo una luz, purpúrea huella
del matutino pie de astro nevado.

Más y más se enrojece con cuidado
de brillar más que la encendió su estrella,
y esto la eclipsa, sin ser ya centella
que golfo de la luz inundó al prado.

¿No te bastaba, oh rosa, tu hermosura?
Pague eclipsada, pues, tu gentileza
el mendigarle al sol la llama pura;

y escarmienta la humana en tu belleza,
que si el nativo resplandor se apura,
la que luz deslumbró para en pavesa.

PABLO DE OLAVIDE
PERÚ (1725-1803)

LA ESPERANZA

¡Oh día grande de la luz eterna!
¡Día sin fin!, la noche en ti no alterna,
quizá va a despuntar tu primer rayo,
yo te espero sin ansia ni desmayo;
se acabarán mis males pasajeros,
y empezarán los bienes verdaderos.

Yo aspiro a un trono de inmortal grandeza,
trono que nunca acaba cuando empieza,
y debo con mis méritos ganarlo;
yo he sido delincuente, debo expiarlo.
Yo me dirijo a celestial destino,
fuerza es sufrir las penas del camino.

¿Qué importa que esta vida deleznable
se pase en la amargura,
si de vida mejor y perdurable
puedo ganar con ella la dulzura?
El mal dura muy poco, y con la muerte
en corona de gloria se convierte.

NICOLÁS FERNÁNDEZ DE MORATÍN
(1737-1780)

FIESTA DE TOROS EN MADRID

Madrid, castillo famoso
que al rey moro alivia el miedo,
arde en fiestas en su coso,
por ser el natal dichoso
de Alimenón de Toledo.
    Su bravo alcaide Aliatar,
de la hermosa Zaida amante,
las ordena celebrar,
por si la puede ablandar
el corazón de diamante.
    Pasó, vencida a sus ruegos,
desde Aravaca a Madrid.
Hubo pandorgas y fuegos,
con otros nocturnos juegos
que dispuso el adalid.
    Y en adargas y colores,
en las cifras y libreas,
mostraron los amadores,
y en pendones y preseas,
la dicha de sus amores.
    Vinieron las moras bellas
de toda la cercanía,

y de lejos muchas de ellas,
las más apuestas doncellas
que España entonces tenía.
　Aja de Getafe vino
y Zahara la de Alcorcón,
en cuyo obsequio muy fino
corrió de un vuelo el camino
el moraicel de Alcabón;
　Jarifa de Almonacid,
que de la Alcarria en que habita
llevó a asombrar a Madrid,
su amante Audalla, adalid
del castillo de Zorita.
　De Adamuz y la famosa
Meco, llegaron allí
dos, cada cual más hermosa,
y Fátima la preciosa
hija de Alí el Alcadí.
　El ancho circo se llena
de multitud clamorosa,
que atiende a ver en su arena
la sangrienta lid dudosa,
y todo entorno resuena.
　La bella Zaida ocupó
sus dorados miradores
que el arte afiligranó,
y con espejos y flores
y damascos adornó.
　Añafiles y atabales,
con militar armonía,
hicieron salva y señales
de mostrar su valentía
los moros más principales.
　No en las vegas de Jarama
pacieron la verde grama

nunca animales tan fieros,
junto al puente que se llama,
por sus peces, de Viveros,
    como los que el vulgo vio
ser lidiados aquel día,
y en la fiesta que gozó,
la popular alegría
muchas heridas costó.
    Salió un toro del toril
y a Tarfe tiró por tierra,
y luego a Benalguacil,
después con Mamete cierra,
el temerón de Conil.
    Traía un ancho listón
con uno y otro matiz
hecho un lazo por airón,
sobre la inhiesta cerviz
clavado con un arpón.
    Todo galán pretendía
ofrecerse vencedor
a la dama que servía;
por eso perdió Almanzor
el potro que más quería.
    El alcaide muy zambrero
de Guadalajara huyó
mal herido al golpe fiero,
y desde un caballo overo
el moro de Horche cayó.
    Todos miran a Aliatar
que aunque tres toros ha muerto,
no se quiere aventurar,
porque en lance tan incierto
el caudillo no ha de entrar.
    Mas viendo se culparía,
va a ponérsele delante;

la fiera le acometía
y sin que el rejón lá plante
le mató una yegua pía.

Otra monta acelerado;
le embiste el toro de un vuelo,
cogiéndole entablerado;
rodó el bonete encarnado
con las plumas por el suelo.

Dio vuelta hiriendo y matando
a los de a pie que encontrara,
el circo desocupando,
y emplazándose, se para,
con la vista amenazando.

Nadie se atreve a salir
la plebe grita indignada;
las damas se quieren ir,
porque la fiesta empezada
no puede ya proseguir.

Ninguno al riesgo se entrega
y está en medio el toro fijo,
cuando un portero que llega
de la Puerta de la Vega
hincó la rodilla y dijo:

«Sobre un caballo alazano,
cubierto de galas y oro,
demanda licencia urbano
para alancear a un toro
un caballero cristiano».

Mucho le pesa a Aliatar;
pero Zaida dio respuesta
diciendo que puede entrar,
porque en tan solemne fiesta
nada se debe negar.

Suspenso el concurso entero
entre dudas se embaraza,

cuando en un potro ligero
vieron entrar por la plaza
un bizarro caballero,
sonrosado, albo color,
belfo labio, juveniles
alientos, inquieto ardor,
en el florido verdor
de sus lozanos abriles.
Cuelga la rubia guedeja
por donde el almete sube,
cual mirarse tal vez deja
del sol la ardiente madeja
entre cenicienta nube.
Gorguera de anchos follajes,
de una cristiana primores,
por los visos y celajes
en el yelmo los plumajes,
vergel de diversas flores.
En la cuja gruesa lanza
con recamado pendón,
y una cifra a ver se alcanza
que es de desesperación,
o a lo menos de venganza.
En el arzón de la silla
ancho escudo reverbera
con blasones de Castilla,
y el mote dice a la orilla:
Nunca mi espada venciera.
Era el caballo galán,
el bruto más generoso,
de más gallardo ademán:
cabos negros, y brioso,
muy tostado, y alazán;
larga cola recogida
en las piernas descarnadas,

cabeza pequeña, erguida,
las narices dilatadas,
vista feroz y encendida.
    Nunca en el ancho rodeo
que da Betis con tal fruto
pudo fingir el deseo
más bella estampa de bruto,
ni más hermoso paseo.
    Dio la vuelta alrededor;
los ojos que le veían
lleva prendados de amor.
«Alá te salve», decían,
«dete el Profeta favor».
    Causaba lástima y grima
su tierna edad floreciente;
todos quieren que se exima
del riesgo, y él solamente
ni recela, ni se estima.
    Las doncellas, al pasar,
hacen de ámbar y alcanfor
pebeteros exhalar,
vertiendo pomos de olor,
de jazmines y azahar.
    Mas cuando en medio se para,
y de más cerca le mira
la cristiana esclava Aldara,
con su señora se encara
y así la dice, y suspira:
    «Señora, sueños no son;
así los cielos, vencidos
de mi ruego y aflicción,
acerquen a mis oídos
las campanas de León,
    »como ese doncel que ufano
tanto asombro viene a dar

a todo el pueblo africano,
es Rodrigo de Vivar,
el soberbio castellano».

Sin descubrirle quién es,
la Zaida desde una almena
le habló una noche cortés,
por donde se abrió después
el cubo de la Almudena.

Y supo que fugitivo
de la corte de Fernando,
el cristiano, apenas vivo,
está a Jimena adorando
y en su memoria cautivo.

Tal vez a Madrid se acerca
con frecuentes correrías
y todo en torno la cerca;
observa sus saetías,
arroyadas y ancha alberca.

Por eso le ha conocido,
que en medio de aclamaciones,
el caballo ha detenido
delante de sus balcones,
y la saluda rendido.

La mora se puso en pie
y sus doncellas detrás;
el alcaide que lo ve,
enfurecido además,
muestra cuán celoso esté.

Suena un rumor placentero
entre el vulgo de Madrid:
«No habrá mejor caballero»
dicen, «en el mundo entero»,
y algunos le llaman Cid.
[...]

JOSÉ CADALSO
(1741-1782)

SOBRE EL PODER DEL TIEMPO

Todo lo muda el tiempo, Filis mía,
todo cede al rigor de sus guadañas;
ya transforma los valles en montañas,
ya pone un campo donde un mar había.

Él muda en noche opaca el claro día,
en fábulas pueriles las hazañas,
alcázares soberbios en cabañas
y el juvenil ardor en vejez fría.

Doma el tiempo al caballo desbocado,
detiene al mar y viento enfurecido,
postra al león y rinde al bravo toro.

Sola una cosa al tiempo denodado
ni cederá, ni cede, ni ha cedido,
y es el constante amor con que te adoro.

GASPAR MELCHOR DE JOVELLANOS
(1744-1811)

EPÍSTOLA DE FABIO A ANFRISO

DESCRIPCIÓN DEL PAULAR

Desde el oculto y venerable asilo,
do la virtud austera y penitente
vive ignorada y, del liviano mundo
huida, en santa soledad se esconde,
el triste Fabio al venturoso Anfriso

salud en versos flébiles envia.
Salud le envía a Anfriso, al que inspirado
de las mantuanas musas, tal vez suele,
al grave son de su celeste canto
precipitar del viejo Manzanares
el curso perezoso, tal, süave
suele ablandar con amorosa lira
la altiva condición de sus zagalas.
¡Pluguiera a Dios, oh Anfriso, que el cuitado
a quien no dio la suerte tal ventura
pudiese huir del mundo y sus peligros!
¡Pluguiera a Dios, pues ya con su barquilla
logró arribar a puerto tan seguro,
que esconderla supiera en este abrigo,
a tanta luz y ejemplos enseñado!
Huyera asi la furia tempestuosa
de los contrarios vientos, los escollos
y las fieras borrascas, tantas veces
entre sustos y lágrimas corridas.
Así también del mundanal tumulto
lejos, y en estos montes guarecido,
alguna vez gozara del reposo
que hoy desterrado de su pecho vive.
    Mas, ¡ay de aquel que hasta en el santo asilo
de la virtud arrastra la cadena,
la pesada cadena con que el mundo
oprime a sus esclavos! ¡Ay del triste
en cuyo oído suena con espanto,
por esta oculta soledad rompiendo,
de su señor el imperioso grito!
    Busco en estas moradas silenciosas
el reposo y la paz que aquí se esconden,
y solo encuentro la inquietud funesta
que mis sentidos y razón conturba.
Busco paz y reposo, pero en vano

lo busco, ¡oh caro Anfriso!, que estos dones,
herencia santa que al partir del mundo
dejó Bruno en sus hijos vinculada,
nunca en profano corazón entraron,
ni a los parciales del placer se dieron.
[...]

FÉLIX MARÍA DE SAMANIEGO
(1745-1801)

LA ZORRA Y LAS UVAS

Es voz común que a más del mediodía,
en ayunas la Zorra iba cazando:
halla una parra; quédase mirando
de la alta vid el fruto que pendía.
Cansábala mil ansias y congojas
no alcanzar a las uvas con la garra,
al mostrar a sus dientes la alta parra
negros racimos entre verdes hojas.
Miró saltó y anduvo en probaduras;
pero vio el imposible ya de fijo.
Entonces fue cuando la Zorra dijo:
«No las quiero comer. *No están maduras*».

No por eso te muestres impaciente,
si se te frustra, Fabio, algún intento:
aplica bien el cuento,
y di: No están maduras, *frescamente.*

TOMÁS DE IRIARTE
(1750-1791)

EL BURRO FLAUTISTA

Esta fabulilla,
salga bien o mal,
me ha ocurrido ahora
por casualidad.

Cerca de unos prados
que hay en mi lugar,
pasaba un borrico
por casualidad.

Una flauta en ellos
halló, que un zagal
se dejó olvidada
por casualidad.

Acercose a olerla
el dicho animal,
y dio un resoplido
por casualidad.

En la flauta el aire
se hubo de colar,
y sonó la flauta
por casualidad.

«¡Oh!», —dijo el borrico—:
«¡qué bien sé tocar!
¡y dirán que es mala
la música asnal!»

Sin regla del arte,
borriquitos hay
que una vez aciertan
por casualidad.

JUAN MELÉNDEZ VALDÉS
(1754-1817)

ODA ANACREÓNTICA VI

A DORILA

¡Cómo se van las horas,
y tras ellas los días,
y los floridos años
de nuestra frágil vida!
La vejez luego viene,
del amor enemiga,
y entre fúnebres sombras
la muerte se avecina,
que escuálida y temblando,
fea, informe, amarilla,
nos aterra, y apaga
nuestros fuegos y dichas.
El cuerpo se entorpece,
los ayes nos fatigan,
nos huyen los placeres
y deja la alegría.
Si esto, pues, nos aguarda,
¿para qué, mi Dorila,
son los floridos años
de nuestra frágil vida?
Para juegos y bailes
y cantares y risas
nos los dieron los cielos,
las Gracias los destinan.
Ven ¡ay! ¿qué te detiene?
Ven, ven, paloma mía,
debajo de estas parras
do lene el viento aspira;

y entre brindis süaves
y mimosas delicias
de la niñez gocemos,
pues vuela tan aprisa.

MANUEL JOSÉ LAVARDÉN
ARGENTINA (1754-1809)

SIRIPO

ESCENA XIII
MIRANDA-LUCÍA

MIRANDA: Basta, hija. Tú deliras, ¿quien te ha visto
descomponerte así?

LUCÍA: ¡Cielo sagrado!
¿Qué es lo que me sucede? ¡Ay infelice!
¿Hurtado en tan funesto desamparo
me abandona? ¿Podrán otros respetos
ser antes que mi amor? ¿Podré yo acaso
posponerle a mi vida? ¿Pues mi esposo
no está ligado con iguales pacto.
¿Para esto le seguí? ¿Y así me paga?...
Lo entiendo a mi pesar. Él se ha vengado.
Y ¿dónde iré yo sola, mujer débil?
¿Qué gruta será fúnebre reparo
a mi triste orfandad? ¿Los fieros tigres
socorro me darán? Sí, serán mansos
cuando un amante, un padre y un esposo
su fiereza les roban despiadados.
¿Pero de quién me quejo? ¿Su venganza
no he provocado yo? ¿No es justo pago
aqueste de mi crimen? ¿Yo no he sido
quien con ojos risueños ha mirado,

        infiel, a un nuevo amante que tejía
        con alevosas y sangrientas manos
        la guirnalda nupcial, que coronase
        mi crimen y mi boda? Es necesario
        que la muerte le lave. Morir debo.
        Yo de mí misma juez pronuncio el fallo.
        El honor lo aconseja, amor lo manda.
MIRANDA . ¿Tantas penas no bastan? ¿Mis quebrantos
        quieres aumentar, hija? No apresures
        los males que vendrán mal nuestro grado

ODA AL MAJESTUOSO PARANÁ

Augusto Paraná, sagrado río,
primogénito ilustre del Océano,
que en el carro de nácar refulgente
tirado de caimanes, recamados
de verde y oro, vas de clima en clima
de región en región, vertiendo franco
suave frescor y pródiga abundancia,
tan grato al portugués como al hispano,
si el aspecto sañudo de Mavorte,
si de *Albión* los insultos temerarios
asombrando tu cándido carácter
retroceder te hicieron asustado
a la gruta distante que decoran
perlas nevadas, ígneos topacios,
y en que tienes volcada la *urna de oro*
de *ondas de plata* siempre rebosando:
si las sencillas ninfas argentinas
contigo tenerosas profugaron
y el peine de carey allí escondieron
con que pulsan y sacan sones blandos

en liras de cristal, de cuerdas de oro,
que os envidian las Deas del Parnaso:
desciende ya, dejando la corona
de juncos retorcidos, y dejando
la banda de silvestre *camalote,*
pues que ya el ardimiento provocado
del heroico español, cambiando el oro
por el *bronce marcial* te allana el paso,
y para arduo, intrépido combate
Carlos presta el valor, *Jove* los rayos.
Cerquen tu augusta frente alegres lirios
y coronen la popa de tu carro;
las ninfas te acompañen adornadas
de guirnaldas, de aromas y amaranto;
y altos himnos entonen, con que avisen
tu tránsito a los dioses tributarios.
El *Paraguay*, el *Uruguay* lo sepan,
y se apresuren próvidos y urbanos
a salirte al camino, y a porfía
te paren en distancia los caballos
que del *mar patagónico* trajeron;
los que ya zambullendo, ya nadando,
ostentan su vigor, que, mientras llegan,
lindos céfiros tengan enfrenado.
Baja con majestad, reconociendo
de tus playas los bosques y los antros,
extiéndete anchuroso, y tus vertientes,
dando socorros a *sedientos campos,*
den idea cabal de tu grandeza. [...]

LEANDRO FERNÁNDEZ DE MORATÍN
(1760-1828)

ELEGÍA A LAS MUSAS

Esta corona, adorno de mi frente,
esta sonante lira y flautas de oro
y máscaras alegres, que algún día
me disteis, sacras Musas, de mis manos
trémulas recibid, el canto acabe,
que filera osado intento repetirle.
He visto ya cómo la edad ligera,
apresurando a no volver las horas,
robó con ellas su vigor al numen.
Sé que negáis vuestro favor divino
a la cansada senectud, y en vano
filera implorarle; pero en tanto, bellas
ninfas, del verde Pindo habitadoras,
no me neguéis que os agradezca humilde
los bienes que os debí. Si pude un día,
no indigno sucesor de nombre ilustre,
dilatarle famoso, a vos file dado
llevar al fin mi atrevimiento. Solo
pudo bastar vuestro amoroso anhelo
a prestarme constancia en los afanes
que turbaron mi paz, cuando insolente,
vano saber, enconos y venganzas
codicia y ambición la patria mía
abandonaron a civil discordia.
Yo vi del polvo levantarse audaces
a dominar y perecer tiranos,
atropellarse efimeras las leyes
y llamarse virtudes los delitos.
Vi las fraternas armas nuestros muros
bañar en sangre nuestra, combatirse

vencido y vencedor, hijos de España,
y el trono desplomándose al vendido
ímpetu popular. De las arenas
que el mar sacude en la fenicia Gades
a las que el Tajo lusitano envuelve
en oro y conchas, uno y otro imperio,
iras, desorden esparciendo y luto,
comunicarse el fimeral estrago.
Así cuando en Sicilia el Etna ronco
revienta incendios, su bifronte cima
cubre el Vesubio en humo denso y llamas,
turba el Averno sus calladas ondas;
y allá del Tibre en la ribera etrusca
se estremece la cúpula soberbia,
que da sepulcro al sucesor de Cristo.

    ¿Quién pudo en tanto horror mover el plectro?
¿Quién dar al verso acordes armonías,
oyendo resonar grito de muerte?
Tronó la tempestad; bramó iracundo
el huracán, y arrebató a los campos
sus frutos, su matiz; la rica pompa
destrozó de los árboles sombríos;
todas huyeron tímidas las aves
del blando nido, en el espanto mudas:
no más trinos de amor. Así agitaron
los tardos años mi existencia, y pudo
solo en región extraña el oprimido
ánimo hallar dulce descanso y vida.

    Breve será, que ya la tumba aguarda
y sus mármoles abre a recibirme;
ya los voy a ocupar... Si no es eterno
el rigor de los hados, y reservan
a mi patria infeliz mayor ventura,
dénsela presto, y mi postrer suspiro
será por ella... Prevenid en tanto

flébiles tonos, enlazad coronas
de ciprés fimeral, Musas celestes;
y donde a las del mar sus aguas mezcla
el Garona opulento, en silencioso
bosque de lauros y menudos mirtos,
ocultad entre flores mis cenizas.

MANUEL DE ZEQUEIRA ARANGO
CUBA (1764-1846)

A LA PIÑA

Del seno fértil de la Madre Vesta
en actitud erguida se levanta
la airosa *piña* de esplendor vestida,
llena de ricas galas.

Desde que nace, liberal *Pomona*
con la muy verde túnica la ampara,
hasta que *Ceres* borda su vestido
con estrellas doradas.

Aun antes de existir, su augusta madre
el vegetal imperio le prepara,
y por regio blasón la gran diadema
la ciñe de esmeraldas.

Como suele gentil alguna ninfa
que allá entre sus domésticas resalta;
el pomposo penacho que la cubre
brilla entre frutas varias.

Es su presencia honor de los jardines,
y obelisco rural que se levanta
en el florido templo de *Amaltea,*
para ilustrar sus aras.

Los olorosos jugos de las flores,
las esencias, los bálsamos de Arabia,
y todos los aromas, la Natura
congela en sus entrañas.

A nuestros campos desde el sacro olimpo,
el copero de *Júpiter* se lanza;
y con la fruta vuelve que los dioses
para el festín aguardan.

En la empírea mansión fue recibida
con júbilo común y, al despojarla
de su real vestidura, el firmamento
perfumó con el ámbar.

En la sagrada copa la ambrosía
su mérito perdió, y con la fragancia
del dulce zumo del sorbete indiano
los Númenes se inflaman.

Después que lo libró el divino *Orfeo,*
al compás de la lira bien templada,
hinchendo con su música el *empireo*
cantó sus alabanzas.

La madre Venus, cuando el labio rojo
su néctar aplicó, quedó embriagada
de lúbrico placer, y en voz festiva
a *Ganimedes* llama.

«La piña, dijo, la fragante piña,
en mis *pensiles* sea cultivada
por mano de mis ninfas, sí, que con
su bálsamo en *Idalia*.»

¡Salve, suelo feliz donde prodiga
Madre Naturaleza en abundancia
la odorífera planta fumigable!
¡Salve feliz Habana!

La bella flor en tu región ardiente
recogiendo odoríferas sustancias,
templa de Cáncer la calor estiva
con las frescas *Ananas*.

Coronada de flor la primavera,
el rico otoño, y las benignas auras
en mil trinados y festivos coros
su mérito proclaman.

Todos los dones, las delicias todas
que la Natura en sus talleres labra,
en el meloso néctar de la piña
se ven recopiladas.

¡Salve divino fruto!, y con el óleo
de su esencia mis labios embalsama:
haz que mi musa de tu elogio digna
publique tu fragancia.

Así el clemente, el poderoso *Jove*
jamás permita que de nube parda
veloz centella que tronando vibra,
sobre tu copa caiga.

Así en tu rededor jamás *Belona*
tiña los campos con la sangre humana,
ni algún tirano asolador derribe
tu trono con su espada.

Así el céfiro blando en tu contorno
jamás se canse de batir sus alas,
de ti apartando el corruptor insecto
y el *aquilón* que brama.

Y así la aurora con divino aliento
brotando perlas que en su seno cuaja,
conserve tu esplendor, para que seas
la pompa de mi Patria.

MANUEL JUSTO DE RUBALCAVA
CUBA (1769-1805)

LAS FRUTAS DE CUBA

Más suave que la pera
en Cuba es la gratísima *guayaba*,
al gusto lisonjera,
y la que en dulce todo el mundo alaba,
cuya planta exquisita
divierte el hambre y aun la sed limita.

El *marañon* fragante,
más grato que la guinda si madura
el calor rozagante,
¡oh!, Adonis en lo pálido figura;
árbol, ¡oh maravilla!,
que echa el fruto después de la semilla.

La *guanábana* enorme
que agobia el tronco con el dulce peso,
cuya fruta disforme
a los rústicos sirve de embeleso,
un corazón figura
y al hombre da vigor con su frescura.

Misterioso el *caimito*,
con los rayos de Cintio reluciente
en todo su circuito
morado y verde, el fruto hace patente,
cuyo tronco lozano
ofrece en cada hoja un busto a Jano.

La *papaya* sabrosa,
al melón en su forma parecida,
pero más generosa
para volver la vacilante vida
al ético achacoso,
árbol al apetito provechoso.

El célebre *aguacate*
que aborrece al principio el europeo,
y aunque jamás lo cate,
con el verdor seduce su deseo
y halla un fruto exquisito,
si lo mezcla con sal, el apetito.

La *jagua* sustanciosa,
con el queso cuajado de la leche,
es aún más deliciosa
que la amarga aceituna en escabeche;
no se prefiere el óleo que difunde,
porque acá la manteca lo confunde.

El *mamey,* celebrado
por ser ambo en la especie: uno amarillo
y el otro colorado,
en el sabor mejor es que el membrillo,
y en los rigores de la estiva seca
la blanda fruta del *mamón* manteca.

El mamoncillo tierno,
a las mujeres y a los niños grato,
y, pasado el invierno,
topo de los frutales el *moniato*,
y el sabroso ciruelo que sin hoja,
amarillo o morado, el feto arroja.

Amable más que el guindo
y que el árbol precioso de la uva
es acá el tamarindo:
licores admirables saca Cuba
de su fruto precioso, que fermenta,
almácigo mejor que Horacio mienta.

El Argos de las frutas
es el *anón*, que a Juno ha consagrado;
fruto tan delicado,
que reina en todas las especies brutas
de ojos lleno su cuerpo granuloso,
al néctar comparable en lo sabroso.

La piña que produce
no Atis en fruta que prodiga el pino,
que la apetencia induce,
sino la *piña* con sabor divino,
planta que con dulcisimo decoro
adorna el fruto con escamas de oro.

El *níspero* apiñado
por la copia del fruto y de la hoja,
es más supremo grado
que las que el marzo con crueldad despoja,
árbol que, madurando, pende y cría
dulcísimos racimos de ambrosía.

El coco, cuyo tronco
ruidoso con su verde cabellera,
aunque encorvado y bronco,
hace al hombre la vida placentera,
y es su fruto exquisito
mejor plato a la sed y al apetito.

El plátano frondoso...
Pero, ¡oh Musa!, ¿qué fruto ha dado el orbe
como aquel prodigioso
que todo el gremio vegetal absorbe,
al maná milagroso parecido,
verde o seco, del hombre apetecido?

No te canses ¡oh numen!,
en alumbrar especies pomonanas.
pues no tienen resumen
las del cuerpo floral de las indianas,
pues a favor producen de Cibeles,
pan, las raíces, y las cañas, mieles.

MANUEL JOSÉ QUINTANA
(1772-1857)

A DAFNE, EN SUS DÍAS

A aquella airosa andaluza
que en las riberas de Cádiz
es, por lo negra y lo hermosa,

la esposa de los cantares;
a la que en el mar nacida
la embebió el mar de sus sales,
cada ademán una gracia,
cada palabra un donaire;
ve volando, pensamiento,
y al besar los pies de Dafile,
dila que vas en mi nombre
a tributarle homenajes.
Hoy son sus alegres días;
mira cuál todo la aplaude;
menos fuego el sol despide,
más fresco respira el aire.
Los jazmines en guirnaldas
sobre su frente se esparcen,
los claveles en su pecho
dan esencias más suaves.
Y ya que yo, sumergido
en el horror de esta cárcel,
ni aun en pensamiento puedo
alzar la vista a su imagen,
rompe tú aquestas prisiones
y vuela allá a recrearte
en el raudal halagüeño
de su sabroso lenguaje.
Verás andar los amores
como traviesos enjambres
ya trepando por sus brazos,
ya escondiéndose en su talle,
ya subiendo a su garganta
para de allí despeñarse
a los orbes deliciosos
de su seno palpitante.
Mas cuando tanto atractivo
a tu placer contemplares,

guárdate bien, no te ciegues
y sin remedio te abrases.
Acuérdate que en el mundo
los bienes van con los males,
las rosas tienen espinas
y las auroras celajes.
Vistiola, al nacer, el cielo
de aquella gracia inefable
que embelesa los sentidos
y avasalla libertades.
Los ojos que destinados
al Dios de amor fueron antes,
para que en vez de saetas
los corazones flechase,
a esa homicida se dieron
negros, bellos, centellantes,
a convertir en cenizas
cuanto con ellos alcance.
Y cuentan que Amor entonces
dijo picado a su madre:
«Pues esos ojos me ciegan,
yo quiero ciego quedarme.
Venza ella al sol con sus rayos:
pero también se adelante
en su mudanza a los vientos,
en su inconstancia a los mares».
Y fue así. Las ondas leves
que van de margen en margen,
los céfiros que volando
de flor en flor se distraen,
no más inciertos se miran
en sus dulces juegos, Dafne,
que tú engañosa envenenas
con tus halagos fugaces.
Dime, ¿aún se pinta el agrado

en tu risueño semblante,
y respiran tus miradas
aquella piedad suave
para con ceño y capricho
desvanecerla al instante,
trocar la risa en desvío
y el agasajo en desaires?
Y dime, a los que asesinas
con tan alevosas artes
¿los obligas aún, cruel,
a consumirse y que callen?
Mas no importa: que padezcan
los que en tu lumbre se abrasen;
que allí, con solo mirarlos,
harto felices los haces.
Yo también, a no decirme
la razón que ya era tarde,
y a presumir en mis votos
el bello don de agradarte,
te idolatra, si fueras
la mayor de mis deidades.
¿Pero quién es el que amando
no anhela porque le amen?
De amigo, pues, con el nombre
fue forzoso contentarme;
pero de aquellos amigos
que en celo y fe son amantes...
Basta, pensamiento, vuelve,
vuelve ya de tu mensaje,
y una sonrisa a lo menos
para consolarme trae.

SANTIAGO DE PITA
CUBA (1775-¿ ?)

EL PRÍNCIPE JARDINERO Y FINGIDO CLORIDANO

AURORA: Quedarme sola quiero
por ver, ¡ay triste!, si a la pena mía,
si a este dolor severo,
si a esta dulce agonía,
lisonjea tal vez la fantasía.
Mas, ¿qué lisonja vana
ha de aliviar el mal de que adolezco,
si en mi pena inhumana,
si en el mal que padezco,
la muerte es el alivio que apetezco?
Quisiera con las flores
comunicar mis bienes y mis males
y siento mil temores,
pues son mis penas tales,
que llorarán afectos desiguales.
Que el secreto guardéis
os encomienda, flores, mi decoro;
a nadie lo fiéis:
sabed, sabed que lloro
por Cloridano, a quien rendida adoro.
Veneno disfrazado,
¿con qué engaño en mi pecho te metiste?
¿Cómo, di, tan osado
mi corazón heriste,
y a mi pesar, en él te introdujiste?
[...]

JOSÉ MARÍA BLANCO-WHITE
(1775-1841)

LA REVELACIÓN INTERNA

¿Adónde te hallaré, Ser Infinito?
¿En la más alta esfera? ¿En el profundo
abismo de la mar? ¿Llenas el mundo
o en especial un cielo favorito?

«¿Quieres saber, mortal, en dónde habito?»,
dice una voz interna. «Aunque difundo
mi ser y en vida el universo inundo,
mi sagrario es un pecho sin delito.

»Cesa, mortal, de fatigarte en vano
tras rumores de error y de impostura,
ni pongas tu virtud en rito externo;

no abuses de los dones de mi mano,
no esperes cielo para un alma impura
ni para el pensar libre fuego eterno.»

ALBERTO LISTA
(1775-1848)

A LAS RUINAS DE SAGUNTO

Salve, oh alcázar de Edetania firme,
ejemplo al mundo de constancia ibera,
en tus ruinas grandiosa siempre,
noble Sagunto.

No bastó al hado que triunfante el peno
sobre tus altos muros tremolase
la invicta enseña que tendió en el Tíber
sombra de muerte

cuando el Pirene altivo y las riberas,
Ródano, tuyas, y el abierto Alpe
rugir le vieron, de la marcia gente
rayo temido.

El raudo Trebia, turbio el Trasimeno
digan y Capua su furor; Aufido
aún vuelca tintos de latina sangre
petos y grevas:

digno castigo del negado auxilio
al fuerte ibero; que en tu orilla, oh Turia,
pudo el romano sepultar de Aníbal
nombre y memoria.

Pasan los siglos, y la edad malvada
y el fiero tiempo con hambriento hierro
gasta y la llama de la guerra impía
muros y tronos.

Mas no la gloria muere de Sagunto,
que sus ruinas del fatal olvido
yacen seguras más que tus soberbias,
Rómulo, torres.

Genio ignorado su ceniza eterna
próvido asiste, que infeliz, vencida,
más gloria alcanza que el sangriento triunfo
da a su enemigo.

Resiste entera tu furor, oh peno;
para arruinada tu furor, oh galo;
lucha y sucumbe, de valor constante
digno modelo.

A la fortuna coronar no plugo
su santo esfuerzo, mas la antigua injuria
sangrienta Zama, Berezina helado
venga la nueva.

JOSÉ JOAQUÍN DE OLMEDO
ECUADOR (1780-1847)

LA VICTORIA DE JUNÍN

CANTO A BOLÍVAR

El trueno horrendo que en fragor revienta
y sordo retumbando se dilata
por la inflamada esfera
al Dios anuncia que en el cielo impera.
Y el rayo que en Junín rompe y ahuyenta
la hispana muchedumbre
que, más feroz que nunca, amenazaba,
a sangre y fuego, eterna servidumbre,
y el canto de victoria
que en ecos mil discurre, ensordeciendo
el hondo valle y enriscada cumbre,
proclaman a Bolívar en la tierra
árbitro de la paz y de la guerra.
Las soberbias pirámides que al cielo
el arte humano osado levantaba
para hablar a los siglos y naciones
—templos do esclavas manos

deificaban en pompa a sus tiranos—,
ludibrio son del tiempo, que con su ala
débil, las toca y las derriba al suelo,
después en en fácil juego el jugaz viento
borró sus mentirosas inscripciones
y bajo los escombros confundido
entre la sombra del eterno olvido
—¡oh de ambición y de miseria ejemplo!—
el sacerdote yace, el dios y el templo.
Mas los sublimes montes, cuya frente
a la región etérea se levanta,
que ven las tempestades a su planta
brillar, rugir, romperse, disiparse,
los Andes, las enormes, estupendas
moles sentadas sobre bases de oro,
la tierra con su peso equilibrando,
jamás se moverán. Ellos, burlando
de ajena envidia y del protervo tiempo
la furia y el poder, serán eternos
de libertad y de victoria heraldos,
que con eco profundo,
a la postrema edad dirán del mundo:
«Nosotros vimos de Junín el campo,
vimos que al desplegarse
del Perú y de Colombia las banderas,
se turban las legiones altaneras,
huye el fiero español despavorido,
o pide paz rendido.
Venció Bolívar, el Perú fue libre,
y en triunfal pompa Libertad sagrada
en el templo del Sol fue colocada».
[...]

ANDRÉS BELLO
VENEZUELA (1781-1865)

ALOCUCIÓN A LA POESÍA

AMÉRICA

Divina Poesía
tú de la soledad habitadora
a consultar tus cantos enseñada
con el silencio de la selva umbría,
tú a quien la verde gruta fue morada,
y el eco de los montes compañía;
tiempo es que dejes ya la culta Europa,
que tu nativa rustiquez desama,
y dirijas el vuelo adonde te abre
el mundo de Colón su grande escena.
También propicio allí respeta el cielo
lá siempre verde rama
con que al valor coronas;
también allí la florecida vega,
el bosque enmarañado, el sesgo río,
colores mil a tus pinceles brindan;
y Céfiro revuela entre las rosas;
y fúlgidas estrellas
tachonan la carroza de la noche,
y el rey del cielo entre cortinas bellas
de nacaradas nubes se levanta,
y la avecilla en no aprendidos tonos
con dulce pico endechas de amor canta.
¿Qué a ti, silvestre ninfa, con las pompas
de dorados alcázares reales?
¿A tributar también irás en ellos,
en medio de la turba cortesana,
el torpe incienso de servil lisonja?
No tal te vieron tus más bellos días,

cuando en la infancia de la gente humana,
maestra de los pueblos y los reyes,
cantaste al mundo las primeras leyes.
No te detenga, oh diosa,
esta región de luz y de miseria,
en donde tu ambiciosa
rival Filosofía,
que la virtud a cálculo somete,
de los mortales te ha usurpado el culto;
donde la coronada hidra amenaza
traer de nuevo al pensamiento esclavo
la antigua noche de barbarie y crimen;
donde la libertad vano delirio,
de la servilidad, grandeza el fasto,
la corrupción cultura se apellida.
Descuelga de la encina carcomida
tu dulce lira de oro, con que un tiempo
los prados y las flores, el susurro
de la floresta opaca, el apacible
murmurar del arroyo transparente,
las gracias atractivas
de Natura inocente,
a los hombres cantaste embelesados;
y sobre el vasto Atlántico tendiendo
las vagorosas alas, a otro cielo,
a otro mundo, a otras gentes te encamina,
do viste aún su primitivo traje
la tierra, al hombre sometida apenas;
y las riquezas de los climas todos
América, del Sol joven esposa,
del antiguo Océano hija postrera,
en su seno feraz cría y esmera.
[...]

FRANCISCO MARTÍNEZ DE LA ROSA
(1787-1862)

LA TORMENTA

¿Hubo un día jamás, un solo día,
cuando el amor mil dichas me brindaba,
en que la cruda mano del destino
la copa del placer no emponzoñara?
Tú lo sabes, mi bien: el mismo cielo
para amarnos formó nuestras dos almas;
mas con doble crueldad, las unió apenas,
las quiso dividir, y las desgarra.

¡Cuántas veces sequé con estos labios
tus mejillas en lágrimas bañadas,
tus ojos enjugué, y hasta en tu boca
bebí ansioso tus lágrimas amargas!
Con suspiros tristísimos salían,
mezcladas, confundidas tus palabras;
y al repeler mi mano con latidos,
tu corazón desdichas presagiaba...
Todas, a un tiempo, todas se cumplieron:
y si tal vez un rayo de esperanza
brilló cual un relámpago, el abismo
nos mostró abierto a nuestras mismas plantas.
¿Lo recuerdas, mi bien? Morir unidos
demandamos al cielo en noche aciaga,
cuando natura toda parecía
en nuestro daño y ruina conjurada:
la tierra nos negaba hasta un asilo;
la lluvia nuestros pasos atajaba;
bramaba el huracán; el cielo ardía,
las centellas en torno serpeaban...

¡Ay!, ojalá la muerte en aquel punto
sobre entrambos el golpe descargara,

cuando sin voz, sin fuerzas, sin aliento,
te sostuve en mis hombros reclinada.
«¿Qué temes? Vuelve en ti; soy yo, bien mío;
es tu amante, tu dueño quien te llama;
ni el mismo cielo separarnos puede:
o destruye a los dos, o a los dos salva.»
Inmóvil, muda, yerta, parecías
de duro mármol insensible estatua;
mas cada vez que retumbaba el trueno,
trémula contra el seno me estrechabas;
en tanto que por hondos precipicios,
casi ya sumergido entre las aguas,
a pesar de los cielos y la tierra
conduje a salvo la adorada carga...
  Ahora, ¡ay de mí!, por siempre separados,
sin amor, sin hogar, sin dulce patria,
el peligro más leve me amedrenta;
la imagen de la muerte me acobarda:
ni habrá un amigo que mis ojos cierre;
veré desierta mi fatal estancia;
y solo por piedad mano extranjera
arrojará mi cuerpo en tierra extraña.

ÁNGEL SAAVEDRA, DUQUE DE RIVAS
(1791-1865)

EL FARO DE MALTA

Envuelve al mundo extenso triste noche,
ronco huracán y borrascosas nubes
confumden y tinieblas impalpables
el cielo, el mar, la tierra:

Y tú invisible te alzas, en tu frente
ostentando de fuego una corona,
cual rey del caos, que refleja y arde
con luz de paz y vida.

En vano ronco el mar alza sus montes
y revienta a tus pies, do rebramante
creciendo en blanca espuma, esconde y borra
el abrigo del puesto:

Tú, con lengua de fuego, *aqui está*, dices,
sin voz hablando al tímido piloto,
que como a un numen bienhechor te adora,
y en ti los ojos clava.

Tiende apacible noche el manto rico,
que céfiro amoroso desenrolla,
recamado de estrellas y luceros;
por él rueda la luna.

Y entonces tú, de niebla vaporosa
vestido, dejas ver en fórmulas vagas
tu cuerpo colosal, y tu diadema
arde al par de los astros.

Duerme tranquilo el mar, pérfido esconde
rocas aleves, áridos escollos;
falso señuelo son, lejanas lumbres
engañan a las naves.

Mas tú, cuyo esplendor todo lo ofusca;
tú, cuya inmoble posición indica
el trono de un monarca, eres su norte,
les adviertes su engaño.

Así de la razón arde la antorcha,
en medio del furor de las pasiones
o de aleves halagos de fortuna,
a los ojos del alma.

Desque refugio de la airada suerte
en esta escasa sierra que presides,
y grato albergue el cielo bondoso
me concedió propicio,

ni una voz solo a mis pesares busco
dulce olvido del sueño entre los brazos,
sin saludarte, y sin tornar los ojos
a tu espléndida frente.

¡Cuantos, ay, desde el seno de los mares
al par los tomarán!... Tras larga ausencia
unos, que vuelven a su patria amada,
a sus hijos y esposa.

Otros, prófugos, pobres, perseguidos,
que asilo buscan, cual busqué, lejano,
y a quienes que lo hallaron tu luz dice
hospitalaria estrella.

Arde, y sirve de norte a los bajeles
que de mi patria, aunque de tarde en tarde,
me traen nuevas amargas y renglones
con lágrimas escritos.

Cuando la vez primera deslumbraste
mis afligidos ojos, ¡cuál mi pecho,
destrozado y hundido en amargura,
palpitó venturoso!

Del Lacio moribundo las riberas
huyendo inhospitables, contrastado
del viento y mar entre ásperos bajíos,
vi tu lumbre divina.

Viéronla como yo los marineros
y, olvidando los votos y plegarias
que en las sordas tinieblas se perdían,
Malta!!! Malta!!!, gritaron;

y fuiste a nuestros ojos la aureola
que orla la frente de la santa imagen
en quien busca afanoso peregrino
la salud y el consuelo.

Jamás te olvidaré, jamás... Tan solo
trocara tu esplendor, sin olvidarlo,
rey de la noche, y de tu excelsa cumbre
la benéfica llama.

Por la llama y los fúlgidos destellos
que lanza, reflejando al sol naciente,
el arcángel dorado que corona
de Córdoba la torre.

JUAN CRUZ VARELA
ARGENTINA (1794-1839)

EL 25 DE MAYO DE 1838 EN BUENOS AIRES

«Ya raya la aurora del día de Mayo,
salgamos, salgarnos a esperar el rayo
que lance primero su fúlgido sol.

Mirad: todavía no asoma la frente.
Pero ya le anuncia cercano al Oriente
de púrpura y oro brillante arrebol.

Mirad esas filas: el rayo, el acero.
Los patrios pendones, la voz del guerrero
al salir el astro saludo le harán

de párvulos tiernos inocente coro
alzará a los cielos el canto sonoro,
y todas las madres de amor llorarán.

Por los horizontes del río de Plata
el pueblo en silencio la vista dilata
buscando en las aguas naciente fulgor;

y el aire de vivas poblárase luego
cuando en el baluarte con lenguas de fuego
anuncie el momento cañón tronador:

cándida y celeste la patria bandera
sobre las almenas será la primera
que el brillo reciba del gran luminar;

y ved en las bellas cándida y celeste
cómo la bandera de nítida veste
en gracioso talle graciosa ondear.

Yo he sido guerrero: también ha postrado
mi brazo enemigos: me le ha destrozado
la ardiente metralla del bronce español.

No sigo estandartes, inútil ahora;
pero tengo patria... Ya luce la aurora
y seré dichoso si miro este sol.»

Así entre extranjeros que absortos oían,
y a ver esta pompa de lejos venían,
hablaba un soldado, y era joven yo.

¡Qué Mayo el de entonces!
¡Qué glorias aquellas!
¡Pasaron! ¡Pasaron! Ni memoria de ellas
consiente el tirano que el mando robó.

¡Ay, sella tus labios, antiguo guerrero,
y no hables ahora si ansioso extranjero
La gloria de Mayo pregunta cuál es!

Sí, sella tus labios, reprime tus iras,
¡ah, no te desprecien los hombres que miras,
espera los días que vendrán después!

¡En vano se abrieron de Oriente las puertas!
¡Cómo en negra noche mudas y desiertas
Las calles y plazas y templos están!

Solo por escarnio de un pueblo de bravos
bandas africanas de viles esclavos
por calles y plazas discurriendo van.

Su bárbara grita, su danza salvaje
es en este día meditado ultraje
del nuevo caribe que el Sur abortó.

Sin parte en tu gloria nación Argentina,
tu gloria, tu nombre, tu honor abomina
en su enojo el cielo tal hijo te dio.

Feroz y medroso, desde el hondo encierro
do temblando mora, la mano de hierro
tiende sobre el pueblo mostrando el puñal:

Vergüenza, despecho y envidia le oprimen;
los hombres de Mayo son hombres de crimen
para este ministro del genio del mal.

Sin él, patria, leyes, libertad gritaron,
sin él, valerosos la espada empuñaron,
rompieron cadenas y yugo sin él.

Por eso persigue con hórrida saña
a los vencedores de su amada España;
y en el grande día la venga cruel.

El Plata, los Andes, Tucumán hermoso,
y Salta, y el Maipo, y el Perú fragoso,
¿le vieron acaso pugnar y vencer?

Vilcapujio, Ayuma, Moquegua, Torata
donde la victoria nos fue tan ingrata,
¿le vieron acaso con gloria caer?

A fuer de cobarde y aleve asesino,
espiaba el momento que al pueblo argentino
postrado dejara discordia civil.

Y al verle vencido por su propia fuerza
le asalta, le oprime, le burla y se esfuerza
en que arrastre esclavo cadena servil.

¡Oh Dios! No supimos vivir como hermanos;
de la dulce patria nuestras mismas manos
las tiernas entrañas osaron romper:

¡Y por castigarlos al cielo le plugo
hacer que marchemos uncidos al yugo
que obscuro salvaje nos quiso imponer!

¿Y tú, Buenos Aires, antes vencedora,
humillada sufres que sirvan ahora
todos tus trofeos de alfombra a su pie?

¿Será que ese monstruo robártelos pueda
y de ti se diga que solo te queda
el mísero orgullo de un tiempo que fue?

¿Qué azote, qué ultraje resta todavía,
qué nuevo infortunio, cara patria mía,
de que tú no seas la víctima ya?

¡Ah, si tu tirano supiese siquiera
reprimir el vuelo de audacia extranjera
y vengar insultos que no vengará!

De Albión la potente sin duro castigo,
del Brasil de Iberia bajel enemigo
la espalda del Plata jamás abrumó.

¡Y hora extraña flota le doma, le oprime
tricolor bandera flamea sublime,
y la azul y blanca vencida cayó!

¿Qué importa al perjuro tu honor o tu afrenta?
Los heroicos hechos que tu historia cuenta,
tus días felices, tu antiguo esplendor,

Deslumbran su vista, confunden su nada,
y el bárbaro intenta dejar apagada
la luz que a los libres en Mayo alumbró.

Tú, que alzando el grito despertaste un mundo
postrado tres siglos en sueño profundo
y diste a los reyes tremenda lección.

¿De un déspota imbécil esclava suspiras?
¡Eh! contra tu fuerza ¿qué valen sus iras?
¿No has visto a tus plantas rendido un león?

¡Hijos de mi patria, levantad la frente
y con fuerte brazo la fiera inclemente
que lanzó el desierto, de un golpe aterrad!

Lavad vuestra mancha, valientes porteños,
y mostrad al mundo que no tiene dueños
el pueblo que en Mayo gritó Libertad.

JOSÉ MARÍA HEREDIA
CUBA (1803-1839)

EN UNA TEMPESTAD

Huracán, huracán, venir te siento,
y en tu soplo abrasado
del señor de los aires el aliento.

En las alas del viento suspendido
vedle rodar por el espacio inmenso,
silencioso, tremendo, irresistible
en su curso veloz. La tierra en calma
siniestra, misteriosa,
contempla con pavor su faz terrible.
¿Al toro no miráis? El suelo escarban,
de insoportable ardor sus pies heridos:
la frente poderosa levantando,
y ella la hinchada nariz fuego aspirando,
llama la tempestad con sus bramidos.

¡Qué nubes! ¡Qué furor! El sol temblando
vela en triste vapor su faz gloriosa
y su disco nublado solo vierte
luz fúnebre y sombría,
que no es noche ni día...
¡Pavoroso color, velo de muerte!
Los pajarillos tiemblan y se esconden
al acercarse el huracán bramando,
y en los lejanos montes retumbando
le oyen los bosques, y a su voz responden.

Llega ya... ¿No le veis? ¡Cuál desenvuelve
su manto aterrador y majestuoso.
¡Gigante de los aires, te saludo.
En fiera confusión el viento agita
las orlas de su parda vestidura...
¡Ved...! ¡En el horizonte
los brazos rapidísimos enarca,
y con ellos abarca
cuanto alcanzo a mirar de monte a monte!

¡Oscuridad universal...! ¡Su soplo
levanta en torbellinos
el polvo de los campos agitado.
En las nubes retumba despeñado
el carro del Señor, y de sus ruedas
brota el rayo veloz, se precipita,
hiere y aterra al suelo,
y su lívida luz inunda el cielo.

¿Qué rumor? ¿Es la lluvia...? Desatada
cae a torrentes, oscurece el mundo,
y todo es confusión, horror profundo,
cielos, nubes, colinas, caro bosque,
¿dó estáis...? Os busco en vano

desaparecisteis... La tormenta umbría
en los aires revuelve un océano
que todo lo sepulta...
Al fin, mundo fatal, nos separamos;
el huracán y yo solos estamos.

¡Sublime tempestad! ¡Cómo en tu seno,
de tu solemne inspiración henchido,
al mundo vil y miserable olvido,
y alzo la frente, de delicia lleno!
¿Dó está el alma cobarde
que teme tu rugir...? Yo en ti me elevo
al trono del Señor; oigo en las nubes
el eco de su voz: siento a la tierra
escucharle y temblar. Ferviente lloro
desciende por mis pálidas mejillas,
y su alta majestad trémulo adoro.

HILARIO ASACASUBI
ARGENTINA (1807-1875)

SANTOS VEGA O LOS MELLIZOS DE LA FLOR

—La costa del Paraná,
donde vivía Berón,
era solo barrancosa
y sin montes, pues que no
tenía más que una isleta
o talar, donde se entró,
con su caballo cansao,
a esconderse el saltiador.
El talar era tupido,
y cuando se entra al rincón

queda a la mano derecha;
después, las barrancas son
llanuras como la pampa,
con uno que otro albardón
pero escasonas de monte,
hasta allá a la inmediación
del río Colastine,
donde ya las costas son
hasta el Chaco, según dicen,
montes sin ponderación,
que empiezan por el naciente
y acaban donde entra el sol;
pues ansí lo asiguraba
el capitán Pascualón,
que no sabía mentir,
aunque mamando aprendió.
Pero, dejando eso a un lado
y volviendo al saltiador,
vamos a ver cómo y dónde
le echó las mansas Berón
con toda la inteligencia
de un gaucho buen rastriador.
Esa noche, que el chaná
a dormitar se tendió,
tan cuajao estaba el cielo
de estrellas que el resplandor
era como el de la luna
en menguante, que empezó
a subir a la una larga,
y medio turbia subió
al tiempo que el viento sur
enteramente calmó,
y una especie de ñeblina
a levantarse empezó;
la mesma que a poco rato

se volvió una cerrazón
de aquellas que no permiten
a veces ver un galpón
a una cuadra de distancia.
[...]

JOSÉ DE ESPRONCEDA
(1808-1842)

ELEGÍA

¡Cuán solitaria la nación que un día
poblara inmensa gente!
¡La nación cuyo imperio se extendía
del Ocaso al Oriente!
¡Lágrimas viertes, infeliz ahora,
soberana del mundo,
¡y nadie de tu faz encantadora
borra el dolor profundo!
Oscuridad y luto tenebroso
en ti vertió la muerte,
y en su furor el déspota sañoso
se complació en tu suerte.
No perdonó lo hermoso, patria mía;
cayó el joven guerrero,
cayó el anciano, y la segura impía
manejó placentero.
So la rabia cayó la virgen pura
del déspota sombrío,
como eclipsa la rosa su hermosura
en el sol del estío.
¡Oh vosotros, del mundo, habitadores!,
contemplad mi tormento:

¿Igualarse podrán, ¡ah!, qué dolores
al dolor que yo siento?

Yo desterrado de la patria mía,
de una patria que adoro,
perdida miro su primer valía,
y sus desgracias lloro.

Hijos espurios y el fatal tirano
sus hijos han perdido,
y en campo de dolor su fértil llano
tienen, ¡ay!, convertido.

Tendió sus brazos la agitada España,
sus hijos implorando;
sus hijos fueron, mas traidora saña
desbarató su bando.

¿Qué se hicieron tus muros torreados?
¡Oh mi patria querida!
¿Dónde fueron tus héroes esforzados,
tu espada no vencida?

¡Ay!, de tus hijos en la humilde frente
está el rubor grabado:
a sus ojos caídos tristemente
el llanto está agolpado.

Un tiempo España fue: cien héroes fueron
en tiempos de ventura,
y las naciones tímidas la vieron
vistosa en hermosura.

Cual cedro que en el Líbano se ostenta,
su frente se elevaba;
como el trueno a la virgen amedrenta,
su voz las aterraba.

Mas ora, como piedra en el desierto,
yaces desamparada,
y el justo desgraciado vaga incierto
allá en tierra apartada.

Cubren su antigua pompa y poderío
pobre yerba y arena,
y el enemigo que tembló a su brío
burla y goza en su pena.
    Vírgenes, destrenzad la cabellera
y dadla al vago viento:
acompañad con arpa lastimera
mi lúgubre lamento.
    Desterrados, ¡oh Dios!, de nuestros lares,
lloremos duelo tanto:
¿quién calmará, ¡oh España!, tus pesares?,
¿quién secará tu llanto?

CANCIÓN DEL PIRATA

Con diez cañones por banda,
viento en popa a toda vela,
no corta el mar, sino vuela,
un velero bergantín;

bajel pirata que llaman,
por su bravura, el *Temido*,
en todo el mar conocido
del uno al otro confín.

La luna en el mar riela,
en la lona gime el viento,
y alza en blando movimiento
olas de plata y azul;

y ve el capitán pirata,
cantando alegre en la popa,
Asia a un lado, al otro Europa,
y allá a su frente Estambul;

«Navega velero mío,
sin temor,
que ni enemigo navío,
ni tormenta, ni bonanza,
tu rumbo a torcer alcanza,
ni a sujetar tu valor.

Veinte presas
hemos hecho
a despecho,
del inglés,

y han rendido
sus pendones
cien naciones
a mis pies.

Que es mi barco mi tesoro,
que es mi dios la libertad,
mi ley, la fuerza y el viento,
mi única patria la mar.

Allá muevan feroz guerra
ciegos reyes
por un palmo más de tierra,
que yo tengo aquí por mío
cuanto abarca el mar bravío,
a quien nadie impuso leyes.

Y no hay playa
sea cualquiera,
ni bandera
de esplendor,

que no sienta
mi derecho
y dé pecho
a mi valor.»

Que es mi barco mi tesoro,
que es mi dios la libertad,
mi ley, la fuerza y el viento,
mi única patria la mar.

A la voz de ¡barco viene!
es de ver
cómo vira y se previene
a todo trapo a escapar:
que yo soy el rey del mar,
y mi furia es de temer.

En las presas
yo divido
lo cogido
por igual;

solo quiero
por riqueza
la belleza
sin rival.

Que es mi barco mi tesoro,
que es mi dios la libertad,
mi ley, la fuerza y el viento,
mi única patria la mar.

¡Sentenciado estoy a muerte!
Yo me río;
no me abandone la suerte
y al mismo que me condena
colgaré de alguna entena,
quizá en su propio navío.

Y si caigo,
¿qué es la vida?
Por perdida
ya la di,

cuando el yugo
de un esclavo
como un bravo
sacudí.

Que es mi barco mi tesoro,
que es mi dios la libertad,
mi ley, la fuerza y el viento,
mi única patria la mar.

Son mi música mejor
aquilones;
el estrépito y temblor
de los cables sacudidos,
del negro mar los bramidos
y el rugir de mis cañones.

Y del trueno
al son violento,
y del viento
al rebramar,

yo me duermo
sosegado
arrullado
por el mar.

Que es mi barco mi tesoro,
que es mi dios la libertad,
mi ley, la fuerza y el viento,
mi única patria la mar".

EL SOL
HIMNO

Para y óyeme, ¡oh sol!, yo te saludo,
y extático ante ti me atrevo a hablarte:
ardiente como tú mi fantasía,
arrebatada en ansia de admirarte,
intrépidas a ti sus alas guía.
¡Ojalá que mi acento poderoso,
sublime resonando,
del trueno pavoroso
la temerosa voz sobrepujando,
¡oh sol!, a ti llegara
y en medio de tu curso te parara!
¡Ah! Si la llama que mi mente alumbra
diera también su ardor a mis sentidos;
al rayo vencedor que los deslumbra,
los anhelantes ojos alzaría,
y en tu semblante fúlgido atrevidos,
mirando sin cesar, los fijaría.
¡Cuánto siempre te amé, sol refulgente!
¡Con qué sencillo anhelo,
siendo niño inocente,
seguirte ansiaba en el tendido cielo,
y extático te vía
y en contemplar tu luz me embebecía!
De los dorados límites de Oriente
que ciñe el rico en perlas Oceano,
al término sombroso de Occidente,
las orlas de tu ardiente vestidura
tiendes en pompa, augusto soberano,
y el mundo bañas en tu lumbre pura,
vívido lanzas de tu frente el día,
y, alma y vida del mundo,
tu disco en paz majestuoso envía

plácido ardor fecundo,
y te elevas triunfante,
corona de los orbes centellante.
Tranquilo subes del cenit dorado
al regio trono en la mitad del cielo,
de vivas llamas y esplendor ornado,
y reprimes tu vuelo:
y desde allí tu fúlgida carrera
rápido precipitas,
y tu rica encendida cabellera
en el seno del mar trémula agitas,
y tu esplendor se oculta,
y el ya pasado día
con otros mil la eternidad sepulta.

     ¡Cuántos siglos sin fin, cuántos has visto
en su abismo insondable desplomarse!
¡Cuánta pompa, grandeza y poderío
de imperios populosos disiparse!
¿Qué fueron ante ti? Del bosque umbrío
secas y leves hojas desprendidas,
que en círculos se mecen,
y al furor de Aquilón desaparecen.
Libre tú de la cólera divina,
viste anegarse el universo entero,
cuando las hojas por Jehová lanzadas,
impelidas del brazo justiciero
y a mares por los vientos despeñadas,
bramó la tempestad; retumbó en torno
el ronco trueno y con temblor crujieron
los ejes de diamante de la tierra;
montes y campos fueron
alborotado mar, tumba del hombre.
Se estremeció el profundo;
y entonces tú, como señor del mundo,
sobre la tempestad tu trono alzabas,

vestido de tinieblas,
y tu faz engreías
y a otros mundos en paz resplandecías.
Y otra vez nuevos siglos
viste llegar, huir, desvanecerse
en remolino eterno, cual las olas
llegan, se agolpan y huyen de Oceano,
y tornan otra vez a sucederse;
mientras inmutable tú, solo y radiante
¡oh sol!, siempre te elevas,
y edades mil y mil huellas triunfante.

    ¿Y habrás de ser eterno, inextinguible,
sin que nunca jamás tu inmensa hoguera
pierda su resplandor, siempre incansable,
audaz siguiendo tu inmortal carrera,
hundirse las edades contemplando
y solo, eterno, perenal, sublime,
monarca poderoso, dominando?
No; que también la muerte,
si de lejos te sigue,
no menos anhelante te persigue.
¿Quién sabe si tal vez pobre destello
eres tú de otro sol que otro universo
mayor que el nuestro un día
con doble resplandor esclarecía?

    Goza tu juventud y tu hermosura,
¡oh sol!, que cuando el pavoroso día
llegue que el orbe estalle y se desprenda
de la potente mano
del Padre soberano,
y allá a la eternidad también descienda,
deshecho en mil pedazos, destrozado
y en piélagos de fuego
envuelto para siempre y sepultado,
de cien tormentas al horrible estruendo,

en tinieblas sin fin tu llama pura
entonces morirá. Noche sombría
cubrirá eterna la celeste cumbre:
ni aun quedará reliquia de tu lumbre.

GERTRUDIS GÓMEZ DE AVELLANEDA
CUBA (1814-1873)

A LA POESÍA

¡Oh tú del alto cielo
precioso don, al hombre concedido!
¡Tú, de mis penas íntimo consuelo,
de mis placeres manantial querido!
¡Alma del orbe, ardiente Poesía,
dicta el acento de la lira mía!

Díctalo, sí; que enciende
tu amor mi seno y sin cesar ansío
la poderosa voz —que espacios hiende—
para aclamar tu excelso poderío;
y en la naturaleza augusta y bella
buscar, seguir y señalar tu huella.

¡Mil veces desgraciado
quien —al fulgor de tu hermosura ciego—
en su alma inerte y corazón helado
no abriga un rayo de tu dulce fuego!
Que es el mundo, sin ti, templo vacío,
cielos sin claridad, cadáver frío.

Mas yo doquier te miro;
doquier el alma, estremecida siente
tu influjo inspirador. El grave giro

de la pálida luna, el refulgente
trono del sol, la tarde, la alborada...
Todo me habla de ti con voz callada.

En cuanto ama y admira
te halla mi mente. Si huracán violento
zumba y levanta el mar, bramando de ira:
si con rumor responde soñoliento
plácido arroyo al aura que suspira...
Tú alargas para mí cada sonido
y me explicas su místico sentido.

Al férvido verano,
a la apacible y dulce primavera,
al grave otoño y al invierno cano
embellece tu mano lisonjera:
que alcanza, si los pintan tus colores.
Calor el hielo, eternidad las flores.

¿Qué a tu dominio inmenso
no sujetó el Señor? En cuanto existe
hallar tu ley y tus misterios pienso:
el universo tu ropaje viste,
y en su conjunto armónico demuestra
que tú guiaste la hacedora diestra.

¡Hablas! Todo renace;
tu creadora valles yermos puebla:
espacios no hay, que tu poder no enlace
y rasgando del tiempo la tiniebla,
de lo pasado al descubrir ruinas,
con tu mágica voz las iluminas.

Por tu acento apremiados,
levántanse del fondo del olvido.

Ante tu tribunal, siglos pasados;
y el fallo que pronuncias transmitido
por una y otra edad en rasgos de oro,
eterniza su gloria o su desdoro.

Tu genio independiente
rompe las sombras del error grosero;
la verdad preconiza: de su frente
veía con flores el rigor severo;
dando al pueblo en bellas creaciones,
de saber y virtud santas lecciones.

Tu espíritu sublime
ennoblece la lid; tu épica trompa
brillo eternal en el laurel imprime;
el triunfo presta inusitada pompa;
y los ilustres hechos que proclama
fatiga son del eco de la fama.

Mas si entre gayas flores
a la beldad consagras tus acentos:
si retratas los tímidos amores;
si enalteces sus rápidos contentos;
a despecho del tiempo en tus anales
beldad, placer y amor son inmortales.

Así en el mundo suenan
del amante Petrarca los gemidos,
los siglos con su canto se enajenan;
y unos tras otros —de su amor movidos—
van de Valclusa a demandar al aura
el dulce nombre del cantor de Laura.

¡Oh! No orgullosa aspiro
a conquistar el lauro refulgente

que humilde acato y entusiasta admiro
de tan gran vate la inspirada frente:
ni ambicionan mis labios juveniles
el clarín sacro del cantor de Aquiles.

No tan ilustres huellas
seguir es dado a mi insegura planta...
Mas —abrasada al fuego que destellas—,
¡oh, ingenio bienhechor! a tu ara santa
mi pobre ofrenda estremecida elevo,
y una sonrisa a demandar me atrevo.

Cuando las frescas galas
de mi lozana juventud se lleve
el veloz tiempo en sus potentes alas,
y huyan mis dichas como el humo leve,
serás aún mi sueño lisonjero,
y veré hermoso tu favor primero.

Dame que pueda entonces
¡Virgen de paz, sublime poesía!
no transmitir en mármoles ni en bronces
con rasgos tuyos la memoria mía;
solo arrullar, cantando mis pesares
a la sombra feliz de tus altares.

JOSÉ EUSEBIO CARO
COLOMBIA (1817-1853)

EN BOCA DEL ÚLTIMO INCA

Ya de los blancos el cañón huyendo,
hoy a la falda del Pichincha vine,

como el sol vago, como el sol ardiente.
como el sol libre.

¡Padre sol, oye!, por el polvo yace
de Manco el trono; profanadas gimen
tus santas aras: yo te ensalzo solo,
solo, mas libre.

¡Padre sol, oye!, sobre mí la marca
de los esclavos señalar no quise
a las naciones; a matarme vengo,
a morir libre.

Hoy podrás verme desde el mar lejano,
cuando comiences en ocaso a hundirte
sobre la cima del volcán tus himnos
cantando libre.

Mañana solo, cuando ya de nuevo
por el oriente tu corona brille,
tu primer rayo dorará mi tumba,
mi tumba libre.

Sobre ella el cóndor bajará del cielo.
sobre ella el cóndor que en las cumbres vive
pondrá sus huevos y armará su nido,
ignoto y libre.

JOSÉ ZORRILLA
(1817-1893)

A LA MEMORIA DESGRACIADA DEL JOVEN LITERATO
D. MARIANO JOSÉ DE LARRA

Ese vago clamor que rasga el viento
es la voz funeral de una campana:
vano remedo del postrer lamento
de un cadáver sombrío y macilento
que en sucio polvo dormirá mañana.

Acabó su misión sobre la tierra,
y dejó su existencia carcomida,
como una virgen al placer perdida
cuelga el profano velo en el altar.
Miró en el tiempo el porvenir vacío,
vacío ya de ensueños y de gloria,
y se entregó a ese sueño sin memoria,
¡que nos lleva a otro mundo a despertar!

Era una flor que marchitó el estío,
era una fuente que agotó el verano:
ya no se siente su murmullo vano,
ya está quemado el tallo de la flor.

Todavía su aroma se percibe,
y ese verde color de la llanura,
ese manto de yerba y de frescura
hijos son del arroyo creador.

Que el poeta, en su misión
sobre la tierra que habita,
es una planta maldita
con frutos de bendición.

Duerme en paz en la tumba solitaria
donde no llegue a tu cegado oído
más que la triste y funeral plegaria
que otro poeta cantará por ti.
Esta será una ofrenda de cariño
más grata, sí, que la oración de un hombre,
pura como la lágrima de un niño,
¡memoria del poeta que perdí!
    Si existe un remoto cielo
    de los poetas mansión,
    y solo le queda al suelo
    ese retrato de hielo,
    fetidez y corrupción;
    ¡digno presente por cierto
    se deja a la amarga vida!
    ¡Abandonar un desierto
    y darle a la despedida
    la fea prenda de un muerto!

*

Poeta, si en el *no ser*
hay un recuerdo de ayer,
una vida como aquí
detrás de ese firmamento...
conságrame un pensamiento
como el que tengo de ti.

RAMÓN DE CAMPOAMOR
(1817-1893)

HUMORADAS

La niña es la mujer que respetamos,
y la mujer la niña que engañamos.

Te morías por él, pero es lo cierto
que pasó tiempo y tiempo, y no te has muerto.

Ya no leo ni escribo más historia
que ver a mi niñez con mi memoria.

Los padres son tan buenos,
que hasta el menos iluso
anhela para yerno un noble ruso,
o un príncipe italiano por lo menos.

No es raro en una almohada ver dos frentes
que maduran dos planes diferentes.

La fuiste a secuestrar, y, ya casado,
eres tu, más bien que ella, el secuestrado.

Da al diablo el hombre la existencia entera
y le dedica a Dios la hora postrera.

Si al morir va al infiemo mi marido,
es que vuelve al país en que ha nacido.

Es muy niña y ya tiene calculadas
la fuerza y la extensión de sus miradas.

Esa niña tan grave
tiene el diablo en el cuerpo y ya lo sabe.

¿Le dejaste de amar y se ha enojado?
Fin del amor: dejar o ser dejado.

Con locura te amé, pero hoy, bien mío,
si te hallo sobre un puente te echo al río.

GASPAR NÚÑEZ DE ARCE
(1834-1903)

CUANDO EL ÁNIMO CIEGO...

Cuando el ánimo ciego y decaído
la luz persigue y la esperanza en vano;
cuando abate su vuelo soberano
como el cóndor en el espacio herido;

cuando busca refugio en el olvido
que le rechaza con helada mano;
cuando en el pobre corazón humano
el tedio labra su infecundo nido;

cuando el dolor, robándonos la calma,
brinda tan solo a nuestras ansias fieras
horas desesperadas y sombrías,

¡ay, inmortalidad, sueño del alma
que aspira a lo infinito!, si existieras,
¡qué martirio tan bárbaro serías!

ESTANISLAO DEL CAMPO
ARGENTINA (1834-1880)

FAUSTO

—Ya se me quiere cansar
el flete de mi relato...
—Priendalé guasca otro rato:
recién comienza a sudar.
—No se apure; aguardesé:
¿cómo anda el frasco?
—Tuavía
hay con qué hacer medio día:
ahí lo tiene, priendalé.
—¿Sabe que este giñebron
no es para beberlo solo?
Si alvierto, traigo un chicholo
o un cacho de salchichón.
—Vaya, no le ande aflojando
dele trago y domeló
que a raíz de las carnes yo
me lo estoy acomodando.
—¿Qué tuavía no ha almorzao
—Ando en ayunas, don Pollo;
porque ¿a qué contar un bollo
y un cimarrón aguachao?
Tenía hecha la intención
de ir a la fonda de un gringo
después de bañar el pingo...
—Pues vamonós del tirón.
—Aunque ando medio delgao,
don Pollo, no le permito
que me merme ni un chiquito
del cuento que ha comenzao.
—Pues, entonces, allá va:

otra vez el lienzo alzaron
y hasta mis ojos dudaron,
lo que vi... ¡barbaridá!
¡Qué quinta! ¡Virgen bendita!
¡Viera, amigazo, el jardín!
Allí se vía el jazmín,
el clavel, la margarita,
el toronjil, la retama,
y hasta estatuas, compañero,
al lao de esa, era un chiquero
la quinta de don Lezama:
entre tanta maravilla
que allí había, y medio a un lao,
habían edificao
una preciosa casilla.
Allí la rubia vivía
entre las flores como ella,
allí brillaba esa estrella
que el pobre dotor seguía.
Y digo pobre dotor,
porque pienso, don Laguna,
que no hay desgracia ninguna
como un desdichado amor.
—Puede ser; pero, amigazo,
yo en las cuartas no me enriedo,
y en un lance en que no puedo,
hago de mi alma un cedazo.
Por hembras yo no me pierdo:
la que me empaca su amor
pasa por el cernidor
y, ... si te vi,. no me acuerdo.
[...]

JOSÉ HERNÁNDEZ
ARGENTINA (1834-1886)

MARTÍN FIERRO

M. FIERRO:

Aquí me pongo a cantar
al compás de la vigüela,
que el hombre que lo desvela
una pena estrordinaria,
como la ave solitaria,
con el cantar se consuela.

Pido a los santos del cielo
que ayuden mi pensamiento;
les pido en este momento
que voy a cantar mi historia
me refresquen la memoria
y aclaren mi entendimiento.

Vengan santos milagrosos,
vengan todos en mi ayuda,
que la lengua se me añuda
y se me turba la vista;
pido a mi Dios que me asista
en una ocasión tan ruda.

Yo he visto muchos cantores,
con famas bien otenidas,
y que después de alquiridas
no las quieren sustentar:
parece que sin largar
se cansaron en partidas.

Mas ande otro criollo pasa
Martín Fierro ha de pasar;
nada lo hace recular
ni las fantasmas lo espantan;
y dende que todos cantan
yo también quiero cantar.

Cantando me he de morir,
cantando me han de enterrar,
y cantando he de llegar
al pie del Eterno Padre:
dende el vientre de mi madre
vine a este mundo a cantar.

Que no se trabe mi lengua
ni me falte la palabra.
El cantar mi gloria labra,
y poniéndome a cantar,
cantando me han de encontrar
aunque la tierra se abra.

Me siento en el plan de un bajo
a cantar un argumento.
Como si soplara el viento
hago tiritar los pastos.
Con oros, copas y bastos
juega allí mi pensamiento.

Yo no soy cantor letrao,
mas si me pongo a cantar
no tengo cuándo acabar
y me envejezco cantando;
las coplas me van brotando
como agua de manantial.

Con la guitarra en la mano
ni las moscas se me arriman;
naides me pone el pie encima,
y cuando el pecho se entona,
hago gemir a la prima
y llorar a la bordona.

Yo soy toro en mi rodeo
y toraso en rodeo ajeno;
siempre me tuve por güeno,
y si me quieren probar,
salgan otros a cantar
y veremos quién es menos.

No me hago al lao de la güeya
aunque vengan degollando;
con los blandos yo soy blando
y soy duro con los duros,
y ninguno, en un apuro,
me ha visto andar tutubiando.

En el peligro, ¡qué Cristos!,
el corazón se me enancha
pues toda la tierra es cancha,
y de esto naides se asombre:
el que se tiene por hombre
donde quiera hace pata ancha.

Soy gaucho, y entiendanló
como mi lengua lo explica,
para mí la tierra es chica
y pudiera ser mayor.
Ni la víbora me pica
ni quema mi frente el sol.

Nací como nace el peje,
en el fondo de la mar;
naides me puede quitar
aquello que Dios me dio:
lo que al mundo truge yo
del mundo lo he de llevar.

Mi gloria es vivir tan libre
como el pájaro del cielo;
no hago nido en este suelo,
ande hay tanto que sufrir;
y naides me ha de seguir
cuando yo remonto el vuelo.

Yo no tengo en el amor
quien me venga con querellas;
como esas aves tan bellas
que saltan de rama en rama;
yo hago en el trébol mi cama
y me cubren las estrellas.

Y sepan cuantos escuchan
de mis penas el relato,
que nunca peleo ni mato
sino por necesidá,
y que a tanta alversidá
solo me arrojó el mal trato.

Y atiendan la relación
que hace un gaucho perseguido,
que padre y marido ha sido
empeñoso y diligente,
y sin embargo la gente
lo tiene por un bandido.
[...]

GUSTAVO ADOLFO BÉCQUER
(1836-1870)

RIMA VII

Del salón en el ángulo oscuro,
de su dueña tal vez olvidada,
silenciosa y cubierta de polvo,
 veíase el arpa.
¡Cuánta nota dormía en sus cuerdas,
como el pájaro duerme en las ramas,
esperando la mano de nieve
 que sabe arrancarlas!

¡Ay! —pensé—; ¡cuántas veces el genio
así duerme en el fondo del alma,
y una voz, como Lázaro, espera
que le diga: «¡Levántate y anda!».

RIMA XV

[Tú y yo.
Melodía.]

Cendal flotante de leve bruma,
rizada cinta de blanca espuma,
 rumor sonoro
 de arpa de oro,
beso del aura, onda de luz,
 eso eres tú.

Tú, sombra aérea, que cuantas veces
voy a tocarte te desvaneces
¡como la llama, como el sonido,
como la niebla, como el gemido
 del lago azul!

En mar sin playas, onda sonante;
en el vacío, cometa errante;
   largo lamento
   del ronco viento,
ansia perpetua de algo mejor,
   ¡eso soy yo!
Yo, que a tus ojos, en mi agonía,
los ojos vuelvo de noche y día;
yo, que incansable corro y demente
¡tras una sombra, tras la hija ardiente
   de una visión!

RIMA XVIII

   Fatigada del baile,
encendido el color, breve el aliento,
   apoyada en mi brazo,
del salón se detuvo en un extremo.

   Entre la leve gasa
que levantaba el palpitante seno,
   una flor se mecía
en compasado y dulce movimiento.

   Como en cuna de nácar
que empuja el mar y que acaricia el céfiro,
   dormir parecía el blando
arrullo de sus labios entreabiertos.

   ¡Oh, quién así —pensaba—
dejar pudiera deslizarse el tiempo!
¡Oh, si las flores duermen,
   qué dulcísimo sueño!

RIMA XXI

—¿Qué es poesía?, dices, mientras clavas
en mi pupila tu pupila azul,
¿Qué es poesía? ¿Y tú me lo preguntas?
Poesía... eres tú.

RIMA XXIII

[A ella. No sé...]

Por una mirada, un mundo;
por una sonrisa, un cielo;
por un beso... ¡Yo no sé
qué te diera por un beso!

RIMA XLI

Tú eras el huracán, y yo la alta
torre que desafía su poder.
¡Tenías que estrellarte o que abatirme...!
¡No pudo ser!

Tú eras el océano, y yo la enhiesta
roca que firme aguarda su vaivén.
¡Tenías que romperte o que arrancarme...!
¡No pudo ser!

Hermosa tú, yo altivo; acostumbrados
uno a arrollar, el otro a no ceder;
la senda estrecha, inevitable el choque...
¡No pudo ser!

RIMA LII

Olas gigantes que os rompéis bramando
en las playas desiertas y remotas,
envuelto entre la sábana de espumas,
¡llevadme con vosotras!

Ráfagas de huracán que arrebatáis
del alto bosque las marchitas hojas,
arrastrado en el ciego torbellino,
¡llevadme con vosotras!
Nube de tempestad que rompe el rayo
y en fuego ornáis las sangrientas orlas,
arrebatado entre la niebla oscura,
¡llevadme con vosotras!

Llevadme, por piedad, a donde el vértigo
con la razón me arranque la memoria.
¡Por piedad! ¡Tengo miedo de quedarme
con mi dolor a solas!

RIMA LIII

Volverán las oscuras golondrinas
en tu balcón sus nidos a colgar,
y otra vez con el ala a sus cristales
jugando llamarán.

Pero aquellas que el vuelo refrenaban
tu hermosura y mi dicha a contemplar,
aquellas que aprendieron nuestros nombres...
¡esas... no volverán!

Volverán las tupidas madreselvas
de tu jardín las tapias a escalar,

y otra vez a la tarde aún más hermosas
sus flores se abrirán.

Pero aquellas, cuajadas de rocío
cuyas gotas mirábamos temblar
y caer como lágrimas del día...
¡esas... no volverán!

Volverán del amor en tus oídos
las palabras ardientes a sonar;
tu corazón de su profundo sueño
tal vez despertará.

Pero mudo y absorto y de rodillas
como se adora a Dios ante su altar,
como yo te he querido...; desengáñate,
¡así... no te querrán!

ROSALÍA DE CASTRO
(1837-1885)

EN LAS ORILLAS DEL SAR

I

A través del follaje perenne
Que oir deja rumores extraños,
Y entre un mar de ondulante verdura,
Amorosa mansión de los pájaros,
Desde mis ventanas veo
El templo que quise tanto.

El templo que tanto quise...
Pues no sé decir ya si le quiero,

Que en el rudo vaivén que sin tregua
Se agitan mis pensamientos,
Dudo si el rencor adusto
Vive unido al amor en mi pecho.

TIEMPOS QUE FUERON

Hora tras hora, día tras día,
Entre el cielo y la tierra que quedan,
Eternos vigías,
Como torrentes que se despeñan
Pasa la vida.
Devolvedle a la flor su perfume
Después de marchita;
De las ondas que besan la playa,
Y que una tras otra besándola expiran,
Recoged los rumores, las quejas,
Y en planchas de bronce grabad su armonía.
Tiempos que fueron, llantos y risas,
Negros tormentos, dulces mentiras,
¡Ay!, ¿en dónde su rastro dejaron,
En dónde, alma mía?

JOSÉ MARTÍ
CUBA (1853-1895)

DOS PATRIAS

Dos patrias tengo yo: Cuba y la noche.
¿O son una las dos? No bien retira
su majestad el sol, con largos velos
y un clavel en la mano, silenciosa

Cuba cual viuda triste me aparece.
¡Yo sé cuál es ese clavel sangriento
que en la mano le tiembla! Está vacío
mi pecho, destrozado está y vacío
en donde estaba el corazón. Ya es hora
de empezar a morir. La noche es buena
para decir adiós. La luz estorba
y la palabra humana. El universo
habla mejor que el hombre.
                    Cual bandera
que invita a batallar, la llama roja
de la vela flamea. Las ventanas
abro, ya estrecho en mí. Muda, rompiendo
las hojas del clavel, como una nube
que enturbia el cielo, Cuba, viuda, pasa...

VERSOS SENCILLOS

Yo soy un hombre sincero
de donde crece la palma,
y antes de morirme quiero
echar mis versos del alma.

Yo vengo de todas partes,
y hacia todas partes voy:
arte soy entre las artes;
en los montes, monte soy.

Yo sé los nombres extraños
de las yerbas y las flores,
y de mortales engaños,
y de sublimes dolores.

Yo he visto en la noche oscura
llover sobre mi cabeza
los rayos de lumbre pura
de la divina belleza.

Alas nacer vi en los hombros
de las mujeres hermosas:
y salir de los escombros,
volando las mariposas.

He visto vivir a un hombre
con el puñal al costado,
sin decir jamás el nombre
de aquella que lo ha matado.

Rápida como un reflejo,
dos veces vi el alma, dos:
cuando murió el pobre viejo,
cuando ella me dijo adiós.

Temblé una vez —en la reja,
a la entrada de la viña—,
cuando la bárbara abeja
picó en la frente a mi niña.

Gocé una vez, de tal suerte
que gocé cual nunca: cuando
la sentencia de mi muerte
leyó el alcaide llorando.

Oigo un suspiro, a través
de las tierras y la mar,
y no es un suspiro, es
que mi hijo va a despertar.

Si dicen que del joyero
tome la joya mejor,
tomo a un amigo sincero
y pongo a un lado el amor.

Yo he visto al águila herida
volar al azul sereno,
y morir en su guarida
la víbora del veneno.

Yo sé bien que cuando el mundo
cede, lívido, al descanso,
sobre el silencio profundo
murmura el arroyo manso.

Yo he puesto la mano osada,
de horror y júbilo yerta,
sobre la estrella apagada
que cayó frente a mi puerta.

Oculto en mi pecho bravo
la pena que me lo hiere:
el hijo de un pueblo esclavo
vive por él, calla y muere.

Todo es hermoso y constante,
todo es música y razón,
y todo, como el diamante,
antes que luz es carbón.

Yo sé que al necio se entierra
con gran lujo y con gran llanto,
y que no hay fruta en la tierra
como la del camposanto.

Callo, y entiendo, y me quito
la pompa del rimador:
cuelgo de un árbol marchito
mi muceta de doctor.

MANUEL GUTIÉRREZ NÁJERA
MÉXICO (1859-1895)

LA DUQUESA JOB

En dulce charla de sobremesa,
mientras devoro fresa tras fresa,
y abajo ronca tu perro Bob,
te haré el retrato de la duquesa
que adora a veces el duque Job.

No es la condesa que Villasana
caricatura, ni la poblana
de enagua roja, que Prieto amó;
no es la criadita de pies nudosos,
ni la que sueña con los gomosos
y con los gallos de Micoló.

Mi duquesita, la que me adora,
no tiene humos de gran señora:
es la griseta de Paul de Kock.
No baila Boston, y desconoce
de las carreras el alto goce
y los placeres del five o'clock.

Pero ni el sueño de algún poeta,
ni los querubes que vio Jacob,

fueron tan bellos cual la coqueta
de ojitos verdes, rubia griseta,
que adora a veces el duque Job.

Si pisa alfombras, no es en su casa;
si por Plateros alegre pasa
y la saluda madam Marnat,
no es, sin disputa, porque la vista,
sí porque a casa de otra modista
desde temprano rápida va.

No tiene alhajas mi duquesita;
pero es tan guapa, y es tan bonita,
y tiene un cuelpo tan v'lan, tan pschutt;
de tal manera trasciende a Francia,
que no la igualan en elegancia
ni las clientes de Hélene Kossut.

JULIÁN DEL CASAL
CUBA (1863-1893)

TRISTÍSSIMA NOX

Noche de soledad. Rumor confuso
hace el viento surgir de la arboleda,
donde su red de transparente seda
grisácea araña entre las hojas puso.

Del horizonte hasta el confín difuso
la onda marina sollozando rueda
y, con su forma insólita, remeda
tritón cansado ante el cerebro iluso.

Mientras del sueño bajo el firme amparo
todo yace dormido en la penumbra,
solo mi pensamiento vela en calma,

como la llama de escondido faro
que con sus rayos fúlgidos alumbra
el vacío profundo de mi alma.

JOSÉ ASUNCIÓN SILVA
COLOMBIA (1865-1896)

MUERTOS

En los húmedos bosques, en otoño,
al llegar de los fríos, cuando rojas,
vuelan sobre los musgos y las ramas,
en torbellinos, las marchitas hojas,
la niebla al extenderse en el vacío
le da al paisaje mustio un tono incierto
y el follaje do huyó la savia ardiente
tiene un adiós para el verano muerto
   y un color opaco y triste
   como el recuerdo borroso
   de lo que fue y ya no existe.

En los antiguos cuartos hay armarios
que en el rincón más íntimo y discreto,
de pasadas locuras y pasiones
guardan, con un aroma de secreto,
viejas cartas de amor, ya desteñidas,
que obligan a evocar tiempos mejores,
y ramilletes negros y marchitos,
que son como cadáveres de flores

y tienen un olor triste
como el recuerdo borroso
de lo que fue y ya no existe.

Y en las almas amantes cuando piensan
en perdidos afectos y ternuras
que de la soledad de ignotos días
no vendrán a endulzar horas futuras,
hay el hondo cansancio que en la lucha
acaba de matar a los heridos,
vago como el color del bosque mustio,
como el olor de los perfumes idos,
¡y el cansancio aquel es triste
como el recuerdo borroso
de lo que fue y ya no existe!

SIGLO XX

MIGUEL DE UNAMUNO
(1864-1936)

Tú me levantas, tierra de Castilla,
en la rugosa palma de tu mano,
al cielo que te enciende y te refresca,
al cielo, tu amo.

Tierra nervuda, enjuta, despejada,
madre de corazones y de brazos,
toma el presente en ti viejos colores
del noble antaño.

Con la pradera cóncava del cielo
lindan en torno tus desnudos campos,
tiene en ti cuna el sol y en ti sepulcro
y en ti santuario.

Es todo cima tu extensión redonda
y en ti me siento al cielo levantado,
aire de cumbre es el que se respira
aquí, en tus páramos.
¡Ara gigante, tierra castellana,
a ese tu aire soltaré mis cantos,
si te son dignos bajarán al mundo
desde lo alto!

SALAMANCA

Alto soto de torres que al ponerse
tras las encinas que el celaje esmaltan
dora a los rayos de su lumbre el padre
Sol de Castilla;

bosque de piedras que arrancó la historia
a las entrañas de la tierra madre,
remanso de quietud, yo te bendigo,
      ¡mi Salamanca!

Miras a un lado, allende el Tormes lento,
de las encinas el follaje pardo
cual el follaje de tu piedra, inmoble,
      denso y perenne.

Y de otro lado, por la calva Armuña,
ondea el trigo, cual tu piedra, de oro,
y entre los surcos al morir la tarde
      duerme el sosiego.

Duerme el sosiego, la esperanza duerme,
de otras cosechas y otras dulces tardes,
las horas al correr sobre la tierra
      dejan su rastro.

Al pie de tus sillares, Salamanca,
de las cosechas del pensar tranquilo
que año tras año maduró tus aulas,
      duerme el recuerdo.

Duerme el recuerdo, la esperanza duerme,
y es el tranquilo curso de tu vida
como el crecer de las encinas, lento,
      lento y seguro.

De entre tus piedras seculares, tumba
de remembranzas del ayer glorioso,
de entre tus piedras recogió mi espíritu
      fe, paz y fuerza.

En este patio que se cierra al mundo
y con ruinosa crestería borda
limpio celaje, al pie de la fachada
            que de plateros

ostenta filigranas en la piedra,
en este austero patio, cuando cede
el vocerío estudiantil, susurra
            voz de recuerdos.

En silencio fray Luis quédase solo
meditando de Job los infortunios,
o paladeando en oración los dulces
            nombres de Cristo.

Nombres de paz y amor con que en la lucha
buscó conforte, y arrogante luego
a la brega volviose amor cantando,
            paz y reposo.

La apacibilidad de tu vivienda
gustó, andariego soñador, Cervantes,
la voluntad le enhechizaste y quiso
            volver a verte.

Volver a verte en el reposo quieta,
soñar contigo el sueño de la vida,
soñar la vida que perdura siempre
            sin morir nunca.

Sueño de no morir es el que infundes
a los que beben de tu dulce calma,
sueño de no morir ese que dicen
            culto a la muerte.

En mí florezcan cual en ti, robustas,
en flor perduradora las entrañas
y en ellas talle con seguro toque
      visión del pueblo.

Levántense cual torres clamorosas
mis pensamientos en robusta fábrica
y asiéntese en mi patria para siempre
      la mi Quimera.

Pedernoso cual tú sea mi nombre
de los tiempos la roña resistiendo,
y por encima al tráfago del mundo
      resuene limpio.

Pregona eternidad tu alma de piedra
y amor de vida en tu regazo arraiga,
amor de vida eterna, y a su sombra
      amor de amores.

En tus callejas que del sol nos guardan
y son cual surcos de tu campo urbano,
en tus callejas duermen los amores
      más fugitivos.

Amores que nacieron como nace
en los trigales amapola ardiente
para morir antes de la hoz, dejando
      fruto de sueño.

El dejo amargo del Digesto hastioso
junto a las rejas se enjugaron muchos,
volviendo luego, corazón alegre,
      a nuevo estudio.

De doctos labios recibieron ciencia,
mas de otros labios palpitantes, frescos,
bebieron del Amor, fuente sin fondo,
        sabiduria.

Luego en las tristes aulas del Estudio,
frías y oscuras, en sus duros bancos,
aquietaron sus pechos encendidos
        en sed de vida.

Como en los troncos vivos de los árboles,
de las aulas así en los muertos troncos

JOSÉ DE DIEGO
PUERTO RICO (1866-1918)

PAN Y VINO

Surge, a un replique modulado en trino,
del misterio floral en que reposa,
la blanca Eucaristía, blanca rosa
emergente del Cáliz purpurino.

La espiga recibió el Cuerpo Divino,
pero la vid su sangre generosa...
¡El trabajo y la lucha, en dolorosa
íntima comunión de pan y vino!

En el pecho del Cristo moribundo
la férrea pica se bañó de lumbre
y floreció como clavel de grana.

El pan sagrado es la salud del mundo;
pero, el subir del Gólgota a la cumbre...
¡El vino es la redención humana!

RUBÉN DARÍO
NICARAGUA (1867-1916)

A MARGARITA DEBAYLE

Margarita está linda la mar,
y el viento,
lleva esencia sutil de azahar;
yo siento
en el alma una alondra cantar:
tu acento;
Margarita, te voy a contar
un cuento:

Esto era un rey que tenía
un palacio de diamantes,
una tienda hecha de día
y un rebaño de elefantes,
un kiosko de malaquita,
un gran manto de tisú,
y una gentil princesita,
tan bonita,
Margarita,
tan bonita, como tú.

Una tarde, la princesa
vio una estrella aparecer;
la princesa era traviesa
y la quiso ir a coger.

La quería para hacerla
decorar un prendedor,
con un verso y una perla
y una pluma y una flor.

Las princesas primorosas
se parecen mucho a ti:
cortan lirios, cortan rosas,
cortan astros. Son así.

Pues se fue la niña bella,
bajo el cielo y sobre el mar,
a cortar la blanca estrella
que la hacía suspirar.

Y siguió camino arriba,
por la luna y más allá;
más lo malo es que ella iba
sin permiso de papá.

Cuando estuvo ya de vuelta
de los parques del Señor,
se miraba toda envuelta
en un dulce resplandor.

Y el rey dijo: —«¿Qué te has hecho
te he buscado y no te hallé;
y ¿qué tienes en el pecho
que encendido se te ve?».

La princesa no mentía.
Y así, dijo la verdad:
—«Fui a cortar la estrella mía
a la azul inmensidad».

Y el rey clama: —«¿No te he dicho
que el azul no hay que cortar?
¡Qué locura!, ¡Qué capricho!...
El Señor se va a enojar».

Y ella dice: —«No hubo intento;
yo me fui no sé por qué.
Por las olas por el viento
fui a la estrella y la corté».

Y el papá dice enojado:
—«Un castigo has de tener:
vuelve al cielo y lo robado
vas ahora a devolver».

La princesa se entristece
por su dulce flor de luz,
cuando entonces aparece
sonriendo el Buen Jesús.

Y así dice: —«En mis campiñas
esa rosa le ofrecí;
son mis flores de las niñas
que al soñar piensan en mí».

Viste el rey pompas brillantes,
y luego hace desfilar
cuatrocientos elefantes
a la orilla de la mar.

La princesita está bella,
pues ya tiene el prendedor
en que lucen, con la estrella,
verso, perla, pluma y flor.

* * *

Margarita, está linda la mar,
y el viento
lleva esencia sutil de azahar:
tu aliento.
Ya que lejos de mi vas a estar,
guarda, niña, un gentil pensamiento
al que un día te quiso contar
un cuento.

LETANÍA DE NUESTRO SEÑOR DON QUIJOTE

A Navarro Ledesma

Rey de los hidalgos, señor de los tristes,
que de fuerza alientas y de ensueños vistes,
coronado de áureo yelmo de ilusión;
que nadie ha podido vencer todavía,
por la adarga al brazo, toda fantasía,
y la lanza en ristre, toda corazón.

Noble peregrino de los peregrinos,
que santificaste todos los caminos
con el paso augusto de tu heroicidad,
contra las certezas, contra las conciencias
y contra las leyes y contra las ciencias,
contra la mentira, contra la verdad...

¡Caballero errante de los caballeros,
varón de varones, príncipe de fieros,
par entre los pares, maestro, salud!
¡Salud, porque juzgo que hoy muy poca tienes,
entre los aplausos o entre los desdenes,
y entre las coronas y los parabienes
y las tonterías de la multitud!

¡Tú, para quien pocas fueron las victorias
antiguas y para quien clásicas glorias
serían apenas de ley y razón,
soportas elogios, memorias, discursos,
resistes certámenes, tarjetas, concursos,
y, teniendo a Orfeo, tienes a orfeón!

Escucha, divino Rolando del sueño,
a un enamorado de tu Clavileño,
y cuyo Pegaso relincha hacia ti;
escucha los versos de estas letanías,
hechas con las cosas de todos los días
y con otras que en lo misterioso vi.

¡Ruega por nosotros, hambrientos de vida,
con el alma a tientas, con la fe perdida,
llenos de congojas y faltos de sol,
por advenedizas almas de manga ancha,
que ridiculizan el ser de la Mancha,
el ser generoso y el ser español!

¡Ruega por nosotros, que necesitamos
las mágicas rosas, los sublimes ramos
de laurel *Pro nobis ora*, gran señor.
¡Tiembla la floresta de laurel del mundo,
y antes que tu hermano vago, Segismundo,
el pálido Hamlet te ofrece una flor!

Ruega generoso, piadoso, orgulloso;
ruega casto, puro, celeste, animoso;
por nos intercede, suplica por nos,
pues casi ya estamos sin savia, sin brote,
sin alma, sin vida, sin luz, sin Quijote,
sin piel y sin alas, sin Sancho y sin Dios.

De tantas tristezas, de dolores tantos
de los superhombres de Nietzsche, de cantos
áfonos, recetas que firma un doctor,
de las epidemias, de horribles blasfemias
de las Academias,
¡líbranos, Señor!

De rudos malsines,
falsos paladines,
y espíritus finos y blandos y ruines,
del hampa que sacia
su canallocracia
con burlar la gloria, la vida, el honor,
del puñal con gracia,
¡líbranos, Señor!

Noble peregrino de los peregrinos,
que santificaste todos los caminos,
con el paso augusto de tu heroicidad,
contra las certezas, contra las conciencias
y contra las leyes y contra las ciencias,
contra la mentira, contra la verdad...
¡Ora por nosotros, señor de los tristes
que de fuerza alientas y de ensueños vistes,
coronado de áureo yelmo de ilusión!
¡Que nadie ha podido vencer todavía,
por la adarga al brazo, toda fantasía,
y la lanza en ristre, toda corazón!

CANTOS DE VIDA Y ESPERANZA

Yo soy aquel que ayer no más decía
el verso azul y la canción profana,
en cuya noche un ruiseñor había

que era alondra de luz por la mañana.
El dueño fui de mi jardín de sueño,
lleno de rosas y de cisnes vagos;
el dueño de las tórtolas, el dueño
de góndolas y liras en los lagos;

y muy siglo diez y ocho y muy antiguo
y muy moderno; audaz, cosmopolita;
con Hugo fuerte y con Verlaine ambiguo,
y una sed de ilusiones infinita.

Yo supe de dolor desde mi infancia,
mi juventud.... ¿fue juventud la mía?
Sus rosas aún me dejan su fragancia...
una fragancia de melancolía...

Potro sin freno se lanzó mi instinto,
mi juventud montó potro sin freno;
iba embriagada y con puñal al cinto;
si no cayó, fue porque Dios es bueno.

En mi jardín se vio una estatua bella;
se juzgó mármol y era carne viva;
una alma joven habitaba en ella,
sentimental, sensible, sensitiva.

Y tímida ante el mundo, de manera
que encerrada en silencio no salía,
sino cuando en la dulce primavera
era la hora de la melodía...

Hora de ocaso y de discreto beso;
hora crepuscular y de retiro;
hora de madrigal y de embeleso,
de «te adoro», y de «¡ay!» y de suspiro.

Y entonces era la dulzaina un juego
de misteriosas gamas cristalinas,
un renovar de gotas del Pan griego
y un desgranar de músicas latinas.

Con aire tal y con ardor tan vivo,
que a la estatua nacían de repente
en el muslo viril patas de chivo
y dos cuernos de sátiro en la frente.

Como la Galatea gongorina
me encantó la marquesa verleniana,
y así juntaba a la pasión divina
una sensual hiperestesia humana;

todo ansia, todo ardor, sensación pura
y vigor natural; y sin falsía,
y sin comedia y sin literatura...:
si hay un alma sincera, esa es la mía.

La torre de marfil tentó mi anhelo;
quise encerrarme dentro de mí mismo,
y tuve hambre de espacio y sed de cielo
desde las sombras de mi propio abismo.

Como la esponja que la sal satura
en el jugo del mar, fue el dulce y tierno
corazón mío, henchido de amargura
por el mundo, la carne y el infierno.

Mas, por gracia de Dios, en mi conciencia
el Bien supo elegir la mejor parte;
y si hubo áspera hiel en mi existencia,
melificó toda acritud el Arte.

Mi intelecto libré de pensar bajo,
bañó el agua castalia el alma mía,
peregrinó mi corazón y trajo
de la sagrada selva la armonía.

¡Oh, la selva sagrada! ¡Oh, la profunda
emanación del corazón divino
de la sagrada selva! ¡Oh, la fecunda
fuente cuya virtud vence al destino!

Bosque ideal que lo real complica,
allí el cuerpo arde y vive y Psiquis vuela;
mientras abajo el sátiro fornica,
ebria de azul deslíe Filomela.

Perla de ensueño y música amorosa
en la cúpula en flor del laurel verde,
Hipsipila sutil liba en la rosa,
y la boca del fauno el pezón muerde.

Allí va el dios en celo tras la hembra,
y la caña de Pan se alza del lodo;
la eterna vida sus semillas siembra,
y brota la armonía del gran Todo.

El alma que entra allí debe ir desnuda,
temblando de deseo y fiebre santa,
sobre cardo heridor y espina aguda:
así sueña, así vibra y así canta.

Vida, luz y verdad, tal triple llama
produce la interior llama infinita.
El Arte puro como Cristo exclama:
Ego sum lux et veritas et vita!

Y la vida es misterio, la luz ciega
y la verdad inaccesible asombra;
la adusta perfección jamás se entrega,
y el secreto ideal duerme en la sombra.

Por eso ser sincero es ser potente;
de desnuda que está, brilla la estrella;
el agua dice el alma de la fuente
en la voz de cristal que fluye de ella.

Tal fue mi intento, hacer del alma pura
mía, una estrella, una fuente sonora,
con el horror de la literatura
y loco de crepúsculo y de aurora.

Del crepúsculo azul que da la pauta
que los celestes éxtasis inspira,
bruma y tono menor —¡toda la flauta!,
y Aurora, hija del Sol— ¡toda la lira!

Pasó una piedra que lanzó una honda;
pasó una flecha que aguzó un violento.
La piedra de la honda fue a la onda,
y la flecha del odio fuese al viento.

La virtud está en ser tranquilo y fuerte;
con el fuego interior todo se abrasa;
se triunfa del rencor y de la muerte,
y hacia Belén... ¡la caravana pasa!

LO FATAL

A René Pérez

Dichoso el árbol, que es apenas sensitivo,
y más la piedra dura porque esa ya no siente,
pues no hay dolor más grande que el dolor de ser vivo,
ni mayor pesadumbre que la vida consciente.

Ser, y no saber nada, y ser sin rumbo cierto,
y el temor de haber sido y un futuro terror...
Y el espanto seguro de estar mañana muerto,
y sufrir por la vida y por la sombra y por

lo que no conocemos y apenas sospechamos,
y la carne que tienta con sus frescos racimos,
y la tumba que aguarda con sus fúnebres ramos,
¡y no saber adónde vamos,
ni de dónde venimos!...

RICARDO JAIMES FREYRE
BOLIVIA (1868-1933)

LOS SUEÑOS SON VIDA

LO FUGAZ

La rosa temblorosa
se desprendió del tallo
y la arrastró la brisa
sobre las aguas turbias del pantano.

Una onda fugitiva
le abrió su seno amargo,
y estrechando a la rosa temblorosa
la deshizo en sus brazos.

Flotaron sobre el agua
las hojas como miembros mutilados,
y confundidas con el lodo negro,
negras, aún más que el lodo, se tornaron.

Pero en las noches puras y serenas
se sentía vagar en el espacio
un leve olor de rosa
sobre las aguas turbias del pantano.

AMADO NERVO
MÉXICO (1870-1919)

«GRATIA PLENA»

Todo en ella encantaba, todo en ella atraía:
su mirada, su gesto, su sonrisa, su andar...
El ingenio de Francia de su boca fluía.
Era *llena de gracia*, como el Avemaría.
¡Quien la vio no la pudo ya jamás olvidar!

Ingenua como el agua, diáfana como el día,
rubia y nevada como una margarita sin par,
el influjo de su alma celeste, amanecía...
Era *llena de gracia*, como el Avemaría.
¡Quien la vio no la pudo ya jamás olvidar!

Cierta dulce y amable dignidad la investía
de no sé qué prestigio lejano y singular...
Más que muchas princesas, princesas parecía.
Era *llena de gracia*, como el Avemaría.
¡Quien la vio no la pudo ya jamás olvidar!

Yo gocé el privilegio de encontrarla en mi vía
dolorosa: por ella tuvo fin mi anhelar

y cadencias arcanas halló mi poesía.
Era *llena de gracia*, como el Avemaría.
¡Quien la vio no la pudo ya jamás olvidar!

¡Cuánto! ¡Cuánto la quise! Por diez años fue mía,
¡pero flores tan bellas nunca pueden durar!
Era *llena de gracia*, como el Avemaría
y a la Fuente de Gracia de donde procedía,
se volvió... ¡como gota que se vuelve a la mar!

JOSÉ JUAN TABLADA
MÉXICO (1871-1945)

LI-PO
(*Fragmentos*)

Li-Po, uno de los «Siete Sabios en el vino»
Fue un rutilante brocado de oro...

como una
de jade
sonoro

su infancia fue de porcelana
su loca juventud

un rumoroso bosque de bambúes
lleno de jaulas y de misterios

rOstrOs de mujeres en la laguna

ruiseñores encantados por la luna
en las jaulas de los salterios

ENRIQUE GONZÁLEZ MARTÍNEZ
MÉXICO (1871-1952)

TUÉRCELE EL CUELLO AL CISNE...

Tuércele el cuello al cisne de engañoso plumaje,
que da su nota blanca al azul de la fuente;
él pasea su gracia no más, pero no siente
el alma de las cosas ni la voz del paisaje.

Huye de toda forma y de todo lenguaje
que no vayan acordes con el ritmo latente
de la vida profunda... y adora intensamente
la vida, y que la vida comprenda tu homenaje.

Mira al sapiente búho cómo tiende las alas
desde el Olimpo, deja el regazo de Palas
y posa en aquel árbol el vuelo taciturno...

Él no tiene la gracia del cisne, mas su inquieta
pupila, que se clava en la sombra, interpreta
el misterioso libro del silencio nocturno.

GUILLERMO VALENCIA
COLOMBIA (1873-1943)

JUDITH Y HOLOFERNES
(Tesis)

Blancos senos, redondos y desnudos, que al paso
de la hebrea se mueven bajo el ritmo sonoro
de las ajorcas rubias y los cintillos de oro,
vivaces como estrellas sobre la tez del raso.

Su boca, dos jacintos en indecible vaso,
da la sutil esencia de la voz. Un tesoro
de miel hincha la pulpa de sus carnes. El lloro
no dio nunca a esa faz languideces de ocaso.

Yacente sobre un lecho de sándalo, el Asirio
reposa fatigado; melancólico cirio
los objetos alarga y proyecta en la alfombra...

Y ella, mientras reposa la bélica falange,
muda, impasible, sola, y escondido el alfanje,
para el trágico golpe se recata en la sombra.

Y ágil tigre que salta de tupida maleza,
se lanzó la israelita sobre el héroe dormido,
y de doble mandoble, sin robarle un gemido,
del atlético tronco desgajó la cabeza.

Como de ánforas rotas, con urgida presteza,
desbordó en oleadas el carmín encendido,
y de un lago de púrpura y de sueño y de olvido,
recogió la homicida la pujante cabeza.

En el ojo apagado, las mejillas y el cuello,
de la barba, en sortijas, al ungido cabello
se apiñaban las sombras en siniestro derroche

sobre el lívido tajo de color de granada....
y fingía la negra cabeza destroncada
una lúbrica rosa del jardín de la Noche.

LEOPOLDO LUGONES
ARGENTINA (1874-1938)

A RUBÉN DARÍO Y OTROS CÓMPLICES

> *Aut insanit homo, aut versus facit*
> HOR., *Sat*. VII, lib. II

Habéis de saber
Que en cuitas de amor,
Por una mujer
Padezco dolor.

Esa mujer es la luna,
Que en azar de amable guerra,
Va arrastrando por la tierra
Mi esperanza y mi fortuna.

La novia eterna y lejana
A cuya nívea belleza
Mi enamorada cabeza
Va blanqueando cana a cana.

Lunar blancura que opreso
Me tiene en dulce coyunda,
Y si a mi alma vagabunda
La consume beso a beso,

A noble cisne la iguala,
Ungiéndola su ternura
Con toda aquella blancura
Que se le convierte en ala.

En cárcel de tul,
Su excelsa beldad

Captó el ave azul
De mi libertad.

A su amante expectativa
Ofrece en claustral encanto,
Su agua triste como el llanto
La fuente consecutiva.

Brilla en lo hondo, entre el murmurio,
Como un infusorio abstracto,
Que mi más leve contacto
Dispersa en fútil mercurio.

A ella va, fugaz sardina,
Mi copla en su devaneo,
Frita en el chisporroteo
De agridulce mandolina.

Y mi alma, ante el flébil cauce,
Con la líquida cadena,
Deja cautivar su pena
Por la dríada del sauce.

Su plata sutil
Me dio la pasión
De un dardo febril
En el corazón.

Las guías de mi mostacho
Trazan su curva; en mi yelmo,
Brilla el fuego de San Telmo
Que me erige por penacho.

Su creciente está en el puño
De mi tizona, en que ricla

La calidad paralela
De algún ínclito don Nuño.

Desde el azul, su poesía
Me da en frialdad abstrusa,
Como la neutra reclusa
De una pálida abadía.

Y más y más me aquerencio
Con su luz remota y lenta,
Que las noches trasparenta
Como un alma del silencio.

Habéis de saber
Que en cuitas de amor,
Padezco dolor
Por esa mujer.

MANUEL MACHADO
(1874-1947)

CASTILLA

El ciego sol se estrella
en las duras aristas de las armas,
llaga de luz los petos y espaldares
y flamea en las puntas de las lanzas.

El ciego sol, la sed y la fatiga.
Por la terrible estepa castellana,
al destierro, con doce de los suyos
—polvo, sudor y hierro— el Cid cabalga.

Cerrado está el mesón a piedra y lodo.
Nadie responde. Al pomo de la espada
y al cuento de las picas el postigo
va a ceder... ¡Quema el sol, el aire abrasa!

A los terribles golpes,
de eco ronco, una voz pura, de plata
y de cristal, responde... Hay una niña
muy débil y muy blanca
en el umbral. Es toda
ojos azules y en los ojos lágrimas.
Oro pálido nimba
su carita curiosa y asustada.

«¡Buen Cid, pasad...! El Rey nos dará muerte,
arruinará la casa
y sembrará de sal el pobre campo
que mi padre trabaja...
Idos. El cielo os colme de venturas...
En nuestro mal, ¡oh Cid!, no ganáis nada.»

Calla la niña y llora sin gemido...
Un sollozo infantil cruza la escuadra
de feroces guerreros,
y una voz inflexible grita: «¡En marcha!».

El ciego sol, la sed y la fatiga...
Por la terrible estepa castellana,
al destierro, con doce de los suyos
—polvo, sudor y hierro— el Cid cabalga.

JOSÉ MARÍA EGUREN
PERÚ (1874-1942)

LOS MUERTOS

Los nevados muertos,
bajo triste cielo,
van por la avenida
doliente que nunca termina.

Van con mustias formas
entre las auras silenciosas:
y de la muerte dan el frío
a sauces y lirios.

Lentos brillan blancos
por el camino desolado;
y añoran las fiestas del día
y los amores de la vida.

Al caminar, los muertos una
esperanza buscan:
y miran solo la guadaña,
la triste sombra ensimismada.

En yerma noche de las brumas
y en el penar y la pavura,
van los lejanos caminantes
por la avenida interminable.

JULIO HERRERA Y REISSIG
URUGUAY (1875-1910)

LA NOCHE

La noche en la montaña mira con ojos viudos
de cierva sin amparo que vela ante su cría;
y como si asumiera un don de profecía,
en un sueño inspirado hablan los campos rudos.

Rayan el panorama, como espectros agudos,
tres álamos en éxtasis... Un gallo desvaría,
reloj de media noche. La grave luna amplía
las cosas, que se llenan de encantamientos mudos.

El lago azul de sueño, que ni una sombra empaña,
es como la conciencia pura de la montaña...
A ras del agua tersa, que riza con su aliento,

Albino, el pastor loco, quiere besar la luna.
En la huerta sonámbula vibra un canto de cuna...
Aúllan a los diablos los perros del convento.

JOSÉ SANTOS CHOCANO
PERÚ (1875-1934)

EL SUEÑO DEL CAIMÁN

Enorme tronco que arrastró la ola,
yace el caimán varado en la ribera:
espinazo de abrupta cordillera,
fauces de abismo y formidable cola.

El sol lo envuelve en fúlgida aureola;
y parece lucir cota y cimera,

cual monstruo de metal que reverbera
y que al reverberar se tornasola.

Inmóvil como un ídolo sagrado,
ceñido en mallas de compacto acero,
está ante el agua extático y sombrío,

a manera de un príncipe encantado
que vive eternamente prisionero
en el palacio de cristal de un río.

ANTONIO MACHADO
(1875-1939)

Allá, en las tierras altas,
por donde traza el Duero
su curva de ballesta
en torno a Soria, entre plomizos cerros
y manchas de raídos encinares,
mi corazón está vagando, en sueños...
    ¿No ves, Leonor, los álamos del río
con sus ramajes yertos?
Mira el Moncayo azul y blanco; dame
tu mano y paseemos.
Por estos campos de la tierra mía,
bordados de olivares polvorientos,
voy caminando solo,
triste, cansado, pensativo y viejo.

Señor, ya me arrancaste lo que yo más quería.
Oye otra vez, Dios mío, mi corazón clamar.
Tu voluntad se hizo, Señor, contra la mía.
Señor, ya estamos solos mi corazón y el mar.

VII

¡Colinas plateadas,
grises alcores, cárdenas roquedas
por donde traza el Duero
su curva de ballesta
en torno a Soria, oscuros encinares,
ariscos pedregales, calvas sierras,
caminos blancos y álamos del río,
tardes de Soria, mística y guerrera,
hoy siento por vosotros, en el fondo
del corazón, tristeza,
tristeza que es amor! ¡Campos de Soria
donde parece que las rocas sueñan,
conmigo vais! ¡Colinas plateadas,
grises alcores, cárdenas roquedas!...

VIII

He vuelto a ver los álamos dorados,
álamos del camino en la ribera
del Duero, entre San Polo y San Saturio,
tras las murallas viejas
de Soria —barbacana
hacia Aragón, en castellana tierra—.

Estos chopos del río, que acompañan
con el sonido de sus hojas secas
el son del agua, cuando el viento sopla,
tienen en sus cortezas
grabadas iniciales que son nombres
de enamorados, cifras que son fechas.

¡Álamos del amor que ayer tuvisteis
de ruiseñores vuestras ramas llenas;

álamos que seréis mañana liras
del viento perfumado en primavera;
álamos del amor cerca del agua
que corre y pasa y sueña,
álamos de las márgenes del Duero,
conmigo vais, mi corazón os lleva!

IX

¡Oh, sí! Conmigo vais, campos de Soria,
tardes tranquilas, montes de violeta,
alamedas del río, verde sueño
del suelo gris y de la parda tierra,
agria melancolía
de la ciudad decrépita.

Me habéis llegado al alma,
¿o acaso estabais en el fondo de ella?

¡Gentes del alto llano numantino
que a Dios guardáis como cristianas viejas,
que el sol de España os llene
de alegría, de luz y de riqueza!

A JOSÉ MARÍA PALACIO

Palacio, buen amigo,
¿está la primavera
vistiendo ya las ramas de los chopos
del río y los caminos? En la estepa
del alto Duero, Primavera tarda,
¡pero es tan bella y dulce cuando llega!...
¿Tienen los viejos olmos
algunas hojas nuevas?
Aún las acacias estarán desnudas

y nevados los montes de las sierras.
¡Oh mole del Moncayo blanca y rosa,
allá, en el cielo de Aragón, tan bella!
¿Hay zarzas florecidas
entré las grises peñas,
y blancas margaritas
entre la fina hierba?
Por esos campanarios
ya habrán ido llegando las cigüeñas.
Habrá trigales verdes,
y mulas pardas en las sementeras,
y labriegos que siembran los tardíos
con las lluvias de abril. Ya las abejas
libarán del tomillo y el romero.
¿Hay ciruelos en flor? ¿Quedan violetas?
Furtivos cazadores, los reclamos
de la perdiz bajo las capas luengas,
no faltarán. Palacio, buen amigo,
¿tienen ya ruiseñores las riberas?
Con los primeros lirios
y las primeras rosas de las huertas,
en una tarde azul, sube al Espino,
al alto Espino donde está su tierra...

A UN OLMO SECO

Al olmo viejo, hendido por el rayo
y en su mitad podrido,
con las lluvias de abril y el sol de mayo,
algunas hojas verdes le han salido.

¡El olmo centenario en la colina
que lame el Duero! Un musgo amarillento
le mancha la corteza blanquecina
al tronco carcomido y polvoriento.

No será, cual los álamos cantores
que guardan el camino y la ribera,
habitado de pardos ruiseñores.

Ejército de hormigas en hilera
va trepando por él, y en sus entrañas
urden sus telas grises las arañas.

Antes que te derribe, olmo del Duero,
con su hacha el leñador, y el carpintero
te convierta en melena de campana,
lanza de carro o yugo de carreta;
antes que rojo en el hogar, mañana,
ardas en alguna mísera caseta
al borde de un camino;
antes que te descuaje un torbellino
y tronche el soplo de las sierras blancas;
antes que el río hasta la mar te empuje,
por valles y barrancas,
olmo, quiero anotar en mi cartera
la gracia de tu rama verdecida.
Mi corazón espera
también, hacia la luz y hacia la vida,
otro milagro de la primavera.

PROVERBIOS Y CANTARES

Caminante, son tus huellas
el camino y nada más;

caminante, no hay camino,
se hace camino al andar.

Al andar se hace el camino,
y al volver la vista atrás
se ve la senda que nunca
se ha de volver a pisar.

Caminante, no hay camino,
sino estelas en la mar.

JUAN RAMÓN JIMÉNEZ
(1881-1958)

OCTUBRE

Estaba echado yo en la tierra, enfrente
del infinito campo de Castilla,
que el otoño envolvía en la amarilla
dulzura de su claro sol poniente.

Lento, el arado, paralelamente
abría el haza oscura, y la sencilla
mano abierta dejaba la semilla
en su entraña partida honradamente.

Pensé arrancarme el corazón, y echarlo,
pleno de su sentir alto y profundo,
al ancho surco del terruño tierno;

a ver si con romperlo y con sembrarlo,
la primavera le mostraba al mundo
el árbol puro del amor eterno.

SOLEDAD

En ti estás todo, mar, y sin embargo,
¡qué sin ti estás, qué solo,
qué lejos, siempre, de ti mismo!
Abierto en mil heridas, cada instante,
cual mi frente,
tus olas van, como mis pensamientos,
y vienen, van y vienen,
besándose, apartándose,
en un eterno conocerse,
mar, y desconocerse,
Eres tú, y no lo sabes,
tu corazón te late, y no lo siente...
¡Qué plenitud de soledad, mar solo!

¡Intelijencia, dame
el nombre exacto de las cosas!
...Que mi palabra sea
la cosa mlsma
creada por mi alma nuevamente.
Que por mí vayan todos
los que no las conocen, a las cosas;
que por mí vayan todos
los que ya las olvidan, a las cosas;
que por mí vayan todos
los mismos que las aman, a las cosas...
¡Intelijencia, dame
el nombre exacto, y tuyo,
y suyo, y mío, de las cosas!

LEON FELIPE
(1884-1968)

Yo no sé muchas cosas, es verdad.
Digo tan solo lo que he visto.
Y he visto:
Que los gritos de angustia del hombre los ahogan con
[cuentos
Que el llanto del hombre lo taponan con cuentos...
Que los huesos del hombre los entierran con cuentos...
Y que el miedo del hombre
ha inventado todos los cuentos.
Yo sé muy pocas cosas, es verdad.
Pero me he dormido con todos los cuentos...
Y sé todos los cuentos.

RICARDO GÜIRALDES
ARGENTINA (1886-1927)

Paseo

De Río a Copacabana.
Se dispara sobre impecable asfalto, se agujerea una monta-
ña y se redispara, en herradura, costeando océano y ven-
teándose de marisco.
El mar alinea paralelas blancas con calmos siseos. El cielo
está siempre clavado al techo, por sus estrellas; los morros
fabrican horizontes de montaña rusa...
Y la luna calavereando.

Río de Janeiro, 1914.

DELMIRA AGUSTINI
URUGUAY (1886-1914)

OFRENDANDO EL LIBRO

A Eros

Porque haces tu can de la leona
Más fuerte de la Vida, y la aprisiona
La cadena de rosas de tu brazo.

Porque tu cuerpo es la raíz, el lazo
Esencial de los troncos discordantes
Del placer y el dolor, plantas gigantes.

Porque emerge en tu mano bella y fuerte,
Como en broche de místicos diamantes
El más embriagador lis de la Muerte.

Porque sobre el Espacio te diviso,
Puente de luz, perfume y melodía,
Comunicando infierno y paraíso.

—Con alma fúlgida y carne sombría...

RAMÓN LÓPEZ VELARDE
MÉXICO (1888-1921)

DÍA 13

Mi corazón retrógrado
ama desde hoy la temerosa fecha
en que surgiste con aquel vestido
de luto y aquel rostro de ebriedad.

Día 13 en que el filo de tu rostro
llevaba la embriaguez como un relámpago
y en que tus lúgubres arreos daban
una luz que cegaba al sol de agosto,
así como se nubla el sol ficticio
en las decoraciones
de los Calvarios de los Viernes Santos.

Por enlutada y ebria simulaste,
en la superstición de aquel domingo,
una fúlgida cuenta de abalorio
humedecida en un licor letárgico.

¿En qué embriaguez bogaban tus pupilas
para que así pudiesen
narcotizarlo todo?
Tu tiniebla
guiaba mis latidos, cual guiaba
la columna de fuego al israelita.

Adivinaba mi acucioso espíritu
tus blancas y fulmíneas paradojas:
el centelleo de tus zapatillas,
la llamarada de tu falda lúgubre,
el látigo incisivo de tus cejas
y el negro luminar de tus cabellos.

Desde la fecha de superstición
en que colmaste el vaso de mi júbilo
mi corazón oscurantista clama
a la buena bondad del mal agüero;

que si mi sal se riega, irán sus granos
trazando en el mantel tus iniciales;
y si estalla mi espejo en un gemido,

fenecerá diminutivamente
como la desinencia de tu nombre.

Superstición, consérvame el radioso
vértigo del minuto perdurable
en que su traje negro devoraba
la luz desprevenida del cenit,
y en que su falda lúgubre era un bólido
por un cielo de hollín sobrecogido...

GABRIELA MISTRAL
CHILE (1889-1957)

LOS SONETOS DE LA MUERTE

Del nicho helado en que los hombres te pusieron,
te bajaré a la tierra humilde y soleada.
Que he de dormirme en ella los hombres no supieron,
y que hemos de soñar sobre la misma almohada.

Te acostaré en la tierra soleada con una
dulcedumbre de madre para el hijo dormido,
y la tierra ha de hacerse suavidades de cuna
al recibir tu cuerpo de niño dolorido.

Luego iré espolvoreando tierra y polvo de rosas,
y en la azulada y leve polvareda de luna,
los despojos livianos irán quedando presos.

Me alejaré cantando mis venganzas hermosas,
¡porque a ese hondor recóndito la mano de ninguna
bajará a disputarme tu puñado de huesos!

Este largo cansancio se hará mayor un día,
y el alma dirá al cuerpo que no quiere seguir
arrastrando su masa por la rosada vía,
por donde van los hombres, contentos de vivir...

Sentirás que a tu lado cavan briosamente,
que otra dormida llega a la quieta ciudad.
Esperaré que me hayan cubierto totalmente...
¡y después hablaremos por una eternidad!

Solo entonces sabrás el porqué, no madura
para las hondas huesas tu carne todavía,
tuviste que bajar, sin fatiga, a dormir.

Se hará luz en la zona de los sinos, oscura;
sabrás que en nuestra alianza signo de astros había
y, roto el pacto enorme, tenías que morir...

Malas manos tomaron tu vida desde el día
en que, a una señal de astros, dejara su plantel
nevado de azucenas. En gozo florecía.
Malas manos entraron trágicamente en él...

Y yo dije al Señor: «Por las sendas mortales
le llevan. ¡Sombra amada que no saben guiar!
¡Arráncalo, Señor, a esas manos fatales
o le hundes en el largo sueño que sabes dar!

¡No le puedo gritar, no le puedo seguir!
Su barca empuja un negro viento de tempestad.
Retórnalo a mis brazos o le siegas en flor».

Se detuvo la barca rosa de su vivir...
¿Que no sé del amor, que no tuve piedad?
¡Tú, que vas a juzgarme, lo comprendes, Señor!

ALFONSO REYES
MÉXICO (1889-1959)

SILENCIO

Escojo la voz más tenue
para maldecir del trueno,
como la miel más delgada
para triaca del veneno.
En la corola embriagada
del más efímero sueño,
interrogo las astucias
del desquite contra el tiempo,
y a la barahúnda opongo
el escogido silencio.
No es menos luz la centella
por cegar solo un momento,
ni es desamor el amor
que enmudece por intenso.
Cada vez menos palabras;
y cada palabra, un verso;
cada poema, un latido;
cada latido, universo.
Esfera ya reducida
a la norma de su centro,
es inmortal el instante
y lo fugitivo eterno.
Flecha que clavó el destino,
aunque presuma de vuelo,
déjate dormir, canción,
que ya duraste un exceso.

JOSÉ ANTONIO RAMOS SUCRE
VENEZUELA (1890-1930)

LA VERDAD

La golondrina conoce el calendario, divide el año por el consejo de una sabiduría innata. Puede prescindir del aviso de la luna variable.

Según la ciencia natural, la belleza de la golondrina es el ordenamiento de su organismo para el vuelo, una proporción entre el medio y el fin, entre el método y el resultado, una idea socrática.

La golondrina salva continentes en un día de viaje y ha conocido desde antaño la medida del orbe terrestre, anticipándose a los dragones infalibles del mito.

Un astrónomo desvariado cavilaba en su isla de pinos y roquedos, presente de un rey, sobre los anillos de Saturno y otras maravillas del espacio y sobre el espíritu elemental del fuego, el fósforo inquieto. Un prejuicio teológico le había inspirado el pensamiento de situar en el ruedo del sol el destierro de las almas condenadas.

Recuperó el sentimiento humano de la realidad en medio de una primavera tibia. Las golondrinas habituadas a rodear los monumentos de un reino difunto, erigidos conforme una aritmética primordial, subieron hasta el clima riguroso y dijeron al oído del sabio la solución del enigma del universo, el secreto de la esfinge impúdica.

OLIVERIO GIRONDO
ARGENTINA (1891-1967)

Se miran, se presienten, se desean,
se acarician, se besan, se desnudan,
se respiran, se acuestan, se olfatean,

se penetran, se chupan, se desnudan,
se adormecen, despiertan, se iluminan,
se codician, se palpan, se fascinan,
se mastican, se gustan, se babean,
se confunden, se acoplan, se disgregan,
se aletargan, fallecen, se reintegran,
se distienden, se enarcan, se menean,
se retuercen, se estiran, se caldean,
se estrangulan, se aprietan, se estremecen,
se tantean, se juntan, desfallecen,
se repelen, se enervan, se apetecen,
se acometen, se enlazan, se entrechocan,
se agazapan, se apresan, se dislocan,
se perforan, se incrustan, se acribillan,
se remachan, se injertan, se atornillan,
se desmayan, reviven, resplandecen,
se contemplan, se inflaman, se enloquecen,
se derriten, se sueldan, se calcinan,
se desgarran, se muerden, se asesinan,
resucitan, se buscan, se refriegan,
se rehúyen, se evaden y se entregan.

PEDRO SALINAS
(1891-1951)

¡Si me llamaras, sí,
si me llamaras!
Lo dejaría todo,
todo lo tiraría:
los precios, los catálogos,
el azul del océano en los mapas,
los días y sus noches,
los telegramas viejos

y un amor.
Tú, que no eres mi amor,
¡si me llamaras!

Y aún espero tu voz:
telescopios abajo,
desde la estrella,
por espejos, por túneles,
por los años bisiestos
puede venir. No sé por dónde.
Desde el prodigio, siempre.
Porque si tú me llamas
—¡si me llamaras, sí, si me llamaras!—
será desde un milagro,
incógnito, sin verlo.

Nunca desde los labios que te beso,
nunca
desde la voz que dice: «No te vayas».

Perdóname por ir así buscándote
tan torpemente, dentro
de ti.
Perdóname el dolor, alguna vez.
Es que quiero sacar
de ti tu mejor tú.
Ese que no te viste y que yo veo,
nadador por tu fondo, preciosísimo.
Y cogerlo
y tenerlo yo en alto como tiene
el árbol la luz última
que le ha encontrado al sol.
Y entonces tú

en su busca vendrías, a lo alto.
Para llegar a él
subida sobre ti, como te quiero
tocando ya tan solo a tu pasado
con las puntas rosadas de tus pies,
en tensión todo el cuerpo, ya ascendiendo
de ti a ti misma.

Y que a mi amor entonces, le conteste
la nueva criatura que tú eras.

¿Las oyes cómo piden realidades,
ellas, desmelenadas, fieras,
ellas, las sombras que los dos forjamos
en este inmenso lecho de distancias?
Cansadas ya de infinitud, de tiempo
sin medida, de anónimo, heridas
por una gran nostalgia de materia,
piden límites, días, nombres.
No pueden
vivir así ya más: están al borde
del morir de las sombras, que es la nada.
Acude, ven, conmigo.
Tiende tus manos, tiéndeles tu cuerpo.
Los dos les buscaremos
un color, una fecha, un pecho, un sol.
Que descansen en ti, sé tú su carne.
Se calmará su enorme ansia errante,
mientras las estrechamos
ávidamente entre los cuerpos nuestros
donde encuentren su pasto y su reposo.
Se dormirán al fin en nuestro sueño
abrazado, abrazadas. Y así luego,

al separarnos, al nutrirnos solo
de sombras, entre lejos,
ellas
tendrán recuerdos ya, tendrán pasado
de carne y hueso,
el tiempo que vivieron en nosotros.
Y su afanoso sueño
de sombras, otra vez, será el retorno
a esta corporeidad mortal y rosa
donde el amor inventa su infinito.

Nadadora de noche, nadadora
entre olas y tinieblas.
Brazos blancos hundiéndose, naciendo,
con un ritmo
regido por designios ignorados,
avanzas
contra la doble resistencia sorda
de oscuridad y mar, de mundo oscuro.
Al naufragar el día,
tú, pasajera
de travesías por abril y mayo,
te quisiste salvar, te estás salvando,
de la resignación, no de la muerte.
Se te rompen las olas, desbravadas,
hecho su asombro espuma,
arrepentidas ya de su milicia,
cuando tlí les ofreces, como un pacto,
tu fuerte pecho virgen.
Se te rompen
las densas ondas anchas de la noche
contra ese afán de claridad que buscas,
brazada por brazada, y que levanta

un espumar altísimo en el cielo;
espumas de luceros, sí, de estrellas,
que te salpica el rostro
con un tumulto de constelaciones,
de mundos. Desafía
mares de siglos, siglos de tinieblas,
tu inocencia desnuda.
Y el rítmico ejercicio de tu cuerpo
soporta, empuja, salva
mucho más que tu carne. Así tu triunfo
tu fin será, y al cabo, traspasadas
el mar, la noche, las conformidades,
del otro lado ya del mundo negro,
en la playa del día que alborea,
morirás en la aurora que ganaste.

CÉSAR VALLEJO
PERÚ (1892-1938)

LOS HERALDOS NEGROS

Hay golpes en la vida, tan fuertes... Yo no sé!
Golpes como del odio de Dios; como si ante ellos,
la resaca de todo lo sufrido
se empozara en el alma... Yo no sé!

Son pocos; pero son... Abren zanjas oscuras
en el rostro más fiero y en el lomo más fuerte.
Serán tal vez los potros de bárbaros Atilas;
o los heraldos negros que nos manda la Muerte.

Son las caídas hondas de los Cristos del alma,
de alguna fe adorable que el Destino blasfema.

Esos golpes sangrientos son las crepitaciones
de algún pan que en la puerta del horno se nos quema.

Y el hombre... Pobre... pobre! Vuelve los ojos, como
cuando por sobre el hombro nos llama una palmada;
vuelve los ojos locos, y todo lo vivido
se empoza, como charco de culpa, en la mirada.

Hay golpes en la vida, tan fuertes... Yo no sé!

Y SI DESPUÉS DE TANTAS PALABRAS...

¡Y si después de tantas palabras,
no sobrevive la palabra!
¡Si después de las alas de los pájaros,
no sobrevive el pájaro parado!
¡Más valdría, en verdad,
que se lo coman todo y acabemos!

¡Haber nacido para vivir de nuestra muerte!
¡Levantarse del cielo hacia la tierra
por sus propios desastres
y espiar el momento de apagar con su sombra su tiniebla!

¡Más valdría, francamente,
que se lo coman todo y qué más da...!

¡Y si después de tanta historia, sucumbimos,
no ya de eternidad,
sino de esas cosas sencillas, como estar
en la casa o ponerse a cavilar!
¡Y si luego encontramos,
de buenas a primeras, que vivimos,

a juzgar por la altura de los astros,
por el peine y las manchas del pañuelo!
¡Más valdría, en verdad,
que se lo coman todo, desde luego!

Se dirá que tenemos
en uno de los ojos mucha pena
y también en el otro, mucha pena
y en los dos, cuando miran, mucha pena...
Entonces... ¡Claro!... Entonces... ¡ni palabra!

PIEDRA NEGRA SOBRE UNA PIEDRA BLANCA

Me moriré en París con aguacero,
un día del cual tengo ya el recuerdo.
Me moriré en París —y no me corro—
talvez un jueves, como es hoy, de otoño.

Jueves será, porque hoy, jueves, que proso
estos versos, los húmeros me he puesto
a la mala y, jamás como hoy, me he vuelto,
con todo mi camino, a verme solo.

César Vallejo ha muerto, le pegaban
todos sin que él les haga nada;
le daban duro con un palo y duro

también con una soga; son testigos
los días jueves y los huesos húmeros,
la soledad, la lluvia, los caminos...

ESPAÑA, APARTA DE MI ESTE CÁLIZ

Niños del mundo,
si cae España —digo, es un decir—,
si cae
del cielo abajo su antebrazo que asen,
en cabestro, dos láminas terrestres;
niños, ¡qué edad la de las sienes cóncavas!
¡qué temprano en el sol lo que os decía!
¡qué pronto en vuestro pecho el ruido anciano!
¡qué viejo vuestro 2 en el cuaderno!

¡Niños del mundo, está
la madre España con su vientre a cuestas;
está nuestra maestra con sus férulas,
está madre y maestra,
cruz y madera, porque os dio la altura,
vértigo y división y suma, niños;
está con ella, padres procesales!

Si cae —digo, es un decir—, si cae
España, de la tierra para abajo,
niños, ¡cómo vais a cesar de crecer!
¡cómo va a castigar el año al mes!
¡cómo van a quedarse en diez los dientes,
en palote el diptongo, la medalla en llanto!
¡Cómo va el corderillo a continuar
atado por la pata al gran tintero!
¡Cómo vais a bajar las gradas del alfabeto
hasta la letra en que nació la pena!

Niños,
hijos de los guerreros, entre tanto,
bajad la voz, que España está ahora mismo repartiendo
la energía entre el reino animal,
las florecillas, los cometas y los hombres.

¡Bajad la voz, que está
con su rigor, que es grande, sin saber
qué hacer, y está en su mano
la calavera hablando y habla y habla,
la calavera, aquella de la trenza,
la calavera, aquella de la vida!

¡Bajad la voz, os digo;
bajad la voz, el canto de las silabas, el llanto
de la materia y el rumor menor de las pirámides, y aún
el de las sienes que andan con dos piedras!
¡Bajad el aliento, y si
el antebrazo baja,
si las férulas suenan, si es la noche,
si el cielo cabe en dos limbos terrestres,
si hay ruido en el sonido de las puertas,
si tardo,
si no veis a nadie, si os asustan
los lápices sin punta, si la madre
España cae —digo, es un decir—,
salid, niños del mundo; id a buscarla!...

ALFONSINA STORNI
ARGENTINA (1892-1938)

LA CARICIA PERDIDA

Se me va de los dedos la caricia sin causa,
se me va de los dedos... En el viento, al pasar,
la caricia que vaga sin destino ni objeto,
la caricia perdida, ¿quién la recogerá?
Pude amar esta noche con piedad infinita,
pude amar al primero que acertara a llegar.

Nadie llega. Están solos los floridos senderos.
La caricia perdida, rodará... rodará...

Si en los ojos te besan esta noche, viajero,
si estremece las ramas un dulce suspirar,
si te oprime los dedos una mano pequeña
que te toma y te deja, que te logra y se va.

Si no ves esa mano, ni esa boca que besa,
si es el aire quien teje la ilusión de besar,
oh, viajero, que tienes como el cielo los ojos,
en el viento fundida, ¿me reconocerás?

DOLOR

Quisiera esta tarde divina de octubre
pasear por la orilla lejana del mar;
que la arena de oro, y las aguas verdes,
y los cielos puros me vieran pasar.
Ser alta, soberbia, perfecta, quisiera,
como una romana, para concordar
con las grandes olas, y las rocas muertas
y las anchas playas que ciñen el mar.
Con el paso lento, y los ojos fríos
y la boca muda, dejarme llevar;
va cómo se rompen las olas azules
contra los granitos y no parpadear:
ver cómo las aves rapaces se comen
los peces pequeños y no despertar;
pensar que pudieran las frágiles barcas
hundirse en las aguas y no suspirar;
ver que se adelanta, la garganta al aire,
el hombre más bello; no desear amar...
perder la mirada, distraídamente,

perderla, y que nunca la vuelva a encontrar:
y, figura erguida, entre cielo y playa,
sentirme el olvido perenne del mar.

JUANA DE IBARBOUROU
URUGUAY (1892-1979)

LA CITA

Me he ceñido toda con un manto negro.
Estoy toda pálida, la mirada extática.
Y en los ojos tengo partida una estrella.
¡Dos triángulos rojos en mi faz hierática!

Ya ves que no luzco siquiera una joya,
ni un lazo rosado, ni un ramo de dalias.
Y hasta me he quitado las hebillas ricas
de las correhuelas de mis dos sandalias.

Mas soy esta noche, sin oros ni sedas,
esbelta y morena como un lirio vivo.
Y estoy toda ungida de esencias de nardos,
y soy toda suave bajo el manto esquivo.

Y en mi boca pálida florece ya el trémulo
clavel de mi beso que aguarda tu boca.
Y a mis manos largas se enrosca el deseo
como una invisible serpentina loca.

¡Descíñeme, amante! ¡Descíñeme, amante!
Bajo tu mirada surgiré como una
estatua vibrante sobre un plinto negro
hasta el que se arrastra, como un can, la luna.

VICENTE HUIDOBRO
CHILE (1893-1948)

ARTE POÉTICA

Que el verso sea como una llave
que abra mil puertas.
Una hoja cae; algo pasa volando;
cuanto miren los ojos creado sea,
y el alma del oyente quede temblando.

Inventa mundos nuevos y cuida tu palabra;
el adjetivo, cuando no da vida, mata.

Estamos en el ciclo de los nervios.
El músculo cuelga,
como recuerdo, en los museos;
mas no por eso tenemos menos fuerza:
el vigor verdadero
reside en la cabeza.

Por qué cantáis la rosa, ¡oh poetas!
hacedla florecer en el poema.

Sólo para nosotros
viven todas las cosas bajo el sol.

El poeta es un pequeño Dios.

HORIZONTE

Pasar el horizonte envejecido
Y mirar en el fondo de los sueños
La estrella que palpita
Eras tan hermosa
                    que no pudiste hablar

Yo me alejé
                 pero llevo en la mano
Aquel cielo nativo
Con un sol gastado

Esta tarde
          en un café
                  he bebido

                    Un licor tembloroso
                    Como un pescado rojo

Y otra vez en el vaso escondido
Ese sueño filial
Eras tan hermosa
                 que no pudiste hablar
En tu pecho algo agonizaba

Eran verdes tus ojos
                 pero yo me alejaba
Eras tan hermosa
                 que aprendí a cantar

FERNANDO PAZ CASTILLO
VENEZUELA (1893-1981)

POESÍA

La calma,
lejana, íntima
que tiene el ímpetu audaz
del monte altivo.
El resplandor dormido,
más rojo que el rojo

y menos rojo
que el rojo,
sobre la inquieta llama
o en la llama agonizante.
El punto
indefinido
de donde regresa la mirada
insegura,
de conquistar la nada
de su origen.
La palabra buena,
la palabra mansa
que al fin de muchas luchas,
y triunfos y derrotas,
encuentra,
que solo sabe comprender, callada.

JORGE GUILLÉN
(1893-1984)

BEATO SILLÓN

¡Beato sillón! La casa
Corrobora su presencia
Con la vaga intermitencia
De su invocación en masa
A la memoria. No pasa
Nada. Los ojos no ven,
Saben. El mundo está bien
Hecho. El instante lo exalta
A marea, de tan alta,
De tan alta, sin vaivén.

DEL TRANSCURSO

Miro hacia atrás, hacia los años, lejos,
Y se me ahonda tanta perspectiva
Que del confín apenas sigue viva
La vaga imagen sobre mis espejos.

Aún vuelan, sin embargo, los vencejos
En torno de unas torres, y allá arriba
Persiste mi niñez contemplativa.
Ya son buen vino mis viñedos viejos.

Fortuna adversa o próspera no auguro.
Por ahora me ahínco en mi presente,
Y aunque sé lo que sé, mi afán no taso.

Ante los ojos, mientras, el futuro
Se me adelgaza delicadamente,
Más difícil, más frágil, más escaso.

MÁS VERDAD

Sí, más verdad,
Objeto de mi gana.

Jamás, jamás engaños escogidos.

¿Yo escojo? Yo recojo
La verdad impaciente,
Esa verdad que espera a mi palabra.

¿Cumbre? Sí, cumbre
Dulcemente continua hasta los valles:
Un rugoso relieve entre relieves.
Todo me asombra junto.

Y la verdad
Hacia mí se abalanza, me atropella.

Más sol,
Venga ese mundo soleado,
Superior al deseo
Del fuerte,
Venga más sol feroz.

¡Más, más verdad!

PABLO DE ROKHA
CHILE (1894-1968)

ECUACIÓN
(CANTO DE LA FÓRMULA ESTÉTICA)

1

Al poema, como al candado, es menester echarle llave; a
poema, como a la flor, o a la mujer, o a la actitud, que es l
entrada del hombre; al poema, como al sexo, o al cielo.

2

Que nunca el canto se parezca a nada, ni a un hombre, ni
un alma, ni a un canto.

3

No es posible hacer el himno vivo con dolores muertos, co
verdades muertas, con deberes muertos, con amargo llan
humano; acciones de hombres, no, trasmutaciones; que

poema devenga ser, acción, voluntad, organismo, virtudes y
vicios, que constituya, que determine, que establezca su atmós-
fera y la gran costumbre del gesto, juicio del acto; dejar al ani-
mal nuevo la ley que él cree, que él es, que él invente; asesine-
mos la amargura y aun la alegría, y ojalá el poema se ría solo,
sin recuerdos,ojalá sin instintos.

4

¿Qué canta el canto? Nada. El canto canta, el canto canta,
no como el pájaro, sino como el canto del pájaro.

JUAN LARREA
(1895-1980)

CENTENARIO

En el aniversario de don Don Luis de Góngora

Virgilio, ¿en dónde estás, Virgilio?
Mudando pluma a pluma de amor he aquí esta orilla
nía, este ahora no quererme ahogar. ¿Quién volará en mi
[auxilio?
Ya la espuma en tu ausencia va hallando un domicilio,
en mis ojos todas las tardes se ve el fondo de arcilla.

Sufriendo como el clima de una isla enclavada
acia el sur, ¡qué bien huele a arboleda tu voz y a ola recién
[surcada!
Alta la mar verde vereda,
aja la voz que aún es tiempo de vida,
aja la voz que cierra un ala a cada
ado del que escuchando queda.

Virgilio, amigo mío,
ya se acerca el Frío.

La ilusión de la luz viene a llenar un vacío
en este cielo ensangrentado de pies de versos
que vagan al acaso
sobre espinas de nube y quejas de universo.
Virgilio, abre tus ojos de violeta lenta,
el tiempo es bueno aunque escaso.
Abre tus ojos de ese azul tan anterior a la invención de la im-
                                                        [prenta,
tus ojos uniformes de ansiedad y mira
cómo la tinta que se desprende de mi pelo a cada temblor
                                                        [de lira
oscurece el sentido de una imagen lejana.

La noche agranda el delito del navegante eterno
que anuncia: ¡tierra!, ¡tierra!, en toda carne, en todo hueso, en
                                                        [toda ambición humana
y en transportes de amor va llegando el invierno.

Virgilio Gómez, ¿qué esperas?
Ya otra luz siembra abejas en mis vegas ociosas,
y cargados de pólvora de sonrisas ligeras
ya nuevos astros quieren acusar mis ojeras
de fusil que ha soñado toda una noche con rosas.

LEÓN DE GREIFF
COLOMBIA (1895-1976)

ARIETAS

A Pepe Mexia

Perfumes, aromas ya idos...
Aromas, perfumes... Aromas

de áloes, sándalos y gomas,
suaves perfumes abolidos:
¿en cuáles Edenes perdidos,
en cuáles Pompeyas, Sodomas,
Lutecias, Corintos y Romas,
estáis?

De etéreas, gráciles redomas,
de pebeteros encendidos
en noches de goces ardidos,
cuando los senos eran pomas
de áloes, sándalos y gomas,
perfumes, aromas huidos,
suaves perfumes... ¿abolidos
estáis?

De una guedeja desprendidos;
de candideces de palomas,
olor de los besos que tomas
de los labios estremecidos
de Eva o Lilith...; olor de nidos;
de etéreas, gráciles redomas...
¿en dónde —perfumes, aromas—
estáis?

EVARISTO RIBERA CHEVREMONT
PUERTO RICO (1896-1976)

YO SOY MI RÍO

Yo soy lo que soy.
Que estoy en mí. Me miro
en multitud de espejos
y en multitud de anillos.

Yo sé lo que soy. Nada
y todo. Soy yo mismo.
Lo que yo soy traspone
los mundos en que he sido
y soy. Sin nadie voy.

Yo soy lo que soy. Limo
y azul. Soy lo que soy
de límite a infinito.
Soy nada y todo. Soy
lo mío en mí. Lo mío.

Lo mío es lo que doy
en mí. ¿Lo mío? Río.
Río que va, en secreto,
por cauces insabidos,
pero que corresponde
a máximo sentido.
Río que va, de entrañas
a espíritus. Y es hilo
de la madeja cósmica:
lo mío en mí. Mi signo.

GERARDO DIEGO
(1896-1987)

EL CIPRÉS DE SILOS

A Ángel del Río

Enhiesto surtidor de sombra y sueño
que acongojas el cielo con tu lanza.
Chorro que a las estrellas casi alcanza
devanado a sí mismo en loco empeño.

Mástil de soledad, prodigio isleño,
flecha de fe, saeta de esperanza.
Hoy llegó a ti, riberas del Arlanza,
peregrina al azar, mi alma sin dueño.

Cuando te vi señero, dulce, firme,
qué ansiedades sentí de diluirme
y ascender como tú, vuelto en cristales,

como tú, negra torre de arduos filos,
ejemplo de delirios verticales,
mudo ciprés en el fervor de Silos.

ROMANCE DEL DUERO

Río Duero, río Duero,
nadie a acompañarte baja,
nadie se detiene a oír
tu eterna estrofa de agua.

Indiferente o cobarde,
la ciudad vuelve la espalda.
No quiere ver en tu espejo
su muralla desdentada.

Tú, viejo Duero, sonríes
entre tus barbas de plata,
moliendo con tus romances
las cosechas mal logradas.

Y entre los santos de piedra
y los álamos de magia
pasas llevando en tus ondas

palabras de amor, palabras.
Quién pudiera como tú,
a la vez quieto y en marcha,
cantar siempre el mismo verso
pero con distinta agua.

Río Duero, río Duero,
nadie a estar contigo baja,
ya nadie quiere atender
tu eterna estrofa olvidada,

sino los enamorados
que preguntan por sus almas
y siembran en tus espumas
palabras de amor, palabras.

INSOMNIO

Tú y tu desnudo sueño. No lo sabes.
Duermes. No. No lo sabes. Yo en desvelo,
y tú, inocente, duermes bajo el cielo.
Tú por tu sueño y por el mar las naves.

En cárceles de espacio, aéreas llaves
te me encierran, recluyen, roban. Hielo,
cristal de aire en mil hojas. No. No hay vuelo
que alce hasta ti las alas de mis aves.

Saber que duermes tú, cierta, segura
—cauce fiel de abandono, línea pura—,
tan cerca de mis brazos maniatados.

Qué pavorosa esclavitud de isleño,
yo, insomne, loco, en los acantilados,
las naves por el mar, tú por tu sueño.

FEDERICO GARCÍA LORCA
(1898-1936)

CANCIÓN DEL JINETE

Córdoba.
Lejana y sola.

Jaca negra, luna grande,
y aceitunas en mi alforja.
Aunque sepa los caminos
yo nunca llegaré a Córdoba.

Por el llano, por el viento,
jaca negra, luna roja.
La muerte me está mirando
desde las torres de Córdoba.

¡Ay qué camino tan largo!
¡Ay mi jaca valerosa!
¡Ay que la muerte me espera,
antes de llegar a Córdoba!
Córdoba.
Lejana y sola.

DESPEDIDA

Si muero,
dejad el balcón abierto.

El niño come naranjas.
(Desde mi balcón lo veo.)

El segador siega el trigo.
(Desde mi balcón lo siento.)

¡Si muero,
dejad el balcón abierto!

EL LAGARTO ESTÁ LLORANDO

El lagarto está llorando.
La lagarta está llorando.
El lagarto y la lagarta
con delantalitos blancos.

Han perdido sin querer
su anillo de desposados.
¡Ay, su anillito de plomo,
ay, su anillito plomado!

Un cielo grande y sin gente
monta en su globo a los pájaros.
El sol, capitán redondo,
lleva un chaleco de raso.
¡Miradlos qué viejos son!
¡Qué viejos son los lagartos!
¡Ay, cómo lloran y lloran!,
¡ay! ¡ay! ¡cómo están llorando!

ROMANCE DE LA LUNA

La luna vino a la fragua
con su polisón de nardos.
El niño la mira mira.
El niño la está mirando.

En el aire conmovido
mueve la luna sus brazos

y enseña, lúbrica y pura,
sus senos de duro estaño.

Huye luna, luna, luna.
Si vinieran los gitanos,
harían con tu corazón
collares y anillos blancos.

Niño déjame que baile.
Cuando vengan los gitanos,
te encontrarán sobre el yunque
con los ojillos cerrados.

Huye luna, luna, luna,
que ya siento sus caballos.
Niño déjame, no pises,
mi blancor almidonado.

El jinete se acercaba
tocando el tambor del llano.
Dentro de la fragua el niño,
tiene los ojos cerrados.

Por el olivar venían,
bronce y sueño, los gitanos.
Las cabezas levantadas
y los ojos entornados.

¡Cómo canta la zumaya,
ay, como canta en el árbol!
Por el cielo va la luna
con el niño de la mano.

Dentro de la fragua lloran,
dando gritos, los gitanos.

El aire la vela, vela.
el aire la está velando.

ROMANCE DE LA PENA NEGRA

A José Navarro Pardo

Las piquetas de los gallos
cavan buscando la aurora,
cuando por el monte oscuro
baja Soledad Montoya.
Cobre amarillo, su carne,
huele a caballo y a sombra.
Yunques ahumados sus pechos,
gimen canciones redondas.
Soledad, ¿por quién preguntas
sin compaña y a estas horas?
Pregunte por quien pregunte,
dime: ¿a ti qué se te importa?
Vengo a buscar lo que busco,
mi alegría y mi persona.
Soledad de mis pesares,
caballo que se desboca,
al fin encuentra la mar
y se lo tragan las olas.
No me recuerdes el mar,
que la pena negra, brota
en las tierras de aceituna
bajo el rumor de las hojas.
¡Soledad, qué pena tienes!
¡Qué pena tan lastimosa!
Lloras zumo de limón
agrio de espera y de boca.
¡Qué pena tan grande! Corro
mi casa como una loca,

mis dos trenzas por el suelo,
de la cocina a la alcoba.
¡Qué pena! Me estoy poniendo
de azabache carne y ropa.
¡Ay, mis camisas de hilo!
¡Ay, mis muslos de amapola!
Soledad: lava tu cuerpo
con agua de las alondras,
y deja tu corazón
en paz, Soledad Montoya.

*

Por abajo canta el río
volante de cielo y hojas.
Con flores de calabaza,
la nueva luz se corona.
¡Oh pena de los gitanos!
Pena limpia y siempre sola.
¡Oh pena de cauce oculto
y madrugada remota!

ROMANCE SONÁMBULO

*A Gloria Giner
y a Fernando de los Ríos*

Verde que te quiero verde.
Verde viento. Verdes ramas.
El barco sobre la mar
y el caballo en la montaña.
Con la sombra en la cintura
ella sueña en su baranda,
verde carne, pelo verde,
con ojos de fría plata.
Verde que te quiero verde.

Bajo la luna gitana,
las cosas le están mirando
y ella no puede mirarlas.

*

Verde que te quiero verde.
Grandes estrellas de escarcha,
vienen con el pez de sombra
que abre el camino del alba.
La higuera frota su viento
con la lija de sus ramas,
y el monte, gato garduño,
eriza sus pitas agrias.
¿Pero quién vendrá? ¿Y por dónde...?
Ella sigue en su baranda,
verde carne, pelo verde,
soñando en la mar amarga.

*

Compadre, quiero cambiar
mi caballo por su casa,
mi montura por su espejo,
mi cuchillo por su manta.
Compadre, vengo sangrando,
desde los montes de Cabra.
Si yo pudiera, mocito,
ese trato se cerraba.
Pero yo ya no soy yo,
ni mi casa es ya mi casa.
Compadre, quiero morir
decentemente en mi cama.
De acero, si puede ser,
con las sábanas de holanda.
¿No ves la herida que tengo

desde el pecho a la garganta?
Trescientas rosas morenas
lleva tu pechera blanca.
Tu sangre rezuma y huele
alrededor de tu faja.
Pero yo ya no soy yo,
ni mi casa es ya mi casa.
Dejadme subir al menos
hasta las altas barandas,
dejadme subir, dejadme,
hasta las verdes barandas.
Barandales de la luna
por donde retumba el agua.

*

Ya suben los dos compadres
hacia las altas barandas.
Dejando un rastro de sangre.
Dejando un rastro de lágrimas.
Temblaban en los tejados
farolillos de hojalata.
Mil panderos de cristal,
herían la madrugada.

*

Verde que te quiero verde,
verde viento, verdes ramas.
Los dos compadres subieron.
El largo viento, dejaba
en la boca un raro gusto
de hiel, de menta y de albahaca.
¡Compadre! ¿Dónde está, dime?
¿Dónde está mi niña amarga?
¡Cuántas veces te esperó!

¡Cuántas veces te esperara,
cara fresca, negro pelo,
en esta verde baranda!

*

Sobre el rostro del aljibe
se mecía la gitana.
Verde carne, pelo verde,
con ojos de fría plata.
Un carámbano de luna
la sostiene sobre el agua.
La noche su puso íntima
como una pequeña plaza.
Guardias civiles borrachos,
en la puerta golpeaban.
Verde que te quiero verde.
Verde viento. Verdes ramas.
El barco sobre la mar.
Y el caballo en la montaña.

LA AURORA

La aurora de Nueva York tiene
cuatro columnas de cieno
y un huracán de negras palomas
que chapotean las aguas podridas.

La aurora de Nueva York gime
por las inmensas escaleras
buscando entre las aristas
nardos de angustia dibujada.

La aurora llega y nadie la recibe en su boca
porque allí no hay mañana ni esperanza posible.
A veces las monedas en enjambres furiosos
taladran y devoran abandonados niños.

Los primeros que salen comprenden con sus huesos
que no habrá paraíso ni amores deshojados;
saben que van al cieno de números y leyes,
a los juegos sin arte, a sudores sin fruto.

La luz es sepultada por cadenas y ruidos
en impúdico reto de ciencia sin raíces.
Por los barrios hay gentes que vacilan insomnes
como recién salidas de un naufragio de sangre.

SON DE NEGROS EN CUBA

Cuando llegue la luna llena iré a Santiago de Cuba,
iré a Santiago,
en un coche de agua negra
iré a Santiago.
Cantarán los techos de palmera,
iré a Santiago.
Cuando la palma quiere ser cigüeña,
iré a Santiago
y cuando quiere ser medusa el plátano,
iré a Santiago.
Iré a Santiago
con la rubia cabeza de Fonseca.
Iré a Santiago.
Y con el rosa de Romeo y Julieta
iré a Santiago.
¡Oh Cuba! ¡Oh ritmo de semillas secas!
Iré a Santiago.

¡Oh cintura caliente y gota de madera!
Iré a Santiago.
¡Arpa de troncos vivos. Caimán. Flor de tabaco!
Iré a Santiago.
Siempre he dicho que yo iría a Santiago
en un coche de agua negra.
Iré a Santiago.
Brisa y alcohol en las ruedas,
iré a Santiago.
Mi coral en la tiniebla,
iré a Santiago.
El mar ahogado en la arena,
iré a Santiago,
calor blanco, fruta muerta,
iré a Santiago.
¡Oh bovino frescor de cañavera!
¡Oh Cuba! ¡Oh curva de suspiro y barro!
Iré a Santiago.

VICENTE ALEIXANDRE
(1898-1984)

CANCIÓN A UNA MUCHACHA MUERTA

Dime, dime el secreto de tu corazón virgen,
dime el secreto de tu cuerpo bajo tierra,
quiero saber por qué ahora eres un agua,
esas orillas frescas donde unos pies desnudos se bañan con
[espuma.

Dime por qué sobre tu pelo suelto,
sobre tu dulce hierba acariciada,
cae, resbala, acaricia, se va

un sol ardiente o reposado que te toca
como un viento que lleva solo un pájaro o mano.

Dime por qué tu corazón como una selva diminuta
espera bajo tierra los imposibles pájaros,
esa canción total que por encima de los ojos
hacen los sueños cuando pasan sin ruido.

Oh tú, canción que a un cuerpo muerto o vivo,
que a un ser hermoso que bajo el suelo duerme,
cantas color de piedra, color de beso o labio,
cantas como si el nácar durmiera o respirara.

Esa cintura, ese débil volumen de un pecho triste,
ese rizo voluble que ignora el viento,
esos ojos por donde solo boga el silencio,
esos dientes que son de marfil resguardado,
ese aire que no mueve unas hojas no verdes...

¡Oh tú, cielo riente que pasas como nube;
oh pájaro feliz que sobre un hombro ríes;
fuente que, chorro fresco, te enredas con la luna;
césped blando que pisan unos pies adorados!

MIGUEL ÁNGEL ASTURIAS
GUATEMALA (1898-1974)

AUTOQUIROMANCIA

Leo en la palma de mi mano,
Patria, tu dulce geografía.
Sube la línea de mi vida
con trazo igual a tus volcanes

y luego baja como línea
de corazón hasta mis dedos.

Mis manos son tu superficie,
la estampa viva de tu tacto.
Mapa con montes, montes, montes,
los llamaré Cuchumatanes,
como esas cumbres que el zafiro
del Mar del Sur ve de turquesa.

El Tacaná, dedo gigante,
guarde la entrada del asombro
donde el maíz se vuelve grano
ya comestible para el hombre,
cereal humano de tu carne.

El monte claro de la luna
es en tu mano lago abuelo
con doce templos a la orilla.
De allí partió tu pueblo niño
—modela, pinta, esculpe, teje—
a la conquista de la aurora.

Polvo de luz en la tiniebla,
línea del sol en la canora
carne del cuenco de mi mano,
caracol hondo en que palpitan
atlantes ríos acolchados
y otros más rápidos, suicidas.

Oigo pegando mis oídos
al mapa vivo de tu suelo
que llevo aquí, aquí en las manos,
repicar todas tus campanas,
parpadear todas tus estrellas.

Al desposarme con mi tierra
haced, amigos, mi sortija
con la luciérnaga más sola.
La inmensa noche de mi muerte
duerma mi sien sobre mi mano
con la luciérnaga más sola.

DÁMASO ALONSO
(1898-1990)

MONSTRUOS

Todos los días rezo esta oración
al levantarme:

Oh Dios,
no me atormentes más.
Dime qué significan
estos espantos que me rodean.
Cercado estoy de monstruos
que mudamente me preguntan,
igual, igual, que yo les interrogo a ellos.
Que tal vez te preguntan,
lo mismo que yo en vano perturbo
el silencio de tu invariable noche
con mi desgarradora interrogación.
Bajo la penumbra de las estrellas
y bajo la terrible tiniebla de la luz solar,
me acechan ojos enemigos,
formas grotescas que me vigilan,
colores hirientes lazos me están tendiendo:
¡son monstruos,
estoy cercado de monstruos!

No me devoran.
Devoran mi reposo anhelado,
me hacen ser una angustia que se desarrolla a sí misma,
me hacen hombre,
monstruo entre monstruos.

No, ninguno tan horrible
como este Dámaso frenético,
como este amarillo ciempiés que hacia ti clama con todos
                                                    [sus tentáculos
enloquecidos,
como esta bestia inmediata
transfundida en una angustia fluyente;
no, ninguno tan monstruoso
como esa alimaña que brama hacia ti,
como esa desgarrada incógnita
que ahora te increpa con gemidos articulados,
que ahora te dice:
«Oh Dios,
no me atormentes más,
dime qué significan
estos monstruos que me rodean
y este espanto íntimo que hacia ti gime en la noche.»

MUJER CON ALCUZA

¿Adónde va esa mujer,
arrastrándose por la acera,
ahora que ya es casi de noche,
con la alcuza en la mano?

Acercaos: no nos ve.
Yo no sé qué es más gris,
si el acero frío de sus ojos,

i el gris desvaído de ese chal
on el que se envuelve el cuello y la cabeza,
si el paisaje desolado de su alma.

a despacio, arrastrando los pies,
esgastando suela, desgastando losa,
ero llevada
or un terror
scuro,
or una voluntad
e esquivar algo horrible.

í, estamos equivocados.
sta mujer no avanza por la acera
e esta ciudad,
sta mujer va por un campo yerto,
ntre zanjas abiertas, zanjas antiguas, zanjas recientes,
tristes caballones,
e humana dimensión, de tierra removida,
e tierra
ue ya no cabe en el hoyo de donde se sacó,
ntre abismales pozos sombríos,
turbias simas súbitas,
enas de barro y agua fangosa y sudarios harapientos del
                              [color de la desesperanza.

Oh sí, la conozco.
sta mujer yo la conozco: ha venido en un tren,
n un tren muy largo;
a viajado durante muchos días
durante muchas noches:
nas veces nevaba y hacía mucho frío,
tras veces lucía el sol y remejía el viento
rbustos juveniles
n los campos en donde incesantemente estallan
                              [extrañas flores encendidas.

Y ella ha viajado y ha viajado,
mareada por el ruido de la conversación,
por el traqueteo de las ruedas
y por el humo, por el olor a nicotina rancia.
¡Oh!:
noches y días,
días y noches,
noches y días,
días y noches,
y muchos, muchos días,
y muchas, muchas noches.

Pero el horrible tren ha ido parando
en tantas estaciones diferentes,
que ella no sabe con exactitud ni cómo se llamaban,
ni los sitios
ni las épocas.

  Ella
recuerda solo
que en todas hacía frío,
que en todas estaba oscuro
Y que al partir, al arrancar el tren
ha comprendido siempre
cuán bestial es el topetazo de la injusticia absoluta
ha sentido siempre
una tristeza que era como un ciempiés monstruoso que le
                              [colgara de la mejilla
como si con el arrancar del tren le arrancaran el alma,
como si con el arrancar del tren le arrancaran innumerables
        [margaritas, blancas cual su alegría infantil en la fiesta del
                                    [pueblo,
como si le arrancaran los días azules, el gozo de amar a
        [Dios y esa voluntad de minutos en sucesión que
                              [llamamos vivir.
Pero las lúgubres estaciones se alejaban,

y ella se asomaba frenética a las ventanillas,
gritando y retorciéndose,
solo
para ver alejarse en la infinita llanura
eso, una solitaria estación,
un lugar
señalado en las tres dimensiones del gran espacio cósmico
por una cruz
bajo las estrellas.

Y por fin se ha dormido,
sí, ha dormitado en la sombra,
arrullada por un fondo de lejanas conversaciones,
por gritos ahogados y empañadas risas,
como de gentes que hablaran a través de mantas bien espesas,
solo rasgadas de improviso
por lloros de niños que se despiertan mojados a la media
                                                              [noche,
o por cortantes chillidos de mozas a las que en los túneles les
                                                  [pellizcan las nalgas,
... aún mareada por el humo del tabaco.

Y ha viajado noches y días,
sí, muchos días,
y muchas noches.
Siempre parando en estaciones diferentes,
siempre con un ansia turbia, de bajar ella también, de quedarse
                                                        [ella también,
ay,
para siempre partir de nuevo con el alma desgarrada,
para siempre dormitar de nuevo en trayectos inacabables.

... No ha sabido cómo.
Su sueño era cada vez más profundo,
ban cesando,
casi habían cesado por fin los ruidos a su alrededor:

solo alguna vez una risa como un puñal que brilla un instante
                                    [en las sombras,
algun chillido como un limón agrio que pone amarilla un
                                    [momento la noche.
Y luego nada.
Sólo la velocidad,
solo el traqueteo de maderas y hierro
del tren,
solo el ruido del tren.

Y esta mujer se ha despertado en la noche,
y estaba sola,
y ha mirado a su alrededor,
y estaba sola,
y ha comenzado a correr por los pasillos del tren,
de un vagón a otro,
y estaba sola,
y ha buscado al revisor, a los mozos del tren,
a algún empleado,
a algún mendigo que viajara oculto bajo un asiento,
y estaba sola,
y ha gritado en la oscuridad,
y estaba sola,
y ha preguntado en la oscuridad,
y estaba sola,
y ha preguntado
quién conducía,
quién movía aquel horrible tren.
Y no le ha contestado nadie,
porque estaba sola,
porque estaba sola.
Y ha seguido días y días,
loca, frenética,
en el enorme tren vacio,
donde no va nadie,

que no conduce nadie.
... Y ésa es la terrible
la estúpida fuerza sin pupilas,
que aún hace que esa mujer
avance y avance por la acera,
desgastando la suela de sus viejos zapatones,
desgastando las losas,
entre zanjas abiertas a un lado y otro,
entre caballones de tierra,
de dos metros de longitud,
con ese tamaño preciso
de nuestra ternura de cuerpos humanos.
Ah, por eso esa mujer avanza (en la mano, como el atributo
                                                  [de una semidiosa, su alcuza),
abriendo con amor el aire, abriéndolo con delicadeza
                                                                              [exquisita,
como si caminara surcando un trigal en granazón,
sí, como si fuera surcando un mar de cruces, o un bosque
                                        [de cruces, o una nebulosa de cruces,
de cercanas cruces,
de cruces lejanas.

Ella,
en este crepúsculo que cada vez se ensombrece más,
se inclina,
va curvada como un signo de interrogación,
con la espina dorsal arqueada
sobre el suelo.
¿Es que se asoma por el marco de su propio cuerpo de madera,
como si se asomara por la ventanilla
de un tren
al ver alejarse la estación anónima
en que se debía haber quedado?
¿Es que le pesan, es que le cuelgan del cerebro
sus recuerdos de tierra en putrefacción,

y se le tensan tirantes cables invisibles
desde sus tumbas diseminadas?
¿O es que como esos almendros
que en el verano estuvieron cargados de demasiada fruta,
conserva aún en el inviemo el tiemo vicio,
guarda aún el dulce álabe
de la cargazón y de la compañía,
en sus tristes ramas desnudas, donde ya ni se posan los pájaros

EMILIO PRADOS
(1899-1962)

Cuando era primavera en España:
frente al mar los espejos
rompían sus barandillas
y el jazmín agrandaba
su diminuta estrella
hasta cumplir el límite
de su aroma en la noche...
¡Cuando era primavera!

Cuando era primavera en España:
junto a la orilla de los ríos
las grandes mariposas de la luna
fecundaban los cuerpos desnudos
de las muchachas,
y los nardos crecían silenciosos
dentro del corazón
hasta taparnos la garganta...
¡Cuando era primavera!

Cuando era primavera en España:
todas las playas convergían en un anillo

y el mar soñaba entonces,
como el ojo de un pez sobre la arena,
frente a un cielo más limpio
que la paz de una nave, sin viento, en su pupila...
¡Cuando era primavera!

Cuando era primavera en España:
los olivos temblaban
adormecidos bajo la sangre azul del día,
mientras que el sol rodaba
desde la piel tan limpia de los toros
al terrón en barbecho
recién movido por la lengua caliente de la azada...
¡Cuando era primavera!

Cuando era primavera en España:
los cerezos en flor
se clavaban de un golpe contra el sueño
y los labios crecían,
como la espuma en celo de una aurora
hasta dejarnos nuestro cuerpo a su espalda,
igual que el agua humilde
de un arroyo que empieza...
¡Cuando era primavera!

Cuando era primavera en España:
todos los hombres desnudaban su muerte
y se tendían juntos sobre la tierra
hasta olvidarse el tiempo
y el corazón tan débil por el que ardían...
¡Cuando era primavera!

Cuando era primavera en España:
yo buscaba en el cielo,
yo buscaba
las huellas tan antiguas

de mis primeras lágrimas,
y todas las estrellas levantaban mi cuerpo
siempre tendido en una misma arena,
al igual que el perfume tan lento.
nocturno, de las magnolias...
¡Cuando era primavera!

Pero, ¡ay!, tan solo
cuando era primavera en España...

¡Solamente en España
antes, cuando era primavera!

JORGE LUIS BORGES
ARGENTINA (1899-1986)

ARTE POÉTICA

Mirar el río hecho de tiempo y agua
Y recordar que el tiempo es otro río,
Saber que nos perdemos como el río
Y que los rostros pasan como el agua.

Sentir que la vigilia es otro sueño
Que sueña no soñar y que la muerte
Que teme nuestra carne es esa muerte
De cada noche, que se llama sueño.

Ver en el día o en el año un símbolo
De los días del hombre y de sus años,
Convertir el ultraje de los años
En una música, un rumor y un símbolo.

Ver en la muerte el sueño, en el ocaso
Un triste oro, tal es la poesía
Que es inmortal y pobre. La poesía
Vuelve como la aurora y el ocaso.

A veces en las tardes una cara
Nos mira desde el fondo de un espejo;
El arte debe ser como ese espejo
Que nos revela nuestra propia cara.

Cuentan que Ulises, harto de prodigios,
Lloró de amor al divisar su Ítaca
Verde y humilde. El arte es esa Ítaca
De verde eternidad, no de prodigios.

También es como el río interminable
Que pasa y queda y es cristal de un mismo
Heráclito inconstante, que es el mismo
Y es otro, como el río interminable.

HISTORIA DE LA NOCHE

A lo largo de sus generaciones
los hombres erigieron la noche.
En el principio era ceguera y sueño
y espinas que laceran el pie desnudo
y temor de los lobos.
Nunca sabremos quién forjó la palabra
para el intervalo de sombra
que divide los dos crepúsculos;
nunca sabremos en qué siglo fue cifra
del espacio de estrellas.
Otros engendraron el mito.
La hicieron madre de las Parcas tranquilas

que tejen el destino
y le sacrificaban ovejas negras
y el gallo que presagia su fin.
Doce casas le dieron los caldeos;
infinitos mundos, el Pórtico.
Hexámetros latinos la modelaron
y el terror de Pascal.
Luis de León vio en ella la patria
de su alma estremecida.
Ahora la sentimos inagotable
como un antiguo vino
y nadie puede contemplarla sin vértigo
y el tiempo la ha cargado de eternidad.

Y pensar que no existiría
sin esos tenues instrumentos, los ojos.

CARLOS PELLICER
MÉXICO (1899-1977)

NOCTURNO

No tengo tiempo de mirar las cosas
como yo lo deseo.
Se me escurren sobre la mirada
y todo lo que veo
son esquinas profundas rotuladas con radio
donde leo la ciudad para no perder tiempo.
Esta obligada prisa que inexorablemente
quiere entregarme el mundo con un dato pequeño.
¡Este mirar urgente y esta voz en sonrisa
para un joven que sabe morir por cada sueño!
No tengo tiempo de mirar las cosas,
casi las adivino.

Una sabiduría ingénita y celosa
me da miradas previas y repentinos trinos.
Vivo en doradas márgenes; ignoro el central gozo
de las cosas. Desdoblo siglos de oro en mi ser.
Y acelerando rachas —quilla o ala de oro—,
repongo el dulce tiempo que nunca he de tener.

JOSÉ GOROSTIZA
MÉXICO (1901-1973)

¡Tan-tan! ¿Quién es? Es el Diablo,
es una espesa fatiga,
un ansia de trasponer
estas lindes enemigas,
este morir incesante,
tenaz, esta muerte viva,
¡oh Dios!, que te está matando
en tus hechuras estrictas,
en las rosas y en las piedras,
en las estrellas ariscas
y en la carne que se gasta
como una hoguera encendida,
por el canto, por el sueño,
por el color de la vista.

¡Tan-tan! ¿Quién es? Es el Diablo,
ay, una ciega alegría,
un hambre de consumir
el aire que se respira,
la boca, el ojo, la mano;
estas pungentes cosquillas
de disfrutarnos enteros
en solo un golpe de risa,

ay, esta muerte insultante,
procaz, que nos asesina
a distancia, desde el gusto
que tomamos en morirla,
por una taza de té,
por una apenas caricia.

Tan-tan! ¿Quién es? Es el Diablo,
es una muerte de hormigas
incansables, que pululan
¡oh Dios! sobre tus astillas,
que acaso te han muerto allá,
siglos de edades arriba,
sin advertirlo nosotros,
migajas, borra, cenizas
de ti, que sigues presente
como una estrella mentida
por su sola luz, por una
luz sin estrella, vacía,
que llega al mundo escondiendo
su catástrofe infinita.

      (BAILE)

Desde mis ojos insomnes
mi muerte me está acechando,
me acecha, sí, me enamora
con su ojo lánguido.
¡Anda, putilla del rubor helado,
anda, vámonos al diablo!

NICOLÁS GUILLÉN
CUBA (1902-1989)

SÓNGORO COSONGO

¡Ay, negra,
si tú supiera!
Anoche te vi pasar,
y no quise que me viera.
A él tu le hará como a mí,
que cuando no tuve plata
te corrite de bachata,
sin acordarte de mí.

Sóngoro, cosongo,
songo be;
sóngoro, cosongo
de mamey;
songoro, la negra
baila bien;
sóngoro de uno,
sóngoro de tré.

Aé
vengan a ver;
aé, vamo pa ver;
¡vengan, sóngoro cosongo,
sóngoro cosongo
de mamey!

CANTO NEGRO

¡Yambambó, yambambé!
Repica el congo solongo,
repica el negro bien negro;

congo solongo del Songo,
baila yambó sobre un pie.

Mamatomba,
serembe cuserembá.

El negro canta y se ajuma,
el negro se ajuma y canta,
el negro canta y se va.

Acuememe serembó
            aé;
         yambó,
            aé.

Tamba, tamba, tamba, tamba,
tamba del negro que tumbá;
tumba del negro, caramba,
caramba, que el negro tumba:
¡yamba, yambó, yambambé!

RUMBA

La rumba
revuelve su musica espesa
con un palo,
Jengribe y canela...
¡Malo;
Malo, porque ahora vendrá el negro chulo
con Fela.

Pimienta de la cadera,
grupa flexible y dorada:

rumbera buena,
rumbera mala.

En el agua de tu bata
todas mis ansias navegan:
rumbera buena,
rumbera mala.

Anhelo el de naufragar
en ese mar tibio y hondo:
¡fondo
del mar!

Trenza tu pie con la música
el nudo que más me aprieta;
resaca de tela blanca
sobre tu carne trigueña.

Locura del bajo vientre,
aliento de boca seca;
el ron que se te ha espantado,
y el pañuelo como riendas.

Ya te cogeré domada,
ya te veré bien sujeta,
cuando como ahora huyes,
hacia mi ternura vengas,
rumbera
buena;
o hacia mi ternura vayas,
rumbera
mala.

No ha de ser larga la espera,
rumbera
buena;
ni será eterna la bacha,
rumbera
mala;
te dolerá la cadera,
rumbera
buena;
cadera dura y sudada,
rumbera
mala...

¡Último
trago!
Quítate, córrete, vámonos...
¡Vamos!

LUIS CERNUDA
(1902-1963)

BIRDS IN THE NIGHT

El gobierno francés, ¿o fue el gobierno inglés?, puso una lápi
En esa casa de 8 Great College Street, Camden Town, Londre
Adonde en una habitación Rimbaud y Verlaine, rara pareja,
Vivieron, bebieron, trabajaron, fornicaron,
Durante algunas breves semanas tormentosas.
Al acto inaugural asistieron sin duda embajador y alcalde,
Todos aquellos que fueran enemigos de Verlaine y Rimbaud
[cuando viv
La casa es triste y pobre, como el barrio,
Con la tristeza sórdida que va con lo que es pobre,

No la tristeza funeral de lo que es rico sin espíritu.
Cuando la tarde cae, como en el tiempo de ellos,
Sobre su acera, húmedo y gris el aire, un organillo
Suena, y los vecinos, de vuelta del trabajo,
Bailan unos, los jóvenes, los otros van a la taberna.

Corta fue la amistad singular de Verlaine el borracho
Y de Rimbaud el golfo, querellándose largamente.
Mas podemos pensar que acaso un buen instante
Hubo para los dos, al menos si recordaba cada uno
Que dejaron atrás la madre inaguantable y la aburrida esposa.
Pero la libertad no es de este mundo, y los libertos,
En ruptura con todo, tuvieron que pagarla a precio alto.

Sí, estuvieron ahí, la lápida lo dice, tras el muro,
Presos de su destino: la amistad imposible, la amargura
De la separación, el escándalo luego; y para este
El proceso, la cárcel por dos años, gracias a sus costumbres
Que sociedad y ley condenan, hoy al menos; para aquél a solas
Errar desde un rincón a otro de la tierra,
Huyendo a nuestro mundo y su progreso renombrado.

El silencio del uno y la locuacidad banal del otro
Se compensaron. Rimbaud rechazó la mano que oprimía
Su vida; Verlaine la besa, aceptando su castigo.
Uno arrastra en el cinto el oro que ha ganado; el otro
Lo malgasta en ajenjo y mujerzuelas. Pero ambos
En entredicho siempre de las autoridades, de la gente
Que con trabajo ajeno se enriquece y triunfa.

Entonces hasta la negra prostituta tenía derecho de insultarles;
Hoy, como el tiempo ha pasado, como pasa en el mundo,
Vida al margen de todo, sodomía, borrachera, versos escarnecidos,
Ya no importan en ellos, y Francia usa de ambos nombres y

ambas obras
Para mayor gloria de Francia y su arte lógico.
Sus actos y sus pasos se investigan, dando al público
Detalles íntimos de sus vidas. Nadie se asusta ahora ni protesta

«¿Verlaine? Vaya, amigo mío, un sátiro, un verdadero sátiro
Cuando de la mujer se trata; bien normal era el hombre,
Igual que usted y que yo. ¿Rimbaud? Católico sincero, como es
[demostrad
Y se recitan trozos del «Barco Ebrio» y del soneto a las
[«Vocale
Mas de Verlaine no se recita nada, porque no está de moda
Como el otro, del que se lanzan textos falsos en edición de lujo
Poetas mozos de todos los países hablan mucho de él en sus
[provinc

¿Oyen los muertos lo que los vivos dicen luego de ellos?
Ojalá nada oigan: ha de ser un alivio ese silencio interminable
Para aquellos que vivieron por la palabra y murieron por ella,
Como Rimbaud y Verlaine. Pero el silencio allá no evita
Acá la farsa elogiosa repugnante. Alguna vez deseó uno
Que la humanidad tuviese una sola cabeza, para así cortársela.
Tal vez exageraba: si fuera solo una cucaracha, y aplastarla.

ÁNGELA FIGUERA
(1902-1984)

SÍMBOLO

Llega una mano de oro luciendo un diamante
una mano de hierro gobernando unas riendas,
una mano de niebla donde canta una alondra:
yo las dejo pasar.

Llega una mano roja empuñando una espada,
llega una mano pálida llevando una amatista,
llega una mano blanca que ofrece una azucena:
yo las dejo pasar.

Llega una mano sucia que sujeta un arado:
la tomo entre las mías y nos vamos a arar.

RAFAEL ALBERTI
(1902-1999)

Si Garcilaso volviera,
yo sería su escudero;
que buen caballero era.

Mi traje de marinero
se trocaría en guerrera
ante el brillar de su acero;
que buen caballero era.

¡Qué dulce oírle, guerrero,
al borde de su estribera!
En la mano, mi sombrero;
que buen caballero era.
Si mi voz muriera en tierra
llevadla al nivel del mar
y dejadla en la ribera.

Llevadla al nivel del mar
y nombardla capitana
de un blanco bajel de guerra.

¡Oh mi voz condecorada
con la insignia marinera:

sobre el corazón un ancla
y sobre el ancla una estrella
y sobre la estrella el viento
y sobre el viento la vela!

LA PALOMA

Se equivocó la paloma.
Se equivocaba
Por ir al norte fue al sur.
Creyó que el trigo era agua.
Se equivocaba.

Creyó que el mar era el cielo;
que la noche, la mañana.
Se equivocaba.

Que las estrellas, rocío;
que la calor, la nevada.
Se equivocaba.

Que tu falda era tu blusa;
que tu corazón, su casa.
Se equivocaba.

(Ella durmió en la orilla.
Tú, en la cumbre de una rama.)

A FEDERICO GARCÍA LORCA

Sal tú, bebiendo campos y ciudades,
en largo ciervo de agua convertido,
hacia el mar de las albas claridades,
del martín-pescador mecido nido;

que yo saldré a esperarte, amortecido,
hecho junco, a las altas soledades,

herido por el aire y requerido
por tu voz, sola entre las tempestades.
Deja que escriba, débil junco frío,
mi nombre en esas aguas corredoras,
que el viento llama, solitario, río.

Disuelto ya en tu nieve el nombre mío,
vuélvete a tus montañas trepadoras,
ciervo de espuma, rey del monterío.

    Ángeles malos o buenos,
que no sé,
te arrojaron en mi alma.
    Sola,
sin muebles y sin alcobas,
deshabitada.
    De rondón, el viento hiere
las paredes,
las más finas, vítreas láminas.
    Humedad. Cadenas. Gritos.
Ráfagas.
    Te pregunto:
¿cuándo abandonas la casa,
dime,
qué ángeles malos, crueles,
quieren de nuevo alquilarla?
    Dímelo.

CANCIÓN 5

    Hoy las nubes me trajeron,
volando, el mapa de España.
¡Qué pequeño sobre el río,

y qué grande sobre el pasto
la sombra que proyectaba!

Se le llenó de caballos
la sombra que proyectaba.
Yo, a caballo, por su sombra
busqué mi pueblo y mi casa.

Entré en el patio que un día
fuera una fuente con agua.
Aunque no estaba la fuente,
la fuente siempre sonaba.
Y el agua que no corría
volvió para darme agua.

GALOPE

Las tierras, las tierras, las tierras de España,
las grandes, las solas, desiertas llanuras.
Galopa, caballo cuatralbo,
jinete del pueblo,
al sol y a la luna.

¡A galopar,
a galopar,
hasta enterrarlos en el mar!

A corazón suenan, resuenan, resuenan
las tierras de España, en las herraduras.
Galopa, jinete del pueblo,
caballo cuatralbo,
caballo de espuma.

¡A galopar,

a galopar,
hasta enterrarlos en el mar!

Nadie, nadie, nadie, que enfrente no hay nadie;
que es nadie la muerte si va en tu montura.
Galopa, caballo cuatralbo,
jinete del pueblo,
que la tierra es tuya.

¡A galopar,
a galopar,
hasta enterrarlos en el mar!

JORGE CARRERA ANDRADE
ECUADOR (1903-1978)

BIOGRAFÍA

La ventana nació de un deseo de cielo
y en la muralla negra se posó como un ángel.
Es amiga del hombre
y portera del aire.

Conversa con los charcos de la tierra,
con los espejos niños de las habitaciones
y con los tejados en huelga.

Desde su altura, las ventanas
orientan a las multitudes
con sus arengas diáfanas.
La ventana maestra
difunde sus luces en la noche.
Extrae la raíz cuadrada de un meteoro,
suma columnas de constelaciones.

La ventana es la borda del barco de la tierra:
la ciñe mansamente un oleaje de nubes.
El capitán Espíritu busca la isla de Dios
y los ojos se lavan en tormentas azules.
La ventana reparte entre todos los hombres
una cuarta de luz y un cubo de aire.
Ella es, arada de nubes,
la pequeña propiedad del cielo.

CÉSAR MORO
PERÚ (1903-1956)

El agua lenta el camino lento los accidentes lentos
Una caída suspendida en el aire el viento lento
El paso lento del tiempo lento
La noche no termina y el amor se hace lento
Las piernas se cruzan y se anudan lentas para echar raíces
La cabeza cae los brazos se levantan
El cielo de la cama la sombra cae lenta
Tu cuerpo moreno como una catarata cae lento
En el abismo
Giramos lentamente por el aire caliente del cuarto caldeado
Las mariposas nocturnas parecen grandes carneros
Ahora sería fácil destrozarnos lentamente
Arrancarnos los miembros beber la sangre lentamente
Tu cabeza gira tus piernas me envuelven
Tus axilas brillan en la noche con todos sus pelos
Tus piernas desnudas
En el ángulo preciso
El olor de tus piernas
La lentitud de percepción
El alcohol lentamente me levanta
El alcohol que brota de tus ojos y que más tarde

Hará crecer tu sombra
Mesándome el cabello lentamente subo
Hasta tus labios de bestia

XAVIER VILLAURRUTIA
MÉXICO (1903-1950)

CUANDO LA TARDE...

Cuando la tarde cierra sus ventanas remotas,
sus puertas invisibles,
para que el polvo, el humo, la ceniza,
impalpables, oscuros,
lentos como el trabajo de la muerte
en el cuerpo del niño,
vayan creciendo;
cuando la tarde, al fin, ha recogido
el último destello de luz, la última nube,
el reflejo olvidado y el ruido interrumpido,
la noche surge silenciosamente
de ranuras secretas,

de rincones ocultos,
de bocas entreabiertas,
de ojos insomnes.

La noche surge con el humo denso
del cigarrillo y de la chimenea.
La noche surge envuelta en su manto de polvo.
El polvo asciende, lento.
Y de un cielo impasible,
cada vez más cercano y más compacto,
llueve ceniza.

Cuando la noche de humo, de polvo y de ceniza
envuelve la ciudad, los hombres quedan
suspensos un instante,
porque ha nacido en ellos, con la noche, el deseo.

PABLO NERUDA
CHILE (1904-1973)

Te recuerdo como eras en el último otoño.
Eras la boina gris y el corazón en calma.
En tus ojos peleaban las llamas del crepúsculo.
Y las hojas caían en el agua de tu alma.

Apegada a mis brazos como una enredadera,
las hojas recogían tu voz lenta y en calma.
Hoguera de estupor en que mi sed ardía.
Dulce jacinto azul torcido sobre mi alma.

Siento viajar tus ojos y es distante el otoño:
boina gris, voz de pájaro y corazón de casa
hacia donde emigraban mis profundos anhelos
y caían mis besos alegres como brasas.

Cielo desde un navío. Campo desde los cerros.
Tu recuerdo es de luz, de humo, de estanque en calma.
Más allá de tus ojos ardían los crepúsculos.
Hojas secas de otoño giraban en tu alma.

ODA A LA TRISTEZA

Tristeza, escarabajo
de siete patas rotas,
huevo de telaraña,
rata descalabrada,

esqueleto de perra:
Aquí no entras.
No pasas.
Ándate.
Vuelve
al sur con tu paraguas,
vuelve
al norte con tus dientes de culebra.
Aquí vive un poeta.
La tristeza no puede
entrar por estas puertas.
Por las ventanas
entra el aire del mundo,
las rojas rosas nuevas,
las banderas bordadas
del pueblo y sus victorias.
No puedes.
Aquí no entras.
Sacude
tus alas de murciélago,
yo pisaré las plumas
que caen de tu manto,
yo barreré los trozos
de tu cadáver hacia
las cuatro puntas del viento,
yo te torceré el cuello,
te coseré los ojos,
cortaré tu mortaja
y enterraré, tristeza, tus huesos roedores
bajo la primavera de un manzano.
Cuando yo muera quiero tus manos en mis ojos:
quiero la luz y el trigo de tus manos amadas
pasar una vez más sobre mí su frescura:
sentir la suavidad que cambió mi destino.

Quiero que vivas mientras yo, dormido, te espero,
quiero que tus oídos sigan oyendo el viento,
que huelas el aroma del mar que amamos juntos
y que sigas pisando la arena que pisamos.

Quiero que lo que amo siga vivo
y a ti te amé y canté sobre todas las cosas,
por eso sigue tú floreciendo, florida,

para que alcances todo lo que mi amor te ordena,
para que se pasee mi sombra por tu pelo,
para que así conozcan la razón de mi canto.

MANUEL ALTOLAGUIRRE
(1905-1959)

MIS PRISIONES

Sentirse solo en medio de la vida
casi es reinar, pero sentirse solo
en medio del olvido, en el oscuro
campo de un corazón, es estar preso,
sin que siquiera una avecilla trine
para darme noticias de la aurora.

Y el estar preso en varios corazones,
sin alcanzar conciencia de cuál sea
la verdadera cárcel de mi alma,
ser el centro de opuestas voluntades,
si no es morir, es envidiar la muerte.

JUAN GIL-ALBERT
(1906-1994)

Racimos ya cuajados rompen vedas
forestas dando salvas cazadores
codorniz en ventana ¡dormidores!
acogedla en los cotos de las sedas.

¡Plumas infaustas viento no las cedas!
tropel madrugador de sumidores
pulcros caños en pos de voladores
venas del aire esparcen por veredas.

Tú mi caza mayor, azul de vuelo,
ni sola pieza en busca salgo al día,
mi pájaro feliz, mi tordo amargo,

cerca me pasas, cerca te veía,
mas no quise tu sangre aciago duelo,
y oprimido dejé pasaras largo.

ATAHUALPA YUPANQUI
ARGENTINA (1908-1992)

EL POETA

Tú piensas que eres distinto
porque te dicen poeta,
y tienes un mundo aparte
más allá de las estrellas.

De tanto mirar la luna
ya nada sabes mirar,
eres como un pobre ciego
que no sabe adónde va...

Vete a mirar los mineros,
los hombres en el trigal,
y cántale a los que luchan
por un pedazo de pan.

Poeta de tiernas rimas,
vete a vivir a la selva,
y aprenderá muchas cosas
del hachero y sus miserias.

Vive junto con el pueblo,
no lo mires desde afuera,
que lo primero es ser hombre,
y lo segundo, poeta.

De tanto mirar la luna...

MIGUEL HERNÁNDEZ
(1910-1942)

Como el toro he nacido para el luto
y el dolor, como el toro estoy marcado
por un hierro infernal en el costado
y por varón en la ingle con un fruto.

Como el toro lo encuentra diminuto
todo mi corazón desmesurado,
y del rostro del beso enamorado,
como el toro a tu amor se lo disputo.

Como el toro me crezco en el castigo,
la lengua en corazón tengo bañada
y llevo al cuello un vendaval sonoro.

Como el toro te sigo y te persigo,
y dejas mi deseo en una espada,
como el toro burlado, como el toro.

ELEGÍA

(En Orihuela, su pueblo y
mío, se me ha muerto como el rayo
Ramón Sijé, con quien tanto quería.)

Yo quiero ser llorando el hortelano
de la tierra que ocupas y estercolas,
companero del alma, tan temprano.

Alimentando lluvias, caracolas
y órganos mi dolor sin instrumento,
a las desalentadas amapolas

daré tu corazón por alimento.
Tanto dolor se agrupa en mi costado,
que por doler me duele hasta el aliento.

Un manotazo duro, un golpe helado,
un hachazo invisible y homicida,
un empujón brutal te ha derribado.

No hay extensión más grande que mi herida,
lloro mi desventura y sus conjuntos
y siento más tu muerte que mi vida.

Ando sobre rastrojos de difuntos,
y sin calor de nadie y sin consuelo
voy de mi corazón a mi asuntos.

Temprano levantó la muerte el vuelo,
temprano madrugó la madrugada,
temprano estás rodando por el suelo.

No perdono a la muerte enamorada,
no perdono a la vida desatenta,
no perdono a la tierra ni a la nada.

En mis manos levanto una tormenta
de piedras, rayos y hachas estridentes
sedienta de catástrofes y hambrienta.

Quiero escarbar la tierra con los dientes,
quiero apartar la tierra parte a parte
a dentelladas secas y calientes.

Quiero minar la tierra hasta encontrarte
y besarte la noble calavera
y desamordazarte y regresarte.
Volverás a mi huerto y a mi higuera:
por los altos andamios de las flores
pajareará tu alma colmenera

de angelicales ceras y labores.
Volverás al arrullo de las rejas
de los enamorados labradores.

Alegrarás la sombra de mis cejas,
y tu sangre se irán a cada lado
disputando tu novia y las abejas.

Tu corazón, ya terciopelo ajado,
llama a un campo de almendras espumosas
mi avariciosa voz de enamorado.

A las aladas almas de las rosas
del almendro de nata te requiero,
que tenemos que hablar de muchas cosas,
compañero del alma, compañero.

CANCIÓN ÚLTIMA

Pintada, no vacía:
pintada está mi casa
del color de las grandes
pasiones y desgracias.

Regresará del llanto
adonde fue llevada
con su desierta mesa,
con su ruinosa cama.

Florecerán los besos
sobre las almohadas.
Y en torno de los cuerpos
elevará la sábana
su intensa enredadera
nocturna, perfumada.

El odio se amortigua
detrás de la ventana.

Será la garra suave.

Dejadme la esperanza.

JOSÉ LEZAMA LIMA
CUBA (1910-1976)

LOS DADOS DE MEDIANOCHE

Buscando la increada forma del logos de la imaginación,
las serenas provocaciones del pájaro cuando se detiene
y queda suspendido o la pesadumbre del pájaro apoyada
en la punta de la rama sin doblegarla,
me encontré con los sentidos necesarios para demostrar los
                                                        [axiomas,
pues hay cosas que nos reclaman la caída de su demostración,
aunque se nos diga que el paredón de los axiomas
no necesita consumirse en su plomada.
Si demostramos que el pájaro rueda por dentro
su dado de aire, lanzado con despreocupación
en la medalla de su éxtasis,
y que ese dado le crea por fuera de su cuerpo su centro
de resistencia, y que la punta de la rama refuerza
su impenetrable, burlándose de la gravedad o la llamada
y de la necesidad que tiene el pájaro de demostrar sus
                                                        [axiomas.

LUIS ROSALES
(1910-1992)

Tu soledad, Abril, todo lo llena.
Colma de luz la espuma y la corriente.
Aurora niña con la piel reciente.
Todo en golpe de mar sobre la arena.

¿Qué sueño de varón te hizo serena
isla de fiebre de mirada ausente?

¡Ay, búscame sin ti, convaleciente,
revocando de cal fachada y pena!

Y ¡ay!, busca tú la sangre tierra adentro,
y olvidarás la voz por el encanto,
abierta a ti, mientras resbala el día.

Soledad sin abril será el encuentro,
y en tu ofrenda de paz, cierva de llanto
la sombra siempre y luz sin la luz mía.

FRANCISCO PINO
(1910)

—La flor de la zarza

Nadie supo cuán quise yo a este sitio
aunque este sitio sea tan extraña
nada. Le amé tan mucho y tan extraña-
mente que un día supe que este sitio

menos que pompa se venía a nada.
En el cosmos, lo sé, nada es el sitio
donde quise quedar. Y en este sitio,
que no es nada, quedar es no ser nada.

Flor de zarza en el orbe es este sitio,
sitio que dura cuanto dura un junio
un mes o quizá menos; justo sitio

y justo tiempo; el de este extraño junio
que un granizar de pronto le hace un sitio
para otra flor de zarza en otro junio.

—La planta

Yo soy como la planta que está ahí,
ajena siempre a la literatura,
vivo cuando doy versos como así,
no veo nada de lo que me niega.

Soy propia afirmación, soy mi sin mí,
el gozo de vivir, en la textura
de las hojas, y sombrear tal si
ya filera de alegría planta ciega.

Planta ciega que soy, nada del mundo
me importa, aunque obligado esté en el mundo
a vivir, amo a la tierra más que al mundo.

Mi verso vegetal no es más que amor,
un tallo que al pujar busca un amor
mudo, para esperar ciego de amor.

GABRIEL CELAYA
(1911-1991)

DESPEDIDA

Quizás, cuando me muera,
dirán: Era un poeta.
Y el mundo, siempre bello, brillará sin conciencia.

Quizás tú no recuerdes
quién fui, mas en ti suenen
los anónimos versos que un día puse en ciernes.

Quizás no quede nada
de mí, ni una palabra,
ni una de estas palabras que hoy sueño en el mañana.

Pero visto o no visto,
pero dicho o no dicho,
yo estaré en vuestra sombra, ¡oh hermosamente vivos!

Yo seguiré siguiendo,
yo seguiré muriendo,
seré, no sé bien cómo, parte del gran concierto.

JULIA DE BURGOS
PUERTO RICO (1914-1953)

POEMA CON LA TONADA ÚLTIMA

¿Que a dónde voy con esas caras tristes
y un borbotón de venas heridas en mi frente?

Voy a despedir rosas al mar,
a deshacerme en olas más altas que los pájaros,
a quitarme caminos que ya andaban en mi corazón como
                                                    [raíces...

Voy a perder estrellas,
y rocíos,
y riachuelitos breves donde amé la agonía que arruinó
        mis montañas
y un rumor de palomas
especial,
y palabras...

Voy a quedarme sola,
sin canciones, ni piel,
como un túnel por dentro, donde el mismo silencio
    se enloquece y se mata.

OCTAVIO PAZ
MÉXICO (1914-1998)

MÁS ALLÁ DEL AMOR

Todo nos amenaza:
el tiempo, que en vivientes fragmentos divide
al que fui
        del que seré,
como el machete a la culebra;
la conciencia, la transparencia traspasada,
la mirada ciega de mirarse mirar;
las palabras, guantes grises, polvo mental sobre la yerba,
        el agua,la piel;
nuestros nombres, que entre tú y yo se levantan,
murallas de vacío que ninguna trompeta derrumba.

Ni el sueño y su pueblo de imágenes rotas,
ni el delirio y su espuma profética.
Ni el amor con sus dientes y uñas nos bastan.
Más allá de nosotros,
en las fronteras del ser y el estar,
una vida más vida nos reclama.

Afuera la noche respira, se extiende,
llena de grandes hojas calientes,
de espejos que combaten:
frutos, garras, ojos, follajes,

espaldas que relucen,
cuerpos que se abren paso entre otros cuerpos.

Tiéndete aquí a la orilla de tanta espuma,
de tanta vida que se ignora y entrega:
tú también perteneces a la noche.
Extiéndete, blancura que respira,
late, oh estrella repartida,
copa,
pan que inclinas la balanza del lado de la aurora,
pausa de sangre entre este tiempo y otro sin medida.

ESCRITURA

Cuando sobre el papel la pluma escribe,
a cualquier hora solitaria
¿quién la guía?
¿A quién escribe el que escribe por mí,
orilla hecha de labios y de sueño,
quieta colina, golfo,
hombro para olvidar al mundo para siempre?

Alguien escribe en mí, mueve mi mano,
escoge una palabra, se detiene,
duda entre el mar azul y el monte verde.
Con un ardor helado
contempla lo que escribo.
Todo lo quema, fuego justiciero.
Pero este juez también es víctima
y al condenarme, se condena:
no escribe a nadie, a nadie llama,

a sí mismo se escribe, en sí se olvida,
y se rescata, y vuelve a ser yo mismo.

NICANOR PARRA
CHILE (1914)

TEST

Qué es un antipoeta:
Un comerciante en urnas y ataúdes?
Un sacerdote que no cree en nada?
Un general que duda de sí mismo?
Un vagabundo que se ríe de todo
Hasta de la vejez y de la muerte?
Un interlocutor de mal carácter?
Un bailarín al borde del abismo?
Un narciso que ama a todo el mundo?
Un bromista sangriento
Deliberadamente miserable?
Un poeta que duerme en una silla?
Un alquimista de los tiempos modernos?
Un revolucionario de bolsillo?
Un pequeño burgués?
Un charlatán?
            un dios?
                  un inocente?
Un aldeano de Santiago de Chile?
Subraye la frase que considere correcta.

Qué es la antipoesía:
Un temporal en una taza de té?
Una mancha de nieve en una roca?
Un azafate lleno de excrementos humanos
Como lo cree el padre Salvatierra?

Un espejo que dice la verdad?

Un bofetón al rostro
Del Presidente de la Sociedad de Escritores?
(Dios lo tenga en su santo reino)
Una advertencia a los poetas jóvenes?
Un ataúd a chorro?
Un ataúd a fuerza centrífuga?
Un ataúd a gas de parafina?
Una capilla ardiente sin difunto?

Marque con una cruz
La definición que considere correcta.

BLAS DE OTERO
(1916-1979)

A LA INMENSA MAYORÍA

Aquí tenéis, en canto y alma, al hombre
aquel que amó, vivió, murió por dentro
y un buen día bajó a la calle: entonces
comprendió: y rompió todos su versos.

Así es, así fue. Salió una noche
echando espuma por los ojos, ebrio
de amor, huyendo sin saber adónde:
a donde el aire no apestase a muerto.

Tiendas de paz, brizados pabellones,
eran sus brazos, como llama al viento;
olas de sangre contra el pecho, enormes
olas de odio, ved, por todo el cuerpo.

¡Aquí! ¡Llegad! ¡Ay! Ángeles atroces
en vuelo horizontal cruzan el cielo;
horribles peces de metal recorren
las espaldas del mar, de puerto a puerto.
Yo doy todos mis versos por un hombre
en paz. Aquí tenéis, en carne y hueso,
mi última voluntad. Bilbao, a once
de abril, cincuenta y uno.

EN CASTELLANO

Aquí tenéis mi voz
alzada contra el cielo de los dioses absurdos,
mi voz apedreando las puertas de la muerte
con cantos que son duras verdades como puños.
Él ha muerto hace tiempo, antes de ayer. Ya hiede.
Aquí tenéis mi voz zarpando hacia el futuro.
Adelantando el paso a través de las ruinas,
hermosa como un viaje alrededor del mundo.

Mucho he sufrido: en este tiempo, todos
hemos sufrido mucho.
Yo levanto una copa de alegría en las manos,
en pie contra el crepúsculo.

Borradlo. Labraremos la paz, la paz, la paz,
a fuerza de caricias, a puñetazos puros.
Aquí os dejo mi voz escrita en castellano.
España, no te olvides que hemos sufrido juntos.

GONZALO ROJAS
CHILE (1917)

AL SILENCIO

Oh voz, única voz: todo el hueco del mar,
todo el hueco del mar no bastaría,
todo el hueco del cielo,
toda la cavidad de la hermosura
no bastaría para contenerte,
y aunque el hombre callara y este mundo se hundiera
oh majestad, tú nunca,
tú nunca cesarías de estar en todas partes,
porque te sobra el tiempo y el ser, única voz,
porque estás y no estás, y casi eres mi Dios,
y casi eres mi padre cuando estoy más oscuro.

LA RISA

Tomad vuestro teléfono
y preguntad por ella cuando estéis desolados,
cuando estéis totalmente perdidos en la calle
con vuestras venas reventadas, sed sinceros,
decidle la verdad muy al oído.

Llamadla al primer número que miréis en el aire
escrito por la mano del sol que os transfigura,
porque ese sol es ella,
ese sol que no habla,
ese sol que os escucha
a lo largo de un hilo que va de estrella a estrella
descifrando la suerte de la razón, llamadla
hasta que oigáis su risa
que os helará la punta
del ánimo, lo mismo que la primera nieve
que hace temblar de gozo la nariz del suicida.

Esa risa lo es todo:
la puerta que se abre, la alcoba que os deslumbra,
los pezones encima del volcán que os abrasa,
las rodillas que guardan el blanco monumento,
los pelos que amenazan invadir esas cumbres,
su boca deseada, sus orejas
de cítara, sus manos,
el calor de sus ojos, lo perverso
de esta visión palpable del lujo y la lujuria:
esa risa lo es todo

CÉSAR DÁVILA ANDRADE
ECUADOR (1918-1967)

ACTOS DE DESESPERACIÓN

Cuando llovía durante semanas y aquel zaguán
rugía blasfemias de torrente y de caballo,
torcíanse las estrellas,
éramos ahuyentados
detrás de los roperos del Diluvio,
y se nos suspendía de la incolora cuerda de los fetos.
Recién ahogados,
teníamos ya el peso retumbante
de los niños de animal y de lodo.
Volvían después radiantes estaciones de mercado.
Era posible salir
y atravesar la oscuridad que rodeaba sus veloces cumpleaños.
Pero ya nuestra ejecución había sido postergada.

MARIO BENEDETTI
URUGUAY (1920)

CUENTA CORRIENTE

Usted que se desliza
sobre el tiempo,
usted que saca punta
y se persigna,
usted, modesto anfibio,
usted que firma con mi pluma fuente
y tose con su tos y no me escupa,
usted que sirva para
morirse y no se muere,
usted que tiene ojos dulces como el destino
y dudas que son cheques
al portador
y dudas
que le despejan Life y Selecciones,
¿cómo hace noche a noche
para cerrar los ojos
sin una sola deuda
sin una sola deuda
sin una sola sola deuda?

JOSÉ HIERRO
(1922)

MUNDO DE PIEDRA

Se asomó a aquellas aguas
de piedra.
Se vio inmovilizado,

hecho piedra. Se vio
rodeado de aquellos
que fueron carne suya,
que ya eran piedra yerta.
Fue como si las horas,
ya piedra, aún recordaran
un estremecimiento.

La piedra no sonaba.
Nunca más sonaría.
No podía siquiera
recordar los sonidos,
acariciar, guardar,
consolar...
Se asomó al borde mudo
de aquel mundo de piedra.

Movió sus manos y gritó su espanto,
y aquel sueño de piedra
no palpitó. La voz
no resonó en aquel
relámpago de piedra.

Fue imposible acercarse
a la espuma de piedra,
a los cuerpos de piedra
helada. Fue imposible
darles calor y amor.

Reflejado en la piedra
rozó con sus pestañas
aquellos otros cuerpos.
Con sus pestañas, lo único
vivo entre tanta muerte,
rozó el mundo de piedra.

El prodigio debía
realizarse. La vida
estallaría ahora
libertaría seres,
aguas, nubes, de piedra.

Esperó, como un árbol
su primavera, como
un corazon su amor.

Allí sigue esperando.

ÁLVARO MUTIS
COLOMBIA (1923)

GRIETA MATINAL

Cala tu miseria,
sondéala, conoce sus más escondidas cavernas.
Aceita los engranajes de tu miseria,
ponla en tu camino, ábrete paso con ella
y en cada puerta golpea
con los blancos cartílagos de tu miseria.
Compárala con la de otras gentes
y mide bien el asombro de sus diferencias,
la singular agudeza de sus bordes.
Ampárate en los suaves ángulos de tu miseria.
Ten presente a cada hora
que su materia es tu materia,
el único puerto del que conoces cada rada,
cada boya, cada señal desde la cálida tierra
donde llegas a reinar como Crusoe
entre la muchedumbre de sombras
que te rozan y con las que tropiezas

sin entender su propósito ni su costumbre.
Cultiva tu miseria,
hazla perdurable,
aliméntate de su savia,
envuélvete en el manto tejido con sus más secretos hilos.
Aprende a reconocerla entre todas,
no permitas que sea familiar a los otros
ni que la prolonguen abusivamente los tuyos.
Que te sea como agua bautismal
brotada de las grandes cloacas municipales,
como los arroyos que nacen en los mataderos.
Que se confunda con tus entrañas, tu miseria;
que contenga desde ahora los capítulos de tu muerte,
los elementos de tu más certero abandono.
Nunca dejes de lado tu miseria,
así descanses a su vera
como junto al blanco cuerpo
del que se ha retirado el deseo.
Ten siempre lista tu miseria
y no permitas que se evada por distracción o engaño.
Aprende a reconocerla hasta en sus más breves signos:
el encogerse de las finas hojas del carbonero,
el abrirse de las flores con la primera frescura de la tarde,
la soledad de una jaula de circo varada en el lodo
del camino, el hollín en los arrabales,
el vaso de latón que mide la sopa en los cuarteles,
la ropa desordenada de los ciegos,
las campanillas que agotan su llamado
en el solar sembrado de eucaliptos,
el yodo de las navegaciones.
No mezcles tu miseria en los asuntos de cada día.
Aprende a guardarla para las horas de tu solaz
y teje con ella la verdadera,
la sola materia perdurable
de tu episodio sobre la tierra.

ÁNGEL GONZÁLEZ

(1925)

PARA QUE YO ME LLAME
ÁNGEL GONZáLEZ

Para que yo me llame Ángel González,
para que mi ser pese sobre el suelo
fue necesario un ancho espacio
y un largo tiempo:
hombres de todo mar y toda tierra,
fértiles vientres de mujer, y cuerpos
y·mas cuerpos, fundiéndose incesantes
en otro cuerpo nuevo.
Solsticios y equinoccios alumbraron
con su cambiante luz, su vario cielo,
el viaje milenario de mi came
trepando por los siglos y los huesos.
De su pasaje lento y doloroso
de su huida hasta el fin, sobreviviendo
naufragios, aferrándose
al último suspiro de los muertos,
yo no soy más que el resultado, el fruto,
lo que queda, podrido, entre los restos;

esto que veis aquí,
tan solo esto:
un escombro tenaz, que se resiste
a su ruina, que lucha contra el viento
que avanza por caminos que no llevan
a ningún sitio. El éxito
de todos los fracasos. La enloquecida
fuerza del desaliento...

ERNESTO CARDENAL
NICARAGUA (1925)

SALMO

Bienaventurado el hombre que no sigue las consignas
[del Partido ni
asiste a sus mítines
ni se sienta a la mesa con los gángsters
ni con los Generales en el Consejo de Guerra
Bienaventurado el hombre que no espía a su hermano
ni delata a su compañero de colegio
Bienaventurado el hombre que no lee los anuncios
[comerciales
ni escucha sus radios
ni cree en sus slogans

    Será como un árbol plantado junto a una fuente

JOSÉ MARÍA VALVERDE
(1926-1996)

EN EL PRINCIPIO

De pronto arranca la memoria,
sin fondos de origen perdido:
muy nino, viéndome una tarde
en el espejo de un armario
con doble luz enajenada
por el iris de sus biseles,
decidí que aquello lo había
de recordar, y lo aferré,
y desde ahí empieza mi mundo,

con un piso destartalado,
las vagas personas mayores
y los miedos en el pasillo.
Años y años pasaron luego
y al mirar atrás, allá estaba
la escena en que, hombrecito audaz,
desembarqué en mí, conquistándome.
Hasta que un día, bruscamente,
vi que esa estampa inaugural
no se fundó porque una tarde
se hizo mágica en un espejo,
sino por un toque, más leve,
pero que era todo mi ser:
el haberme puesto a mí mismo
en el espejo del lenguaje,
doblando sobre sí el hablar,
diciéndome que lo diría,
para siempre vuelto palabra,
mía y ya extraña, aquel momento.
Pero cuando lo comprendí
era mayor, hombre de libros,
y acaso fue porque en alguno
leí la gran perogrullada:
que no hay más mente que el lenguaje,
y pensamos solo al hablar,
y no queda más mundo vivo
tras las tierras de la palabra.
Hasta entonces, niño y muchacho,
creí que hablar era un juguete,
algo añadido, una herramienta,
un ropaje sobre las cosas,
un caballo con que correr
por el mundo, terrible y rico,
o un estorbo en que se aludía,
a lo lejos, a ideas vagas:

ahora, de pronto, lo era todo,
igual que el ser de carne y hueso,
nuestra ración de realidad,
el mismo ser hombre, poco o mucho.

JOSÉ MANUEL CABALLERO BONALD
(1926)

TRANSFIGURACIÓN DE LO PERDIDO

La música convoca las imágenes
del tiempo. ¿Dónde me están
llamando, regresándome
al día implacable?
            Nada me pertenece
sino aquello que perdí. Párrafo
libre de ayer, la memoria confluye
sobre un bélico fondo de esperanzas
donde todo se alerta y se transforma
en vida, donde está mi verdad
reciennaciéndose.
            Oh transfiguración
de lo que ya no existe, rastro
tenaz de lo caduco, cómplice
reclusión de la memoria
que salva el tiempo en cárceles de música.

JAIME SABINES
MÉXICO (1926-1999)

Yo no lo sé de cierto...

Yo no lo sé de cierto, pero supongo
que una mujer y un hombre
algún día se quieren,
se van quedando solos poco a poco,
algo en su corazón les dice que están solos,
solos sobre la tierra se penetran,
se van matando el uno al otro.

Todo se hace en silencio. Como
se hace la luz dentro del ojo.
El amor une cuerpos.
En silencio se van llenando el uno al otro.

Cualquier día despiertan, sobre brazos;
piensan entonces que lo saben todo.
Se ven desnudos y lo saben todo.

(Yo no lo sé de cierto. Lo supongo.)

FILOTEO SAMANIEGO
ECUADOR (1928)

EL CUERPO DESNUDO DE L A TIERRA

¿Dónde encontrar al testigo,
al hombre despierto que vive su tiempo con un gozo
sustancial y claro;
al que toca las aguas y ve;
al que planta el árbol y ve;

al que ciñe un cuerpo de amor y ve el amor;
al que traspasa con sus ojos la distancia
y la duda?

¿Dónde reside el ángel, y dónde sus mañanas?

Angel sometido en pleno vigor de vuelo y de horizonte,
llevas, contigo, lejana sombra en los ojos...
Tú, que crees que el hombre es triste
o que ha perdido la voz;
tú, que callas ante el eco y el alarido,
ven y escucha este ardiente testimonio:

Cada mar tiene un sentido, un ritmo, una distancia;
cada mar guarda sus albas, su brisa y sus navíos.

Pero a este mar nuestro,
esencia misma del mar,
le brotaron, de sus entrañas abisales,
magmas de lava gris,
llagas de azufre y costras pavorosas;
mar con alma, gestor de tierras islas, de seres tierra,
de rocas incesantes,
de cuerpos sin memoria dormidos a la sombra
de los farallones:

He aquí el resumen del paisaje,
la forma del mundo subsistente
arraigada al tiempo,
contacto primigenio de especies,
residuo de los siglos en la gran confusión.

JOSÉ AGUSTÍN GOYTISOLO
(1928)

PALABRAS PARA JULIA

Tú no puedes volver atrás
porque la vida ya te empuja
como un aullido interminable.

Hija mía es mejor vivir
con la alegría de los hombres
que llorar ante el muro ciego.

Te sentirás acorralada
te sentirás perdida o sola
tal vez querrás no haber nacido.

Yo sé muy bien que te dirán
que la vida no tiene objeto
que es un asunto desgraciado.

Entonces siempre acuérdate
de lo que un día yo escribí
pensando en ti como ahora pienso.

Un hombre solo una mujer
así tomados de uno en uno
son como polvo no son nada.

Pero yo cuando te hablo a ti
cuando te escribo estas palabras
pienso también en otros hombres.

Tu destino está en los demás
tu futuro es tu propia vida
tu dignidad es la de todos.

Otros esperan que resistas
que les ayude tu alegría
tu canción entre sus canciones.

Entonces siempre acuérdate
de lo que un día yo escribí
pensando en ti como ahora pienso.

Nunca te entregues ni te apartes
junto al camino nunca digas
no puedo más y aquí me quedo.

La vida es bella tú verás
cómo a pesar de los pesares
tendrás amor tendrás amigos.

Por lo demás no hay elección
y este mundo tal como es
será todo tu patrimonio.

Perdóname no sé decirte
nada más pero tú comprende
que yo aún estoy en el camino.

Y siempre siempre acuérdate
de lo que un día yo escribí
pensando en ti como ahora pienso.

ENRIQUE LIHN
CHILE (1929-1988)

ÁLBUM

Otro es el que manipula nuestros actos
cuando ellos nos empujan a la derrota, un tahúr
en cuyas manos somos una carta marcada,
la última y el miedo y el recuerdo de un crimen.

Pero ni aun siquiera el personaje
de una vieja novela de aventuras:
los juegos del azar son todavía juegos
y la violencia, en cualquier caso, redime.

Quien nos reduce a sombras en la sala de juego
es una sombra él mismo menos libre que otras,
una condensación de absurdos personajes
algo como el horror de un álbum de familia.

JAIME GIL DE BIEDMA
(1929-1990)

CONTRA JAIME GIL DE BIEDMA

De qué sirve, quisiera yo saber, cambiar de piso,
dejar atrás un sótano más negro
que mi reputación —y ya es decir—,
poner visillos blancos
y tomar criada,
renunciar a la vida de bohemio,
si vienes luego tú, pelmazo,
embarazoso huésped, memo vestido con mis trajes,
zángano de colmena, inútil, cacaseno,
son tus manos lavadas,
a comer en mi plato y a ensuciar la casa?

Te acompañan las barras de los bares
últimos de la noche, los chulos, las floristas,
las calles muertas de la madrugada
y los ascensores de luz amarilla
cuando llegas, borracho,
y te paras a verte en el espejo
la cara destruida,
con ojos todavia violentos
que no quieres cerrar. Y si te increpo,
te ríes, me recuerdas el pasado
y dices que envejezco.

Podría recordarte que ya no tienes gracia.
Que tu estilo casual y que tu desenfado
resultan truculentos
cuando se tienen más de treinta años,
y que tu encantadora
sonrisa de muchacho soñoliento
—seguro de gustar— es un resto penoso,
un intento patético.
Mientras que tú me miras con tus ojos
de verdadero huérfano, y me lloras
y me prometes ya no hacerlo.

Si no fueses tan puta!
Y si yo no supiese, hace ya tiempo,
que tú eres fuerte cuando yo soy débil
y que eres débil cuando me enfurezco...
De tus regresos guardo una impresión confusa
de pánico, de pena y descontento,
y la desesperanza
y la impaciencia y el resentimiento
de volver a sufrir, otra vez más,
la humillación imperdonable
de la excesiva intimidad.

A duras penas te llevaré a la cama,
como quien va al infierno
para dormir contigo.
Muriendo a cada paso de impotencia,
tropezando con muebles
a tientas, cruzaremos el piso
torpemente abrazados, vacilando
de alcohol y de sollozos reprimidos.
Oh innoble servidumbre de amar seres humanos,
y la más innoble
que es amarse a sí mismo!

JOSÉ ÁNGEL VALENTE
(1929)

«SERÁN CENIZA...»

Cruzo un desierto y su secreta
desolación sin nombre.
El corazón
tiene la sequedad de la piedra
y los estallidos nocturnos
de su materia o de su nada.
Hay una luz remota, sin embargo,
y sé que no estoy solo;
aunque después de tanto y tanto no haya
ni un solo pensamiento
capaz contra la muerte,
no estoy solo.

Toco esta mano al fin que comparte mi vida
y en ella me confirmo
y tiento cuanto amo,
lo levanto hacia el cielo

y aunque sea ceniza lo proclamo: ceniza.
Aunque sea ceniza cuanto tengo hasta ahora,
cuanto se me ha tendido a modo de esperanza.

MARGARITA CARRERA
GUATEMALA (1929)

POEMA PARA ESTOS DÍAS DE SANGRE

Todo listo:
el odio
el rifle descarado
y la risa del maldito.
Todo dispuesto:
Dios
con su banderita de venganza
y su trompeta
fría de silencio.

Cuerpos
sangre
gritos
y luego la metralla.
Eso es.
Y sangre.

Venid, ahora, vosotros
a ser cómplices
como el árbol y la flor
mudos de espanto.
Por un momento dejad vuestra tibia carreta
de quejumbrosos bueyes tristes.

Venid:
es sangre

ARMANDO LÓPEZ MUÑOZ
EL SALVADOR (1930-1960)

EL LOCO DE PUERTO CORTÉS

Es otro el Mar Caribe de los barcos mercantes:
insectos venenosos y verdes platanares abatidos
enturbian el color del mar casero.
Tahúres, vagabundos,
marineros varados en noches torrentosas,
montañas de ginebra y de sexos estériles,
explotan, rugen, pasan...
y vuelven con la ronda de otros barcos...
¿Quién no se vuelve loco, como tú,
en medio de esta usina paralítica!
Acechabas los barcos,
buscando algún mercante que viniera de Cuba
(porque son los cubanos los que llenan las latas de comida).
Por las noches
robabas algún tronco de pino
o un racimo de plátanos
(nuca volvió ese barco que viaja a Nueva Orleans),
muriéndote de hambre y de locura,
durmiendo entre ladrones y asesinos.
Partida en pleno pecho tu condición de hombre.
(¿Es el Caribe este? ¿Este es el mar Atlántico?)
(¿Dónde se marcha uno a Nueva Orleans?)
Es inútil mirar a la tormenta,
que amenaza a las luces en la boca del puerto;
es inútil mirar al sol poniente,
al rosáceo horizonte,
quebrado en mil espejos por el agua.
(No viene el capitán de Nueva Orleans.)
Ya no busco la ruta de algún dado tirado por tahúr,
espero otra señal que viene del Caribe.
Que me traigan las olas la razón.
(¡Mare Nostrum!, contéstame.)

RAFAEL CADENAS
VENEZUELA (1930)

No sé quién es
el que ama
o el que escribe
o el que observa.
A veces
entre ellos
se establece, al borde,
un comercio extraño
que los hace indistinguibles.
Conversación
de sombras
que se intercambian.
Cuchichean,
riñen,
se reconcilian,
y cuando cesa el murmullo
se juntan
se vacían,
se apagan.
Entonces toda afirmación
termina.
Tal vez
al más pobre
le esté destinado
el don excelente: permitir.

HERBERTO PADILLA
CUBA (1932)

Madre, todo ha cambiado.
Hasta el otoño es un soplo ruinoso

que abate el bosquecillo.
Ya nada nos protege contra el agua
y la noche.

Todo ha cambiado ya.
La quemadura del aire entra
en mis ojos y en los tuyos,
y aquel niño que oías
correr desde la oscura sala,
ya no ríe.

Ahora todo ha cambiado.
Abre puertas y armarios
para que estalle lejos esa infancia
apaleada en el aire calino;
para que nunca veas el viejo y pedregoso
camino de mis manos,
para que no me sientas deambular
por las calles de este mundo
ni descubras la casa vacía
de hojas y de hombres
donde el mismo de ayer sigue
buscando soledades, anhelos.

CLAUDIO RODRÍGUEZ
(1934-1999)

EL BAILE DE ÁGUEDAS

Veo que no queréis bailar conmigo
y hacéis muy bien. Si hasta ahora
no hice más que pisaros, si hasta ahora
no moví al aire vuestro estos pies cojos.

Tú siempre tan bailón, corazón mío.
¡Métete en fiesta; pronto,
antes de que te quedes sin pareja!
¡Hoy no hay escuela! ¡Al río,
a lavarse primero,
que hay que estar limpios cuando llegue la hora!
Ya están ahí, ya vienen
por el raíl con sol de la esperanza
hombres de todo el mundo. Ya se ponen
a dar fe de su empleo de alegría.
¿Quién no esperó la fiesta?
¿Quién los días del año
no los pasó guardando bien la ropa
para el día de hoy? Y ya ha llegado.
Cuánto manteo, cuánta media blanca,
cuánto refajo de lanilla, cuánto
corto calzón. ¡Bien a lo vivo, como
esa moza se pone su pañuelo,
poned el alma así, bien a lo vivo!
Echo de menos ahora
aquellos tiempos en los que a sus fiestas
se unía el hombre como el suero al queso.
Entonces sí que daban
su vida al sol, su aliento al aire, entonces
sí que eran encarnados en la tierra.
Para qué recordar. Estoy en medio
de la fiesta y ya casi
cuaja la noche pronta de febrero.
Y aún sin bailar: yo solo.
¡Venid, bailad conmigo, que ya puedo
arrimar la cintura bien, que puedo
mover los pasos a vuestro aire hermoso!
¡Águedas, aguedicas,
decidles que me dejen
bailar con ellos, que yo soy del pueblo,

soy un vecino más, decid a todos
que he esperado este día
toda la vida! Oídlo.
Óyeme tú, que ahora
pasas al lado mío y un momento,
sin darte cuenta, miras a lo alto
y a tu corazón baja
el baile eterno de Águedas del mundo,
óyeme tú, que sabes
que se acaba la fiesta y no la puedes
guardar en casa como un limpio apero,
y se te va, y ya nunca...
tú, que pisas la tierra
y aprietas tu pareja, y bailas, bailas.

UNA APARICIÓN

Llegó con un aliento muy oscuro,
en ayunas,
con apetito seco,
muy seguro y muy libre, sin fatiga,
ya viejo, con arrugas
luminosas,
con su respiración tan inocente,
con su mirada audaz y recogida.
Llegó bien arrimado, bien cantado
en su cuerpo, en su traje sin boda,
con resplandor muy mudo de su paso.
Volvió atrás su mirada
como si hiciera nata antes de queso,
con la desecación sobria y altiva
de sus manos tan sucias,
con sus dientes nublados,
a oscuras, en el polen de la boca.

Llegó. No sé su nombre,
pero lo sabré siempre.
Estaba amaneciendo con un silencio frío,
con olor a resina y a vino bien posado,
entre taberna y juerga.
Y dijo: «Hay un sonido
dentro del vaso»...
¿De qué color?, yo dije. Estás mintiendo.
Sacó un plato pequeño y dibujó en la entraña
de la porcelana,
con sus uñas maduras,
con su aliento y el humo de un cigarro,
una casa,
un camino de piedra estremecida,
como los niños.
—¿Ves?
¿No oyes el viento de la piedra ahora?
Sopló sobre el dibujo
y no hubo nada. «Adiós.
Yo soy el Rey del Humo».

Aquí ya está el milagro,
aquí, a medio camino
entre la bendición, entre el silencio,
y la fecundación y la lujuria
y la luz sin fatiga.
¿Y la semilla de la profecía,
la levadura del placer que amasa
sexo y canto?
Esta noche de julio, en quietud y en piedad,
sereno el viento del oeste y muy
querido me alza
hasta tu cuerpo claro,

hasta el cielo maldito que está entrando
junto a tu amor y el mío.

SECRETA

Tú no sabías que la muerte es bella
y que se hizo en tu cuerpo. No sabías
que la familia, calles generosas,
eran mentira.

Pero no aquella lluvia de la infancia,
y no el sabor de la desilusión,
la sábana sin sombra y la caricia
desconocida.

Que la luz nunca olvida y no perdona,
más peligrosa con tu claridad
tan inocente que lo dice todo:
revelación.

Y ya no puedo ni vivir tu vida,
y ya no puedo ni vivir mi vida
con las manos abiertas esta tarde
maldita y clara.

Ahora se salva lo que se ha perdido
con sacrificio del amor, incesto
del cielo, y con dolor, remordimiento,
gracia serena.

¿Y si la primavera es verdadera?
Ya no sé qué decir. Me voy alegre.
Tú no sabías que la muerte es bella,
triste doncella.

FÉLIX GRANDE
(1937)

PREGÓN

¡César Vallejo, te odio con ternura!

¡Bonita tarea la de ir
por los rincones, yoando, diciéndome, hojeando
mi vida en rústica, que ya cuelga hilos;
encomiable oficio aqueste de transitar
por las orejas de mivuestro siglo, sonando
mi sublime cencerro, horro maitín!

He aquí un pregonero
que se hizo tal por pura pérdida
y, particularmente, vocea lo suyo
sin cansarse, al parecer, y que nadie ha visto,
o cómo entretenerse en cosa menuda, ¡vamos,
estaría bueno! Porque ni diera
nadie media atención por pregón tan sin sentido,
que ya ni marca la hora
aunque parezca anochecer en punto
o él lo diga, yoando, para sí.

Qué traes, ¿dolor? ¿a este enloquecimiento
moderno, a esta voluntad de embestidas ciegas?
¿o sea, que eres
la vieja avispa en la testuz del mundo?
Mal silencio te boicotee si crees
útil tu desespero ácido, pregonero,
carne de rebotica, iluso, anda, cuenta,
dale al tambor, oficia, grotesco, ruge,
haz circo, descalábrate:
                              para historias
atrasadas, la tuya.

Y vete pronto, que la plaza urge:
una asamblea de embestidas se ha calzado los guantes;
no usurpes, seamos civilizados. Y bellos,
no como tú, gibado de yoísmo, dromedario de tiempo,
fea cosa, que ni conviene ¡según dicen!

HORACIO SALAS
ARGENTINA (1938)

Y CHAU BUENOS AIRES

A más de diez mil metros sobre el agua
en el momento justo en que dos ojos verdes
me ofrecen una toalla perfumada
y no puedo concentrarme en la lectura
porque cinco muchachas argentinas suponen
—sin conocer a Hemingway es claro—
que París es de verdad una fiesta a toda hora
no pienso en la sonrisa
o en esa última foto en Medellín
(parece mentira que con miedo)
no recuerdo la camisa rayada la guitarra
y las nubes de las calcomanías
ni siquiera su voz

Volando en el sentido inverso a Magallanes
se han mezclado los cables
en un cortocircuito con chispazos celestes
y desde las Barrancas de Belgrano
sube el olor a enero y los colores de otoño entre
                    los árboles
y en lugar de Gardel es Fiorentino quien canta
                    por lo bajo

y me pregunto cómo le explico a esta azafata
                    portuguesa
que Gardel se murió en el treinta y cinco
que yo no había nacido todavía
y que sin embargo hoy cuando dejo la Argentina
sobre el asiento de este boeing
que hace escalas en Río y en Lisboa
a mí se me enterevera con otras pertenencias.

> *(los puntos amarillos en los ojos de una mujer querida*
> *los rostros del amor cuando escribía poemas en la*
> *   almohada*
> *los soles que dibujé en su cuerpo*
> *las palabras de un misterioso idioma adolescente*
> *algunos sueños que aún pueden justificar la vida*
> *una ausencia que duele en todo el cuerpo*
> *esa mirada triste de mis hijos*
> *cuando me despidieron en Ezeiza*
> *una tormenta eléctrica sobre la Recoleta*
> *cubriendo de relámpagos el alcohol y la noche*
> *unas líneas de Borges que emocionan*
>   No me abandona. Siempre está a mi lado
>   La sombra de haber sido un desdichado.
> *el humo de los tangos en San Telmo*
> *ese rostro implacable*
> *que choca conmigo en todas partes)*

Cómo podría explicarle a esta rubia muchacha portuguesa
sin tenerla en los brazos sin amarla
—tan cerca como estamos de este cielo
al que le han desordenado las estrellas—
que Gardel hoy son todos mis recuerdos
y que yo soy Gardel
y no me he muerto.

JOSÉ EMILIO PACHECO
MÉXICO (1939)

EL MAR SIGUE ADELANTE

Entre tanto guijarro de la orilla
   no sabe el mar
      en dónde deshacerse

¿Cuándo terminará su infernidad
  que lo ciñe
    a la tierra enemiga
      como instrumento de tortura
        y no lo deja agonizar
          no le otorga un minuto de reposo?

Tigre entre la olarasca
  de su absoluta impermanencia
    Las vueltas
      jamás serán iguales
        La prisión
          es siempre idéntica a sí misma

Y cada ola quisiera ser la última
  quedarse congelada
    en la boca de sal y arena
      que mudamente
        le está diciendo siempre:
        Adelante

ANTONIO MARTÍNEZ SARRIÓN
(1939)

En la sucia paleta del verano
se desleía el azul raspado de septiembre
y un régimen de lluvias imprevistas
al cabo circundó de sombras a las sombras,
hizo volar flexibles, sorprendió en un recodo
a los arteramente rezagados
con sus conminaciones imperiosas.
Ni una hoja gastada por los parques,
ni un mínimo balance de los años
de delaciones y mercado negro
les fue dado salvar en las guardas de un libro
ya atacado con saña por las aguas fecales.
Alguien tarareó,
arrojando después con rabia la colilla,
tres compases de Django
antes de padecer sevicias resistentes
que adelantaban la depuración.
La lejanía perlada de la avenida Kléber
desembocaba chaquetones caqui.
Inéditos arreglos del *be-bop*
ascendían como globos de los carros de guerra
y el destino, cual gárgola soldada a los pináculos,
reclutaba testigos, prometía venganzas sumarísimas,
con toda la fanfarria de un final de milenio.

MANUEL VÁZQUEZ MONTALBÁN
(1939)

La modernidad adosó un squash
al viejo panteón de Trotski
                    su matadero

es ahora un museo esquina Viena
                                    Morelos
Coyoacán México Distrito Federal

de espaldas a la Historia
los jugadores de squash pelean
contra la edad y los excesos
de grasa en la sangre y en los ojos
                                    ajenos

la pelota pájaro loco en su jaula
de paredes crueles no tiene escapatoria
furia de verdugos que pretenden
                          envejecer con dignidad
la dignidad de Trotski la puso el asesino
borrón y cuenta nueva de un hijo de sierva
contra el señorito hegeliano pintor
de ejércitos rojos por más señas

salta la pelota hasta reventar
entonces el músculo duerme la ambición descansa
los jugadores beben ambrosías de coca cola
                                    y seven up

cerca
las cenizas de Trotski y Natalia Sedova
entre arrayanes mirtáceos y flores carnales
de un jardín de aroma insuficiente
se suman en el doble fracaso del amor
                                    y la Historia

los jugadores de squash vuelven a su casa
hacen el amor mienten a sus espejos
la esperanza de un pantalón más estrecho
escaparates del Barrio Rosa
                          unisex y sin edad

HOMERO ARIDJIS
MÉXICO (1940)

HAY AVES EN ESTA TIERRA

(F. Bernardino de Sahagún)

Hay aves en esta tierra
hay el canto de lo verde a lo seco
hay el árbol de muchos nombres
hay el barro y la paja mezclados
hay la piedra en la noche
como luciérnaga que no se mueve
hay el gorjeo del polvo en el llano
hay el río que sube al monte
con rumor ya delgado
hay el hombre hay la luz
hay aves en esta tierra

MANUEL MARTÍNEZ MALDONADO
PUERTO RICO (1941)

REUNIÓN DE ESPEJOS

Hay en San Juan una cuesta empedrada
por la que circula el viento
de la bahía profunda,
vuelan las risas sobre los espejos
y tallan en las azoteas
huellas nocturnas.
¿Qué nuevo camino se impone
en este laberinto que oculta
un sombrero de plata?
Siempre insumisos, ladean
las colinas y los valles por donde surca

un velero imaginario que viola
los peligrosos confines del verbo,
las jadeantes fronteras del axioma anárquico.
Arranca el perpetuo adjetivo que embriaga
el verso definidor: arte por el arte.
Hay en San Juan una puerta cerrada
que ajusta el filo de la noche,
que afina el reencuentro súbito,
y abre al ruido del tráfico
su decreto místico.
El aire subrepticio
revela la sorpresa de su magia,
mientras el mar ahonda la suya
en la bahía profunda.

RAMÓN IRIGOYEN
(1942)

ARTE POÉTICA

> *Every poem an epitaph*
> ELIOT

Un poema si no es una pedrada
—y en la sien—
es un fiambre de palabras muertas
si no es una pedrada que partiendo
de una honda certera
se incrusta en una sien
y ya hay un muerto.

SANTIAGO E. SYLVESTER
ARGENTINA (1942)

EL BALANCE

No se puede esperar demasiado de este año.
Hemos cambiado de ciudad, de ropa,
de costumbres;
y otra vez amigos muertos,
otro año para enumerar formas
de la melancolía: ropa colgada en un día de lluvia.

Hay una lucidez que hemos perdido
(para siempre, como ocurre
cada vez que perdemos lucidez)
y no es posible saber en qué momento
comenzó el error: demasiada pregunta
para un país barrido,
para tanta gente que estalla bajo el sol
como un gárgara.

El balance no ayuda demasiado,
y el aire sigue afuera
pidiendo desesperadamente que lo dejen entrar.

HJALMAR FLAX
PUERTO RICO (1942)

MEDITACIONES A LOS 40

¿Y si las buenas son malas?

A todo me acostumbro.
Luego me levanto.

Lo que hacemos sin querer,
lo hacemos
sin querer.

De niño quería ser hombre.
Sólo me queda ser viejo.

Lo pequeño
se queda corto.

A secas: quien no tiende
no entiende.

La vida sueña servida
sobre bandeja de plata.
La vida sueña ser vida
sobre bandeja de lata.

PEDRO PROVENCIO
(1943)

Luz en desarmonía
entre las dos imágenes que emergen
del blanco incuestionable.

Dos surtidores que al mirarse
pierden identidad y se vacían
hasta quedar a la intemperie

de su sed. Ya no pueden
resolver ni eludir la interrogante
mutua que los confina

en un nidal de transparencia crítica.

Es el vacío explícito
de la mirada lo que buscan
las manos a lo largo de la piel.

No hay más respuesta ni más rumbo
que los ojos mirándose
desde la sombra de la lucidez

para hacer segregar a todo el cuerpo
jugo de voz, y a toda la presencia,
forma de solo ser

el instante que, en vez de pasar, ve.

ANTONIO CARVAJAL
(1943)

NOVIEMBRE

Me acodé en el balcón:
las estrellas giraban,
musicales y suaves, como los crisantemos
de las huertas perdidas.
Toda la noche tiene manos inmaculadas
que pasar por las sienes que el cansancio golpea,
húmedos labios trémulos para tantas mejillas,
corazones acordes al par de sus silencios.

Me acordaba de ti,
del que no fueras nunca,
casi flor, casi germen, casi voz, casi todo
lo que nombra un deseo.
Aquel que hundió en la tierra su planta generosa,
los olivos que ceden su fruto a las escarchas;
el que alzaba su mano como si fuera un grito
poderoso y maduro sobre el marchito júbilo.

Me acordaba de ti,
como en noches pasadas,
tanto amor que se logra pero no se consuma
por no sé qué misterio,
y el corazón, tan lleno de flor y flor perenne,
de estrella y lunas fijas, de campo y campo abierto,
abría sus balcones hacia un paisaje oscuro
de paciencia y de adiós, de clemencia y de olvido.

ANÍBAL NÚÑEZ
(1944-1987)

LA BELLEZA ARREBATA LAS PALABRAS
QUE INTENTAN PROCLAMARLA

De la mutilación de las estatuas
a veces surge la belleza, de los
capiteles truncados cuyo acanto
cayera en la maleza entre el acanto:
perfección del azar que nada tiene
que hacer para ser símbolo de todo
lo que se quiera.
                 Triste
belleza —nunca es triste
la piedra en su lugar, nunca fue triste
la maleza en el suyo— la del símbolo.

Pues el azar que rompe la voluta,
cercena gestos imperecederos,
es el mismo que quiebra la hermosura
de edificios de sangre.
                 Solo quise
decirte —y me han salido dos acantos
y tres tristes— que nada
hay para mí más bello que el ver que estás alegre
y viva.

JOSÉ-MIGUEL ULLÁN
(1944)

ASEDIO

Tú, cadáver, camina con madura
amenaza de albor, fúnebre risa

y ojos cerrados para darte prisa
en deslizar el pie quebrado. Ay, jura

por la capilla donde yacen dura
cucarda, cetro, banderín, incisa
boca de luto, patriarcal camisa.
(A tiro hecho, la legión murmura.)

Auxilio y brecha de lo Ausente. ¿O sea?
Mover las picas en la aleve caja
sin adueñarse de sonido alguno.

Nada más digas, que el disfraz desea
desde este asedio porfiar ventaja
a la granada vanidad del uno.

JULIO E. MIRANDA
CUBA (1945-1998)

Un poema como una bala
no tiene nunca su eficacia
aunque logre imitar su silbido

Un poema como la lluvia
lo más que hace es dejarte
ridículamente mojado

Un poema como el amor
llega siempre demasiado pronto
o demasiado tarde

Escribirás de nuevo
un poema
como un poema

PERE GIMFERRER
(1945)

CUCHILLOS EN ABRIL

Odio a los adolescentes.
Es fácil tenerles piedad.
Hay un clavel que se hiela en sus dientes
y cómo nos miran al llorar.

Pero yo voy mucho más lejos.
En su mirada un jardín distingo.
La luz escupe en los azulejos
el arpa rota del instinto.

Violentamente me acorrala
esta pasión de soledad
que los cuerpos jóvenes tala
y quema luego en un solo haz.

¿Habré de ser, pues, como estos?
(La vida se detiene aquí.)
Llamea un sauce en el silencio.
Valía la pena ser feliz.

PAZ MOLINA
CHILE (1945)

TAN SOLAMENTE

Yo rivalizo conmigo:
No estoy a la altura de mi condición.
Me topo con sorpresa contra mi propio yo.
Me sucede que no canto como quisiera.

Balbuceo y escucho una lejanía.
Tímidamente me alzo en lluvia.
Escojo, por no dejar, un nombre para darme.
Y no me siento interpretada.

Tan torpe como soy. Tan solamente.
Tan única y tan ella y tan dolida.
Y la gran carcajada que me gasto.
Y las ganas de ser y de quebrarme.

Rivalizo conmigo y esta pugna
vagamente grosera me invalida
las mejores gestiones amatorias.
Y mi propio amor, mi boca para el beso
mi discutible condición angélica
se me van convirtiendo en impostura.

FRANCISCO HERNÁNDEZ
MÉXICO (1946)

El niño de la fotografía

para Omar Hernández

El niño de la fotografía, obligado a permanecer bajo esa luz que sabe no volverá a repetirse, adelanta el gesto huraño, esconde el sudor de sus manos y no ve al fotógrafo que pretende revelarlo para fijarlo: lo que mira son peces que cruzan en el aire la plata de sus flancos en busca del anzuelo que cada uno trae en la boca. El fotógrafo ignora que el niño no ha dormido nunca, que al tratar de hacerlo le dicen que los sueños perturban a los indefensos o que una mujer lo aguarda para limpiar su cuerpo con albahaca. El niño piensa: estoy frente a un pelotón de fusilamiento.
El fotógrafo no piensa: dispara.

ANTONIO COLINAS
(1946)

CANTO XXXV

Me he sentado en el centro del bosque a respirar.
He respirado al lado del mar filego de luz.
Lento respira el mundo en mi respiración.
En la noche respiro la noche de la noche.
Respira en labio el labio el aire enamorado.
Boca puesta en la boca cerrada de secretos,
respiro con la savia de los troncos talados,
y como roca voy respirando el silencio,
y como las raíces negras respiro azul
arriba en los ramajes de verdor rumoroso.
Me he sentado a sentir cómo pasa en el cauce
sombrío de mis venas toda la luz del mundo.
Y yo era un gran sol de luz que respiraba.
Pulmón el firmamento contenido en mi pecho
que inspira la luz y espira la sombra,
que recibe el día y desprende la noche,
que inspira la vida y espira la muerte.
Inspirar, espirar, respirar: la fusión
de contrarios, el círculo de perfecta consciencia.
Ebriedad de sentirse invadido por algo
sin color ni sustancia, y verse derrotado
en un mundo visible por esencia invisible.
Me he sentado en el centro del bosque a respirar.
Me he sentado en el centro del mundo a respirar.
Dormía sin soñar, mas soñaba profundo
y, al despertar, mis labios musitaban despacio
en la luz del aroma: *Aquel que lo conoce*
se ha callado y quien habla ya no lo ha conocido.

JENARO TALENS
(1946)

EPITAFIO

> *yesca me han hecho de invisible fuego*
> FRANCISCO DE LA TORRE

Fui un viejo juglar, y conté historias.
Mi nombre os es indiferente.
Solo dejo constancia de mi oficio
porque fue oficio quien dictó mis versos
no la pequeña vida que viví,
ni su dolor, ni su insignificancia:
ella murió conmigo y aquí yace,
desnuda como yo, bajo esta piedra.

GUILLERMO CARNERO
(1947)

CATEDRAL DE ÁVILA

Como al umbral de la capilla oscura
una reja detiene la mirada
y la dispersa luego, confinada
en los fraudes que finge la negrura,

confundiendo volumen y figura
de la estatua yacente allí olvidada,
cuando mi mano se detenga helada
un anaquel será mi sepultura.

Será delgada losa la cubierta
y el tejuelo epitafio más piadoso,
y menor la esperanza de otra vida,

y en el silencio la palabra muerta
gozará del olvido y el reposo,
en figura y volumen confundida.

SONIA MANZANO
ECUADOR (1947)

A Neftalí Reyes
alias pablo Neruda

A mí que no me pregunten
en qué fecha usted nació,
en qué año ganó el Premio Nobel
o cuál es la lista completa
de sus nisecuántos
y extraordinarios libros.
A mí que no me pregunten
por Matilde Urrutia,
o por la de los veinte poemas de amor,
o por los senos de las colinas,
o por las que le arreglaron su corbata,
cuidaron de su gorra
y se quedaron absortas
con el humo de su pipa.

A mí que no me pregunten
por todas las que socavó
con su cuerpo de labriego.

Yo solo puedo dar razón
de los árboles que Ud. Remece
con ternura y con fiereza
para que caigan las posibilidades verdes
y las nueces escondidas.

Puedo atestiguar que por Ud.
muchos frotan sus ramas
y descubren la chispa,
así como también
muchos cogen sus piedras
y terminan honderos.
Yo solo puedo informar
de sus navegaciones y regresos,
del ancla llena de herrumbre,
infectada de algas
que usted, sin más ni más,
solo porque le dio ternura,
la recogió y se la llevó para su casa.

Puedo hablar de sus palomas llenas de plazas
y de las miradas de mujer
que usted hizo volar como palomas.

Puedo hablar del crujido
de su marina pisada
encima de los muelles,
y de sus cejas arqueadas
a la caza de todo lo que hace la vida.

Usted nos enseñó a mirar con los lentes
que están encima
de la nariz del alma.
Por usted conocimos las palabras infinitas,
las palabras hachazos,
los versos subterráneos
y la cara escondida del cavernoso idioma.

Por usted nos dolió
el lomo del obrero,
el lomo del cansancio,

el dedo traspasado de la flaca costurera,
el hueso caderudo de la madre delgada.

Por usted nos dolió el Septiembre y su próstata
y todas las uvas abatidas
de los vasos funestos.

A mí no me pregunten cómo, cuándo, dónde, por qué
con quién estuvo tal día, tal fecha y tal hora en alguna parte,
yo solo puedo informar que desde su humo sale
el corazón de la sopa
y la pancarta creciente de las cucharas,
Pablo silencio ahora terno vacío Neruda.

LEOPOLDO CASTILLA
ARGENTINA (1947)

CON LOS PIES EN LA TIERRA

a Mario Trejo

Hay un instante
en que la mesa vuelve en sí
en que el árbol se reúne
y es de nuevo
ramas, hojas y un pájaro lógico

todo recompone la escena
los límites
que hagan verosímil a ese hombre mirando la siesta

él
considera que realmente ha aparecido
que tiene tiempo
y parado sobre la sombra del arbol

cree que toca tierra

dentro de un orden
el conocimiento
es eternidad que se pudre

pero el azar absuelve:
el pájaro ya no sostiene
al arbol
torcido por el cielo.

LEOPOLDO MARÍA PANERO
(1948)

INFIERNO Y PARAÍSO

*«allá estará también la castañera
de ocho pares,
y el humo de los céntimos, y el vaho en los bolsillos»*

LEOPOLDO PANERO *Escrito a cada instante*

Pero no solo los mendigos, padre, van al paraíso
van también aquellos que aun más asco dan
también estos mendigos del ser que acezan
a la puerta del manicomio
esas caricaturas humanas, tal como esta
que Alicia se piensa en el
                                    jardín no
          humano de las flores
y quisiera destruir el universo
porque si hay algún monstruo, este es la desgracia
y la única injusticia que existe es la injusticia evidente
y si hay alguna moral, esta es la moral del desastre.

ALEJANDRO OLIVEROS
VENEZUELA (1948)

Todos los días a las seis
oscurece la mirada
de este hombre solitario
en sus espacios.

Su jornada comienza
cuando todos se marchan
tranquilos a sus casas.
Entonces, sin prisa,
cierra las puertas
y asegura rejas y ventanas.

Sentado ya frente a la mesa
aguarda por la noche
mientras el gris de las paredes
transparenta sombras
y voces familiares.

Al amanecer
el viejo sereno rendido
se abandona al sueño.

ELOY SÁNCHEZ ROSILLO
(1948)

LA INSPIRACIÓN

En ocasiones, cuando intenta
escribir y resulta vano
el empeño y se desespera

ante el hostil papel en blanco,
de pronto ocurre, por sorpresa,
después de mucho, mucho rato
de tentativas, de paciencia,
algo que no esperaba, algo
con lo que el cielo recompensa
sus sinsabores: un milagro.
Y, casi sin buscar, encuentra
la palabra justa, el vocablo
que necesita, la manera
de que lo oscuro se haga claro.
Surge la luz. Todo se ordena.
En el papel se posa el canto.
Y cuando al fin queda el poema
completamente terminado,
quien lo escribió, confuso, piensa
que no es verdad, que está soñando.

JORGE RICARDO AULICINO
ARGENTINA (1949)

PREFERIRÍA HABLAR DE CUALQUIER MODO

Como quien con la uña saquea una pera
así creyó que saqueaba la realidad;
es verdad dijo que las lluvias no lo contenían
y que las flores de jacarandá no lo contenían
y sintió como ráfagas en los techos
que la realidad vaciaba el terreno verdadero, el
de las metáforas.
Empezó de nuevo:
como campanas que suenen en otra región
un ángel descendió sobre él y le dijo

nada queda de ti infeliz porque
creíste guardar tu tesoro de las analogías
y en verdad custodiabas una pista de maniobras abandonada
donde crece el cardón, azotan los alisios
y hay como un rumor —gritos de amor— en los hangares
vacíos.

DANIEL SAMOILOVICH
ARGENTINA (1949)

EL ENGAÑO

> *«Día» puede parecer*
> *a los hablantes de otra lengua*
> *un verbo conjugado*
> *en pretérito imperfecto.*

Flash en la estrecha cabina de la estación Antón Martín.
Salí con los ojos cerrados en todas las fotos
menos una, pero una bastó.
Después fue, en colores, parte del rectángulo
que acreditaba residencia: y sin embargo no era cierto.
Los espejos rehúsan reflejar a los vampiros;
el fotomatón fue menos hábil para detectar el engaño.
Algo del Metro me ayudó: el Metro, sugiriendo por sí solo
la duración los ramales tendidos
bajo la ciudad compleja, tabicada, despertando la idea
de que el viaje es el mero acontecer
de una potencia, y el momento actual
un detalle en la trama del tiempo:
una cola de pescado, el ojo de un dragón.
Ofuscado el sentido del presente,
el sentido de lo irrepetible y lo inevitable,
la cabeza acepta como ciertas
las metáforas de la extensión.

LUIS ALBERTO DE CUENCA
(1950)

VOY A ESCRIBIR UN LIBRO

Voy a escribir un libro que hable de las (poquísimas)
mujeres de mi vida. De mi primera novia,
que me enseñó el amor y las puertas secretas
del cielo y del infierno; de Isabel, que se fue
al país de los sueños con el pequeño Nemo,
porque aquí lo pasaba fatal; de Margarita,
recordando unos jeans blancos y unos lunares
estratégicamente dispuestos; de Ginebra,
que dejó a Lanzarote plantado por mi culpa
y fundó una familia respetable a mi costa;
de Susana, que sigue tan guapa como entonces;
de Macarena, un dulce que me amargó la vida
dos veranos enteros; de Carmen, que era bruja
y veía el futuro con ojos de muchacho;
de la red que guardaba los cabellos de Paula
cuando me enamoré de su melancolía;
de Arancha, de Paloma, de Marta y de Teresa;
de sus besos, que izaron la bandera del triunfo
sobre la negra muerte, y tambien de su helado
desdén, que recluyó tantas veces mi espíritu
en la triste mazmorra de la desesperanza.
Voy a escribir un libro que hable de las mujeres
que han escrito mi vida.

OLVIDO GARCÍA VALDÉS
(1950)

a Miguel

Te habías quedado todo el día
allí, de pie, mirando las montañas,
y era, dijiste, alimento
para los ojos, corazón
quebrantado. Yo pasaba, parece,
en el atardecer,
andando en bicicleta por un sendero.
Lo cuentas y quedo contemplándolo
con esperanza, *una buena esperanza*
nodriza de la vejez. Yo lo llamo
dulzura, la música dulzura que conforta
o hidrata la aspereza. Algunos niños
cercanos al autismo, cuando crecen,
imprimen o padecen movimiento
constante, un ritmo de hombros
ajeno a cualquier música, latido,
circulatoria sangre propia, sin contacto.
Sólo a veces sus ojos buscan
engañosamente; no hay dulzura
ni aspereza, un sonido
interior los envuelve, sangre roja.
Contemplo las montanas de tu sueño,
busco en ellas tus ojos.
Y escruto, sin embargo, el corazón,
las junturas y médula, los sentimientos
y pensamientos del corazón. Nada hidrata.
Nada amortigua. Escrutar es áspero
y no lame. Las horas últimas
de la vigilia: sabia
la disciplina monacal que impone
levantarse a maitines. Enjugar,

sostener, confortar: mirar la noche.
Volver al corazón. Entonces ya la música
es azul, azul es la dulzura. Pedir.

(Elvira Ríos. José-Miguel Ullán)

CORAL BRACHO
MÉXICO (1951)

Un momento de la luz en la red de las cosas

Hacia adentro se ve el mar de cristal.
Su cuarzo líquido.
Es un momento
de la luz
en la red de las cosas. Un instante
que incide
en la inmensidad. Cruza el tigre
el estanque
bajo el tamiz de la mañana,
mojan su piel el agua y el resplandor.
Hacia adentro se ve su espectro entre la maleza,
su honda espesura
sigilosa,
su rastro breve, crespuscular.

JAIME SILES
(1951)

TEMA: ARQUITECTURA-ADAGIO

A Alejandro Duque Amusco

Urna de ti, memoria, el pensamiento
es un rumor de arenas que a ti vuelve
a no ser tú, ni el eco de ti mismo,
sino la sucesión de un cúmulo de voces.

Porque el tiempo aquí es no ya lo sido,
sino la sucesión del ser en sus instantes,
toda la arquitectura permanece
cerrada en su interior, que es una música.

Y, por ella, las horas van absortas
dispuestas a no ser sino presencia:
disolución del eco en cada cúpula
y cada capitel, que es una forma.

Y si un temblor de piedras aquí suena,
no es duración su voz, ni movimiento:
es el haz que lo une y lo separa
del espacio, que es todo sucesión.

La sucesión de un edificio abierto
hacia el sueño total de una memoria
a la que no sostienen otros muros
que el vacío que llena su interior.

Tras esa luz de frondas por las jambas
no hay otra luz, ni suenan otras voces,
ni crece en su interior otro murmullo
que el de la misma voz en sucesión.

LUIS ANTONIO DE VILLENA
(1951)

EL CIRUELO BLANCO Y EL CIRUELO ROJO
Museo Atami

Fue afortunado, en verdad, Ogata Korin.
Gozó del esplendor de la juventud en
los barrios de licencia, frecuentó el paladar
sagrado del deseo. Ordenó sus kimonos
en la seda más fina; pintó un fondo
de oro para lirios azules. Refinado y altivo,
no olvidó, sin embargo, artista como era, la melancolía
fugaz del tiempo que transcurre.
En su madurez, con audaz virtuosismo,
se dedicó sobre todo a la búsqueda estilística.
Creó lacas y biombos. Le hizo célebre
la perfección, el refinamiento de su arte
—lirios, ciruelos, dioses— decorativo.
Debió morir fascinado en la belleza,
rodeado por una seda extraña, tranquilo.
Fue afortunado en verdad, Ogata Korin.
Su vida fue un culto a la efímera
sensación de la belleza. Al placer y al arte.
Y la vida le concedió sentir, ser traspasado
por el dardo febril de la hiperestesia.
Le llamaron excéntrico, dandy o esteta.
Pero no pidió más. Sensación por sensación.
Vivir, sentir, gozar. Sin más problemas.

ELINA WECHSLER
ARGENTINA (1952)

EL LOCO

Me hablas desde el pasado extinguido y te escucho,
y al escucharte soy joven, benévola, incipiente.
Me hablas y en cada frase reconozco
mi locura de ayer, fuerte y desmesurada
como el azar y la suerte.
Escribir es volver sin volver,
indagar el desperfecto del espejo
Me hablas y hay otros hombres.
De murallas de piel de horizontes precisos.
Otros niños, crecen, nacen, ríen,
pero mi vientre ya no partirá otra luz
pidiéndome un nombre para cifrar un acto.
Solo hombres. Historias trasmigrantes.
Hoy has hablado. Eras tú, el loco,
y a pesar del sensato y terráqueo curso de las cosas,
una vez más, te he escuchado.

ANDRÉS TRAPIELLO
(1953)

LA CARTA

He encontrado la casa
donde te llevaré a vivir. Es grande,
como las casas viejas. Tiene altos
los techos y en el suelo,
de tarima de enebro, duerme siempre
un rumor de hojas secas
que los pasos avivan. A los ocres